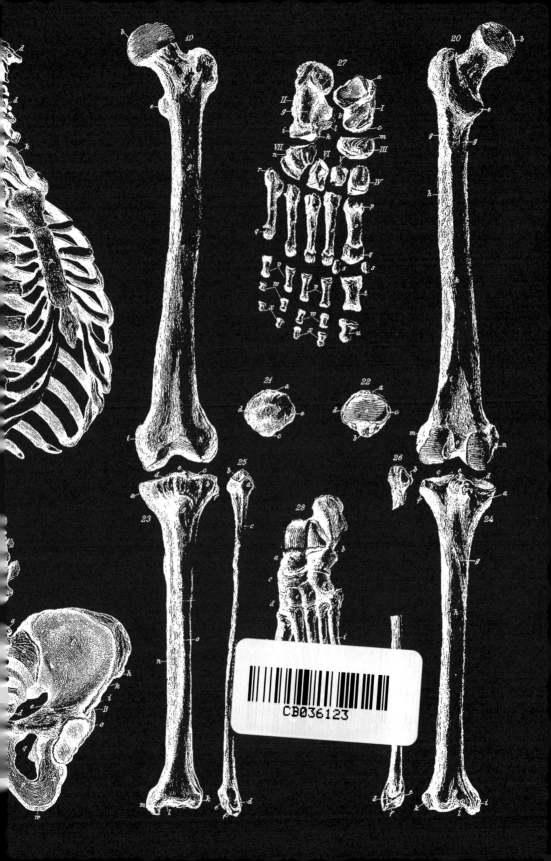

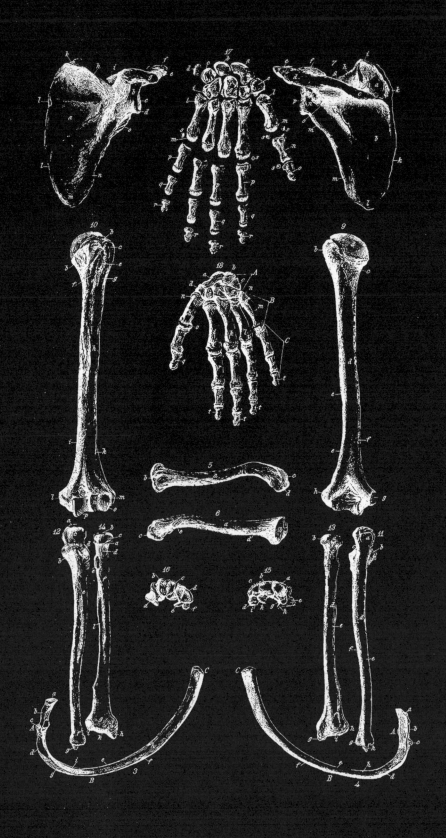

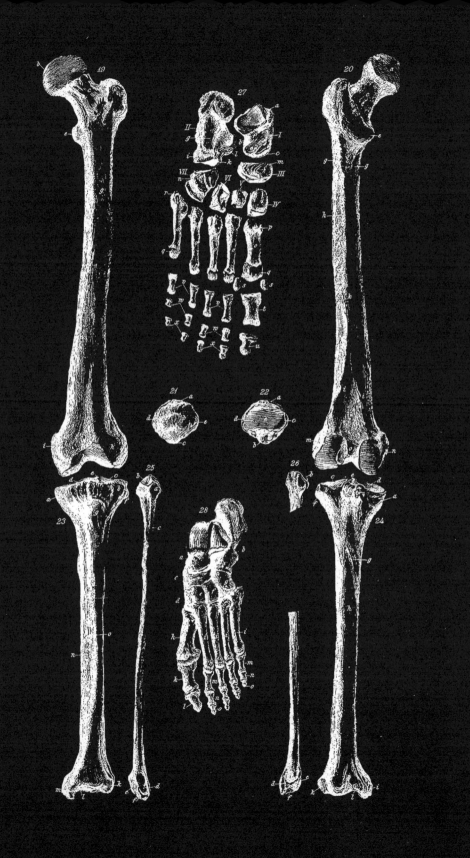

CRIME SCENE
DARKSIDE

WRITTEN IN BONE:
Hidden Stories in What We Leave Behind
Copyright © Black Affronted Limited, 2020
Todos os direitos reservados.

Published by agreement with Johnson & Alcock Ltd.
Todos os direitos reservados

Tradução para a língua portuguesa
© Regiane Winarski, 2022

Diretor Editorial
Christiano Menezes

Diretor Comercial
Chico de Assis

Gerente Comercial
Giselle Leitão

Gerente de Marketing Digital
Mike Ribera

Gerentes Editoriais
Bruno Dorigatti
Marcia Heloísa

Editores
Paulo Raviere
Raquel Moritz

Editora Assistente
Talita Grass

Capa e Projeto Gráfico
Retina 78

Coord. de Arte
Arthur Moraes

Coord. de Diagramação
Sergio Chaves

Designer Assistente
Aline Martins / Sem Serifa

Finalização
Sandro Tagliamento

Preparação
Isadora Torres

Revisão Técnica
Carlos Rutz

Revisão
Retina Conteúdo

Impressão e acabamento
Leograf

DADOS INTERNACIONAIS DE CATALOGAÇÃO NA PUBLICAÇÃO (CIP)
Jéssica de Oliveira Molinari - CRB-8/9852

Black, Sue
  Ossos do ofício / Sue Black ; tradução de Regiane Winarski. – Rio
de Janeiro : DarkSide Books, 2022.
  272 p. : il.

  ISBN: 978-65-5598-173-5
  Título original: Written in Bone: Hidden Stories in What What
We Leave Behind

  1. Cientistas forenses – Narrativas pessoais 2. Prática forense I.
Título II. Winarski, Regiane

22-1449   CDD 363.25092

Índices para catálogo sistemático:
1. Cientistas forenses – Narrativas pessoais

[2022]
Todos os direitos desta edição reservados à
DarkSide® Entretenimento LTDA.
Rua General Roca, 935/504 — Tijuca
20521-071 — Rio de Janeiro — RJ — Brasil
www.darksidebooks.com

DESENTERRANDO CASOS REAIS COM
UMA ANTROPÓLOGA FORENSE

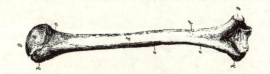

SUE BLACK

OSSOS
DO OFÍCIO

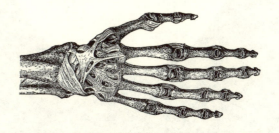

TRADUÇÃO
REGIANE WINARSKI

DARKSIDE

Para Tom.
Minha vida toda parece começar
e terminar com você.

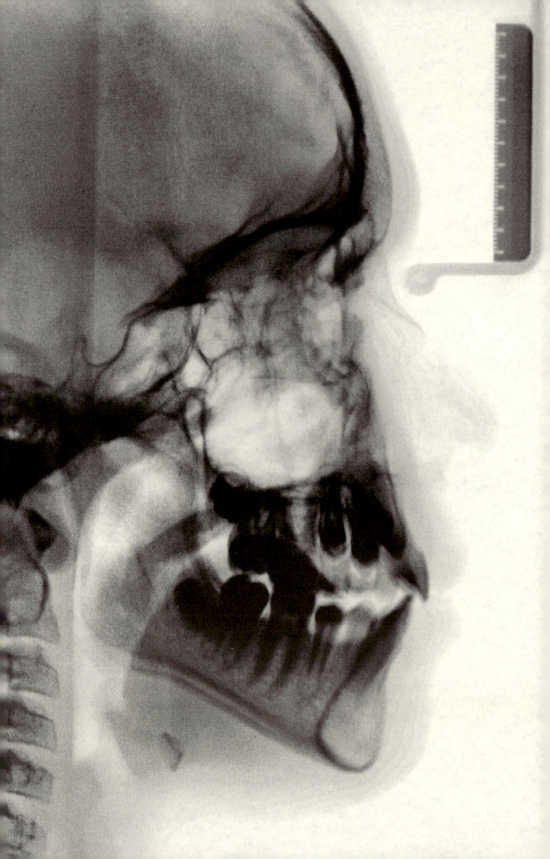

SUE BLACK
OSSOS
DO OFÍCIO

SUMÁRIO

O ESQUELETO .11
INTRODUÇÃO

PARTE I. CABEÇA
OSSOS CRANIANOS
Caixa Craniana .24
O Rosto .52

PARTE II. CORPO
OSSOS AXIAIS PÓS-CRANIANOS
A Espinha .84
O Peito .110
A Garganta .134

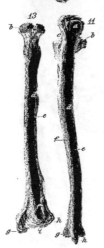

PARTE III. OS MEMBROS
OSSOS APENDICULARES PÓS-CRANIANOS
Cintura Escapular .142
A Cintura Pélvica .160
Ossos Longos .170
A Mão .196
O Pé .220

JUNTANDO OSSOS .243
CONCLUSÃO

Índice Remissivo .258

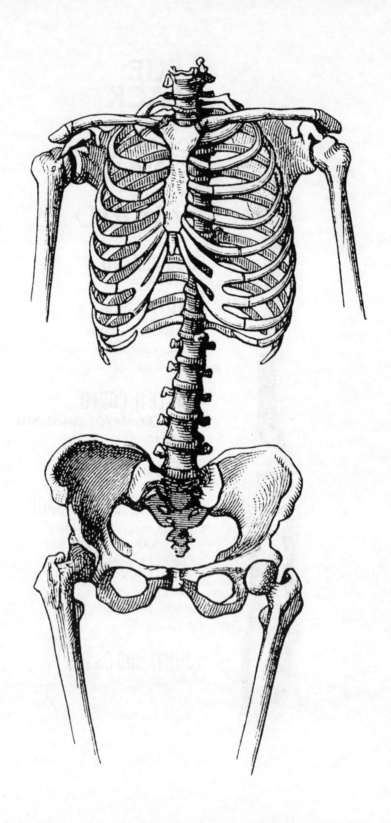

O ESQUELETO

INTRODUÇÃO

> "A carne esquece; os ossos lembram."
> — JON JEFFERSON, *Escritor* —

Não é apenas no cérebro que as lembranças das nossas vidas são depositadas. O esqueleto humano adulto é composto por mais de duzentos ossos, e cada um deles tem uma história própria para compartilhar. Alguns vão contar de boa vontade para quem se der ao trabalho de perguntar; outros guardam seus passados com certo ciúmes até que um investigador científico hábil e persistente os convença de revelarem suas verdades. Os ossos são a estrutura dos nossos corpos e sobrevivem por muito tempo, depois que a pele, a gordura, os músculos e os órgãos já se dissolveram na terra. Eles são feitos para serem robustos, para nos sustentarem de pé e para nos darem forma, então é lógico que sejam as últimas sentinelas de nossa vida mortal a testemunhar a forma como a vivemos.

Nós estamos acostumados a ver ossos como secos e mortos, mas enquanto estamos vivos, eles também estão. Se nós os cortamos, eles sangram, se os quebramos, eles doem, e depois vão tentar se consertar para recuperar a forma original. Por toda a nossa existência, eles crescem conosco, adaptando-se e mudando conforme nosso estilo de vida se altera. O esqueleto humano é um órgão vivo e complexo que exige alimentação e manutenção por nutrientes transferidos dos nossos intestinos pela ampla rede arterial que o cerca, com redes venosas e linfáticas igualmente complicadas removendo todos os detritos.

Minerais como cálcio e fósforo e oligoelementos como fluoreto, estrôncio, cobre, ferro e zinco são modelados e remodelados continuamente na nossa estrutura óssea viva para criar sua solidez e rigidez. Mas se os ossos fossem feitos apenas de materiais inorgânicos, eles seriam muito suscetíveis a fraturas, então eles também têm um componente orgânico, o colágeno, que acrescenta maleabilidade. O colágeno, uma proteína, tem esse nome a partir da palavra grega para "cola" e é ele que literalmente une as partes minerais dos ossos para nos dar um amálgama complexo que maximiza a força e a flexibilidade.

Nós fazíamos um experimento na aula de biologia da escola que mostrava as funções respectivas desses dois componentes em nível básico. Pegávamos dois ossos, normalmente coxas de coelho (muitas vezes fornecidas pelas expedições de caça do meu pai) e queimávamos o primeiro em uma fornalha para remover o elemento orgânico. Só restava a parte mineral do osso, desprovida de todos os componentes elásticos que o sustentam: essencialmente, só cinzas. O osso mantinha momentaneamente a forma até alguém tentar pegá-lo, quando se desfazia em pó.

O segundo osso nós colocávamos em ácido clorídrico, que lixiviava o componente mineral. O que restava era uma forma de osso "borrachuda", desprovida de todos os minerais que antes davam rigidez a ele. Ao espremer entre os dedos, a sensação era de uma borracha, e dava para dobrá-lo no meio para que uma ponta tocasse na outra sem quebrar. Nenhum componente, nem o orgânico e nem o inorgânico, funciona sozinho; em combinação, eles trabalham juntos para nos dar a espinha dorsal da evolução e da existência.

Embora os ossos possam parecer bem sólidos, quando cortados, vemos que eles consistem em dois tipos bem diferentes. A maioria de nós deve estar ciente disso por causa dos ossos de animais na carne que comemos cozida ou dos ossos que nossos cachorros roem. A parte grossa e externa (osso compacto ou cortical) tem uma aparência densa estilo marfim, enquanto a estrutura interna mais delicada e entrelaçada (osso esponjoso ou trabecular) parece uma colmeia. Os espaços internos são preenchidos por medula óssea, que é uma combinação de tecido adiposo e células produtoras de sangue. É aí que nossas hemácias, nossos glóbulos brancos e nossas plaquetas são feitas. Nossos ossos, portanto, são bem mais do que só uma estrutura onde nossos músculos ficam pendurados. Eles também são um depósito mineral, uma fábrica de componentes do sangue e os protetores dos nossos órgãos internos.

Com os ossos se remodelando constantemente ao longo das nossas vidas, acredita-se que o esqueleto humano é essencialmente substituído a cada quinze anos. Algumas partes são substituídas mais rapidamente do que outras: o osso esponjoso se refaz com certa frequência, enquanto o osso compacto demora mais. Ao longo dos anos, nós podemos ter muitas microfraturas no nosso osso compacto, onde suportes individuais podem quebrar, precisando ser substituídos imediatamente antes que o osso todo se desfaça. Essa manutenção contínua do nosso esqueleto acontece sem afetar a forma original do osso. No entanto, como modificações acontecem quando partes são danificadas, ou como a idade vai alterando a forma como substituímos essas partes, a aparência do nosso esqueleto muda gradualmente ao longo da nossa vida.

O que consumimos para alimentar nossos ossos é, portanto, vital para permitir que nossos corpos continuem a funcionar em sua melhor capacidade. A densidade mineral óssea chega ao auge na nossa quarta década. Mães grávidas e lactantes, em particular, usam esses recursos, e, conforme envelhecemos, nós todos usamos, deixando nossos ossos cada vez mais esgotados e nosso esqueleto mais frágil. Isso se torna particularmente evidente em mulheres após a menopausa, quando a ação protetora do estrogênio é interrompida devido à redução dos hormônios no corpo. Com o esgotamento do estrogênio, as comportas se abrem: os minerais ósseos vazam do esqueleto e não são substituídos, e os ossos ficam mais fracos. Isso pode levar à osteoporose, que nos deixa vulneráveis a fraturas, normalmente no pulso, no quadril ou na coluna, mas podem ocorrer em qualquer parte do corpo como resultado de uma queda ou qualquer tipo de trauma. Não precisa ser nada excessivo: uma fratura pode ser causada por um mero movimento desajeitado.

É do nosso interesse garantir que absorvamos o máximo de minerais possível na infância e início da idade adulta. Enquanto estamos em crescimento, o leite ainda é visto como a melhor fonte de cálcio, o mineral mais importante para os nossos ossos. Essa era a lógica de dar leite de graça às crianças na escola, um hábito iniciado no Reino Unido depois da Segunda Guerra Mundial que continua existindo até hoje no caso de crianças com menos de cinco anos que frequentam creches.

O outro ingrediente essencial para ossos saudáveis é a vitamina D, que nos ajuda a absorver o cálcio e o fósforo de que eles precisam. A vitamina D é fornecida por derivados do leite, ovos e peixes oleosos, mas a melhor fonte são os raios UVB do sol, que convertem colesterol da pele em vitamina D. A deficiência pode resultar em uma variedade de problemas clínicos. É nas crianças que isso fica mais evidente. Bebês que ficam permanentemente enrolados em cueiros e crianças pequenas que ficam em ambientes fechados podem desenvolver distúrbios como raquitismo, resultando em ossos macios ou frágeis, que ficam mais óbvios nos membros inferiores, na forma de um arqueamento das pernas para dentro ou para fora.

Quase todas as partes do nosso corpo, tecido mole e ósseo, podem carregar um eco das nossas experiências, nossos hábitos e nossas atividades. Nós só precisamos saber que ferramentas usar para recuperar a provas, decodificá-las e interpretá-las. Por exemplo, o vício em álcool fica registrado como cicatrizes no fígado; o hábito de usar cristais de metanfetamina fica marcado nos dentes ("boca de anfetamina"). Uma dieta rica em gorduras deixa marcas no coração e nos vasos sanguíneos e até na pele, nas cartilagens e nos ossos quando o dano que causa resulta no coração tendo que ser acessado rapidamente por cirurgiões pela caixa torácica.

Muitas dessas lembranças ficam trancadas dentro do nosso esqueleto: uma dieta vegetariana fica registrada nos nossos ossos; uma clavícula cicatrizada pode ser uma lembrança daquela queda de bicicleta. Todas as horas passadas puxando ferro na academia ficam capturadas na massa muscular aumentada e, consequentemente, nos pontos de ligação dos músculos com os ossos.

Talvez essas não sejam lembranças da forma que costumamos defini-las, mas formam um fundo musical honesto e confiável da trilha sonora das nossas vidas. Na maior parte, nunca será ouvida, a não ser ou até que seja exposta ao escrutínio de outros, talvez por imagens médicas ou se morrermos inesperadamente e nossos restos precisarem ser examinados por quem estiver encarregado de tentar entender quem nós éramos quando estávamos vivos e o que aconteceu conosco na morte.

Para essa tarefa, precisamos de pessoas que foram treinadas para reconhecer a música. Pode não ser realista esperar extrair uma canção completa, mas às vezes basta um trecho da melodia — meio parecido com aqueles quadros "qual é a música?" dos programas de TV.

O trabalho do antropólogo forense é tentar ler os ossos do nosso esqueleto como se fossem um disco, movendo uma agulha profissional por eles em busca dos segmentos curtos e reconhecíveis de lembrança que estão no corpo e que compõem parte da música de uma vida, extraindo fragmentos da melodia ali depositada há anos. Normalmente, essa é uma vida que terminou. Nós estamos interessados em como foi vivida e na pessoa que a viveu. Queremos descobrir as experiências gravadas nos ossos que vão nos ajudar a contar a história deles e talvez devolver o nome ao corpo.

Dentro da antropologia forense — o estudo do ser humano, ou dos restos do ser humano, com objetivos médico-legais —, há quatro questões básicas que os médicos precisam abordar quando se deparam com um corpo ou com partes de um corpo. Na maior parte do tempo, elas serão respondidas quando a pessoa certa fizer as perguntas certas do jeito certo.

Primeiro de tudo, os restos são humanos?

Quando ossos são encontrados em circunstâncias inesperadas, não faz sentido a polícia iniciar uma investigação até que essa primeira pergunta tenha sido respondida. Aconselhar a polícia sob a suposição de que os ossos são humanos e eles acabarem se mostrando pertencer a um cachorro, gato, porco ou tartaruga seria um erro muito caro. O antropólogo forense precisa estar seguro da origem do material à sua frente, o que significa que precisa ter o conhecimento e a experiência da variedade de ossos de espécies comuns que podem ser encontradas na região onde está trabalhando.

Como o Reino Unido é cercado de mar, é bem comum que restos de todos os tipos de criaturas apareçam no litoral. Muitas vezes, são de origem marinha, então nós temos que conhecer todas as partes de uma foca, de um golfinho ou de uma baleia, estejam eles vivos ou mortos e se decompondo.

Nós temos que estar familiarizados com as várias características de todos os ossos encontrados em animais de agricultura, como cavalos, vacas, porcos e ovelhas; em animais domésticos, como cachorros e gatos; e em animais selvagens, como coelhos, cervos, raposas e outros. Embora cada osso de cada animal seja sutilmente diferente, há algo em comum na forma, porque ela se relaciona à função. Um fêmur ou um osso da coxa parece um osso da coxa, seja de cavalo ou coelho; só há uma grande diferença de tamanho e uma certa variação na forma.

Entre espécies que compartilham ancestralidade, pode ser mais difícil distinguir entre os ossos, por exemplo, identificar se uma vértebra é de ovelha ou de cervo. Poucos ossos de animais devem ser confundidos com ossos humanos, desde que o investigador tenha conhecimento básico de anatomia, mas há alguns com os quais até os antropólogos forenses precisam ficar alertas. Costelas humanas e suínas são bem parecidas. Os ossos do rabo de um cavalo podem parecer ossos de dedos humanos. Os que têm mais chance de nos confundir são das espécies com as quais compartilhamos ligação ancestral: outros primatas. Isso não é um problema que costume surgir com muita frequência no Reino Unido, mas uma das regras de ouro da ciência forense é nunca supor nada, e casos assim não são inéditos, como veremos.

Restos esqueléticos podem ser encontrados na superfície da terra ou no subterrâneo. Quando corpos são enterrados, nós precisamos considerar que trata-se um ato deliberado, normalmente executado por um humano. Nós esperamos que humanos enterrem humanos, mas eles também enterram animais que são importantes para eles, principalmente animais de estimação. Enquanto as pessoas costumam enterrar os animais de estimação onde querem, muitas vezes em seus próprios jardins ou bosques, nós esperamos que enterrem outras pessoas no lugar certo: no cemitério. Portanto, quando encontramos um humano acima da terra ou enterrado em um lugar inesperado, talvez em um quintal ou campo, há uma série de perguntas a serem respondidas sobre por que ele estava assim. Em resumo, há uma investigação a ser feita.

Segundo, nós temos que estabelecer se os restos são de relevância forense.

Um corpo de descoberta recente não foi necessariamente colocado lá há pouco tempo, e organizar uma investigação de assassinato com base em restos do Império Romanos não tem boa chance de resultar em um caso resolvido.

Nas séries policiais de televisão, a primeira pergunta que se faz a um médico, patologista ou antropólogo é sempre "Há quanto tempo ele está morto, doutor?". Isso nem sempre é fácil de responder, mas, grosseiramente falando, se o corpo ainda tem pedaços de carne grudada, se ainda está úmido de gordura e se fede, é provável que tenha origem (meio) recente e seja digno de investigação forense.

A dificuldade surge quando os ossos estão secos e todo o tecido mole se perdeu. Esse estágio é alcançado em momentos diversos, a depender de qual parte do mundo estão. Em climas mais quentes, onde a atividade de insetos pode ser voraz, um corpo pode ser reduzido a esqueleto em questão de semanas se não for enterrado. Se estiver enterrado, o ritmo de decomposição vai ser mais lento, porque o solo é mais fresco e a atividade de insetos é restrita, e a esqueletização pode levar entre duas semanas e dez anos ou mais, dependendo das condições. Em climas muito frio e secos, o corpo pode nunca chegar à esqueletização completa. Essa gama extensa de possibilidades não impressiona a polícia, mas a determinação do intervalo pós-morte (IPM) está longe de ser uma ciência exata.

Ainda assim, é importante estabelecer um ponto limite além do qual os restos humanos não são mais considerados de interesse forense. Claro que vai haver ocasiões em que, independentemente da passagem do tempo, se ossos surgirem, eles podem continuar sendo forensicamente relevantes. Por exemplo, qualquer osso juvenil encontrado em Saddleworth Moor, no noroeste da Inglaterra, sempre vai ser investigado como tendo possível ligação com os assassinatos do pântano dos anos 1960, cometidos por Ian Brady e Myra Hindley. Nem todos os corpos das vítimas foram encontrados, e os assassinos já levaram qualquer informação adicional que eles pudessem nos dar para o túmulo.

Mas em circunstâncias normais, se um esqueleto pertence a alguém que morreu mais de setenta anos atrás, é improvável que qualquer investigação estabeleça a circunstância da morte e menos ainda que leve a uma condenação, e assim, tecnicamente, os restos podem ser considerados arqueológicos. Mas isso é uma demarcação puramente artificial, que foi alcançada com base na expectativa de responsabilidade em relação ao tempo de vida humana. Não há metodologias científicas que nos permita sermos suficientemente específicos quando se trata de determinar o IPM.

Às vezes, o contexto pode ajudar. Um esqueleto encontrado enterrado ao lado de uma moeda romana em um ponto arqueológico conhecido tem poucas chances de ser de interesse da polícia. Nem um esqueleto descoberto por uma tempestade nas dunas de Orkney[1]. Mas todos precisam ser investigados, só por garantia. Um antropólogo forense vai fazer uma avaliação prévia e, se

---

[1] Em 1850, após uma tempestade, foram encontrados resquícios de uma cilivização ancestral nas ilhas Orkney, região da Escócia. [As notas são dos editores]

não for conclusiva, nós podemos enviar amostras para testagem. Medir o nível de C^{14} — um isótopo radioativo do carbono que é criado naturalmente na atmosfera — em matéria orgânica como madeira ou osso é um método usado por arqueólogos para datar suas descobertas importantes desde os anos 1940. O nível de C^{14} começa a diminuir quando uma planta ou animal morre, então, basicamente, quanto mais velho o osso é, menor será a presença de C^{14}. Como esse isótopo radioativo em particular leva vários milhares de anos para se desintegrar completamente, a datação por radiocarbono só vai nos ajudar quando os restos tiverem quinhentos anos de idade ou mais no momento em que forem analisados e não nos reportam aos tempos modernos.

No entanto, no século passado a raça humana foi agente de alterações nos nossos níveis de radiocarbono por testes nucleares acima do solo, que introduziram isótopos feitos pelo homem, como o estrôncio-90, que tem meia-vida de apenas uns 30 anos. Como o estrôncio-90 não existia antes dos testes nucleares, se ele for detectado dentro da matriz de ossos, só pode ter ido parar lá durante a vida do indivíduo. Isso pode reduzir a data da morte para dentro dos últimos sessenta anos, aproximadamente. No entanto, evidentemente, com a passagem do tempo, essa metodologia vai deixar de ser eficaz. Nunca confie nos patologistas de séries de televisão que dizem que o esqueleto está sob o solo há onze anos. Baboseira.

Nossa terceira pergunta fundamental é: quem era essa pessoa?

Se os restos foram confirmados como humanos e de origem recente, nós temos que descobrir quem era o indivíduo quando estava vivo. Nosso nome real não está escrito nos nossos ossos, claro, mas eles muitas vezes podem oferecer pistas suficientes para levar a uma possível identidade. Quando temos isso, nós podemos começar a compará-los com dados anteriores à morte, com registros médicos e odontológicos e com biologia familiar. É na identificação que a expertise científica crítica do antropólogo forense é mais frequentemente aplicada. É nosso trabalho extrair as informações guardadas nos ossos. A pessoa era do gênero masculino ou feminino? Quantos anos tinha quando morreu? Qual era a etnia ou origem ancestral? Que altura tinha?

As respostas a essas perguntas nos dão os quatro parâmetros básicos pelos quais todos os seres humanos podem ser categorizados: sexo, idade, etnia e altura. Esses parâmetros formam um perfil biológico do indivíduo: por exemplo, homem, com idade entre 20 e 30 anos, branco, entre 1,80 e 1,90 metro de altura. Esse perfil automaticamente exclui as pessoas desaparecidas que não encaixam nos parâmetros, reduzindo assim as possibilidades. Para dar uma ideia de escala, em um caso recente, o perfil biológico citado acima resultou em mais de 1.500 nomes possíveis para a polícia investigar.

Nós ainda fazemos aos ossos todos os tipos de perguntas na esperança de que eles possam responder. Ela possuía filhos? Como a artrite afetava seu caminhar? Onde foi feita a cirurgia de quadril? Quando e como ela quebrou aquele rádio? Ela era canhota ou destra? Que tamanho de sapato usava? Quase não há parte do corpo que não possa contar um fragmento da nossa história, e, quanto mais vivemos, mais rica acaba sendo a narrativa.

A identificação por DNA foi uma revolução na junção dos mortos com seus nomes, claro. Mas só pode ajudar se os investigadores tiverem uma fonte com a qual o DNA do falecido possa ser comparado. A correspondência de DNA exige que o indivíduo tenha dado previamente uma amostra de DNA que ainda esteja registrada. A não ser que ele seja parte da minoria que faz isso por motivos ocupacionais, como policiais, soldados e cientistas forenses, isso só terá acontecido se ele tiver sido acusado e considerado culpado de algum crime. Se a polícia acreditar que sabe quem a pessoa era, eles podem procurar um DNA fonte na casa, no escritório ou no carro dela e mandar comparar com a de um parente, irmão ou filho. Às vezes, um parente pode já estar na base de dados criminais, e uma ligação pode ser feita por essa rota indireta.

Quando a ciência forense molecular não é capaz de ajudar, a antropologia forense e seu foco nos ossos costuma ser um último recurso ao qual recorrer. Até termos um nome para o falecido, é extremamente difícil que as autoridades estabeleçam se houve um crime que precisa ser investigado e mais ainda concluir a história da pessoa de forma satisfatória para o sistema de justiça criminal e para a família enlutada.

Por fim, podemos ajudar com a causa e a forma da morte?

Os antropólogos forenses são cientistas e, no Reino Unido, não costumam ter qualificação médica. Determinar a forma e a causa da morte cai claramente dentro do conhecimento e da responsabilidade do patologista forense. A *forma* da morte pode ser, por exemplo, a vítima ter sofrido um golpe de instrumento contundente, enquanto a *causa* da morte pode ser hemorragia. No entanto, essa é uma área em que a parceria entre o patologista e o antropólogo pode funcionar em harmonia. Às vezes, os ossos nos contam não apenas sobre quem a pessoa era, mas o que pode ter acontecido com ela.

Nós fazemos perguntas diferentes quando lidamos com a forma e a causa da morte. Essa criança tem tantos ferimentos velhos e cicatrizados que podem ter sido provocados por qualquer outra coisa além de abuso? Aquela fratura perimortem[2] aconteceu porque a mulher estava tentando se defender?

Os especialistas aprendem a ler diferentes partes do corpo de acordo com seus objetivos. Um clínico vai olhar os tecidos moles e órgãos procurando sinais de doenças, e um patologista clínico pode examinar biópsias de tumores ou categorizar mudanças em células para estabelecer a natureza ou a progressão de uma patologia ou doença. Um patologista forense vai se concentrar na causa e na forma da morte, enquanto o toxicologista

2 Refere-se a eventos ocorridos durante a morte.

forense analisa fluidos corporais, inclusive sangue, urina, humor vítreo do olho ou líquido cefalorraquidiano para determinar se drogas ou álcool foram consumidos.

Com tantas disciplinas científicas todas focados em seu próprio nicho, às vezes com certa miopia, a imagem maior pode acabar sendo obscurecida. Para o clínico e o patologista, os ossos podem ser só mais uma coisa a ser aberta com pinças ou serras elétricas para chegar aos órgãos de dentro. Só se houver trauma ou patologia óbvia é que eles receberão mais do que um olhar rápido. Os biólogos forenses estão mais interessados nas células que se escondem nos espaços dentro dos ossos do que nos ossos em si. Eles vão cortar o osso e moê-lo até virar um pó para chegarem ao código nuclear escondido em suas profundezas. O odontologista forense fica empolgado com dentes, mas talvez nem tanto com os ossos que os prendem.

Assim, a música do esqueleto pode passar despercebida. Mas esse é o componente mais durável dos nossos corpos, muitas vezes resistindo por séculos, guardando as lembranças em segurança por muito tempo depois de a história contada pelos tecidos moles ter se perdido.

Se a identidade puder ser estabelecida pelo DNA, pelas impressões digitais ou por comparação dentária, ninguém vai se interessar muito pelos ossos até que todo o restante do trabalho esteja feito e os especialistas tiverem seguido para novos campos. Pode levar meses — às vezes anos — da descoberta de um corpo para que os antropólogos forenses entrem na jogada e os ossos sejam finalmente convocados a revelar suas lembranças.

O cientista não tem controle, claro, sobre aquilo no qual deve trabalhar. Quanto mais recentes os restos ou quanto mais completo o esqueleto, mais da história podemos torcer para recuperar, porém, infelizmente, os corpos humanos nem sempre são encontrados intactos ou em boas condições. A passagem do tempo exerce seu efeito em um cadáver abandonado, escondido ou enterrado. Animais consomem e destroem ossos, e os efeitos físicos do tempo, do solo e da química conspiram contra a obtenção da música de uma vida vivida.

O antropólogo forense precisa estar apto a tentar recuperar uma parte da melodia a partir de qualquer coisa, e, para fazer isso, nós precisamos saber o que procurar e onde encontrar. Se múltiplos ossos contarem uma história similar, nós podemos ter confiança na nossa opinião. Se apenas um único osso for recuperado, nós vamos necessariamente ter que tomar mais cuidado com a forma como interpretamos o que ele está dizendo. Diferentemente dos nossos colegas da ficção, nós temos que manter os pés no chão e a cabeça longe das nuvens.

A antropologia forense é uma disciplina que lida com a memória do passado recente, não do histórico. Não é o mesmo que a osteoarqueologia e que a antropologia biológica. Nós precisamos estar prontos para apresentar e defender nossos pensamentos e opiniões em um tribunal como parte de um processo judicial adversarial. Nossas conclusões precisam, portanto, estar sempre sustentadas pelo rigor científico. Nós precisamos pesquisar, testar e retestar nossas teorias e estarmos totalmente familiarizados com a probabilidade estatística das nossas descobertas, além de sermos capazes de transmiti-las. Nós precisamos entender e aderir à Parte 19 das Regras de Procedimento Criminal sobre evidências de especialistas e também às regras sobre revelação, material não utilizado e gerenciamento de casos. Nós certamente seremos interrogados de modo intenso. Se nossas provas serão levadas em consideração por um júri que vai decidir sobre a culpa ou inocência de um réu, nós temos que ser firmes na nossa compreensão e interpretação científica, claros e compreensíveis na nossa apresentação e precisos nos nossos protocolos e procedimentos.

Talvez a antropologia forense já tenha sido vista como uma das rotas mais fáceis para o interessante mundo da ciência forense. É evidente que exala o tipo de charme investigativo que a torna irresistível para a ficção criminal. Mas não mais. É uma profissão, regida no Reino Unido por um corpo profissional com uma carta régia. Nós precisamos passar por exames e fazer novos testes a cada cinco anos para continuarmos sendo testemunhas especializadas ativas, competentes e com credibilidade. Não há espaço para amadores no nosso ramo.

Este livro nos levará em uma viagem pelo corpo humano, examinado as lentes da anatomia e da antropologia forense aplicadas no mundo real. Nós vamos olhar para o corpo em segmentos, capítulo a capítulo, explorando como o antropólogo forense anatomicamente treinado pode trabalhar para: ajudar a confirmar a identidade dos mortos; ajudar o patologista a determinar a forma e a causa de morte; colaborar para que odontologista ou radiologista interpretem descobertas relevantes às suas áreas. Vamos olhar a forma como nossas experiências de vida ficam escritas nos nossos ossos e como podemos usar a ciência para desvendar a história. Quero mostrar que o uso daquilo que sabemos sobre os ossos nos permite montar o que podem ser eventos extraordinários — a vida muitas vezes é mais impressionante do que a ficção. O osso é a radiografia real do que o nosso corpo registrou durante toda a nossa existência. Adaptações, traumas e fragilidades — basta aprender a ler cada fissura, cada curva e erosão. Toda a verdade está gravada em nosso corpo.

Os casos forenses usados como exemplo são todos reais, mas em muitos deles eu mudei nomes e locais por respeito aos mortos e suas famílias. Incluí nomes reais apenas quando um caso foi a tribunal e a imprensa publicou detalhes a respeito seus protagonistas. Os mortos têm direito à privacidade.

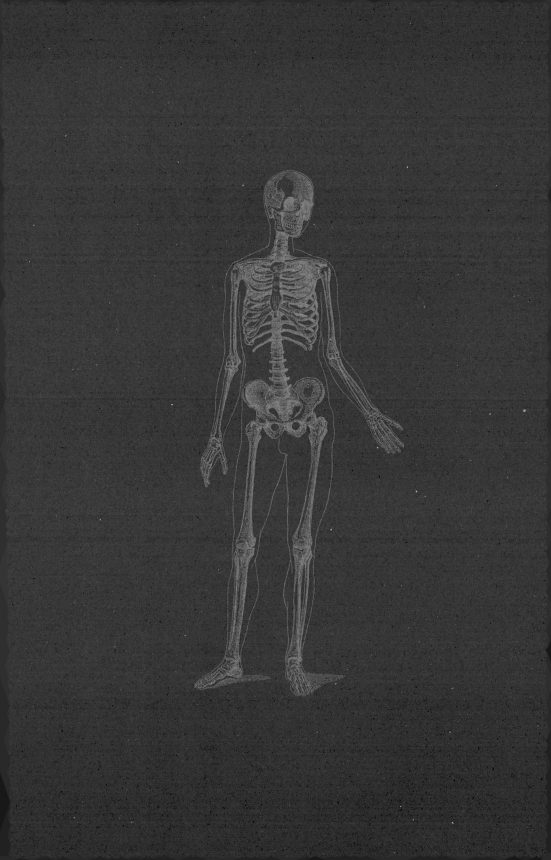

PARTE I

CABEÇA

OSSOS CRANIANOS

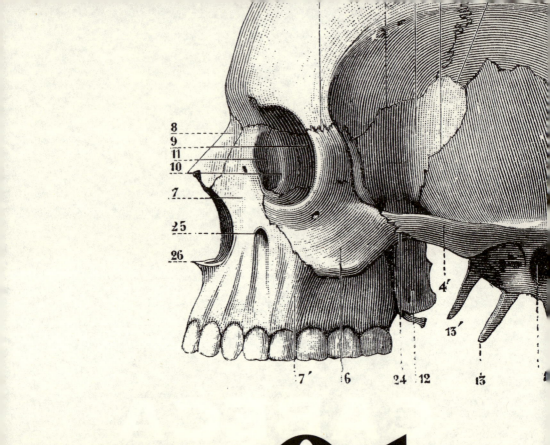

01

SUE BLACK
OSSOS DO OFÍCIO

CAIXA CRANIANA

NEUROCRÂNIO

"A verdadeira face da vida é o crânio."
— NIKOS KAZANTZAKIS, *Escritor, 1883—1957* —

Não existe imagem mais imediatamente reconhecível na iconografia da morte do que o crânio humano. Crânios e suas representações são usados em rituais na maioria das culturas e civilizações desde os primórdios dos tempos. Hoje, a caveira é o símbolo assustador preferido do Halloween, a assinatura adotada por metaleiros, motoqueiros e piratas antigos, o emblema internacional de venenos e a estampa favorita das infames camisetas góticas.

Como *objets d'art*, os crânios humanos altamente decorados da era vitoriana eram curiosidades feitas para venda, assim como crânios esculpidos de cristal que alegavam ser originários das culturas asteca ou maia pré-colombianas. Muitos acabavam se revelando artefatos do final do século XIX designados para atrair e extorquir os colecionadores ricos. Crânios falsos foram usados não só para gerar renda, mas até para fabricar "provas" que promovessem teorias científicas. A fraude do Homem de Piltdown de 1912 foi uma tentativa de convencer o mundo acadêmico de que um novo "elo que faltava" na hierarquia de evolução entre símio e humano tinha sido descoberto. Em 1953, o crânio humanoide que diziam ter sido encontrado em uma mina de cascalho perto de Piltdown, em East Sussex, foi revelado como falso quando foi evidenciado de forma conclusiva que, embora o neurocrânio, a parte do crânio que é a "caixa do cérebro", era de um humano moderno pequeno, o maxilar inferior alterado tinha vindo de um orangotango. Não foi o melhor momento na história para a imagem do incorruptível cientista acadêmico britânico.

O crânio chegou a virar uma peça artística bem cara quando, em 2007, Damien Hirst criou seu icônico *For the Love of God*. A história por trás do título foi que sua mãe vivia perguntando: "Pelo amor de Deus, o que você vai fazer agora?". O resultado daquela vez foi um ostentoso molde de platina de um crânio humano decorado com mais de 8.600 diamantes impecáveis, incluindo um diamante rosa grande em forma de pera no centro da testa para representar o terceiro olho, o que tudo vê. A peça foi rotulada com um *memento mori*, um objeto feito pelo homem com o objetivo de nos ajudar a refletir sobre a realidade da nossa mortalidade e indicar que talvez a arte possa ter sucesso onde a vida fracassou: obtendo uma vitória sobre a putrefação pela persistência da beleza. Supostamente, custou cerca de 14 milhões de libras para ser feito. Para quem foi vendido — e se realmente foi vendido pelo preço astronômico de 50 milhões de libras — continua sendo um mistério.

Há dois aspectos nessa peça de Hirst que me perturbam. O uso extravagante de diamantes em uma obra de arte tão potencialmente frívola não é da minha conta. Entretanto, o fato de que o crânio original foi comprado em uma loja de taxidermia em Islington deveria gerar perguntas de todos nós sobre a ética da compra e venda dos restos dos nossos ancestrais, independente da antiguidade. Em algum momento, aqueles restos foram o filho ou filha viva de alguém. Se nós ficaríamos ofendidos por alguém vender os restos do nosso mausoléu familiar, e a maioria de nós ficaria, não devemos ter a mesma cortesia com os outros? Em segundo lugar, os dentes eram reais: foram removidos do crânio e inseridos no molde, o que indica que a integridade dos restos originais foi violada em nome da arte. A dissociação me incomoda. E também, em outro nível, a desconfiança de que ele errou a posição de alguns dos dentes.

Talvez o apelo do simbolismo do crânio esteja no fato de que é a parte mais obviamente humana dos nossos restos e a essência de "nós", a "pessoa": o lar onde guardamos nosso cérebro e fica nosso intelecto, nosso poder, nossa personalidade, nossos sentidos e, alguns acreditam, até nossa alma. Nós costumamos reconhecer as pessoas pelo rosto, não, por exemplo, pelas patelas. É a parte de uma pessoa com a qual interagimos mais comumente e é o repositório da nossa consciência, da nossa inteligência e, portanto, da nossa humanidade e da nossa individualidade. Nossa fascinação eterna com esqueletos e crânios também deve ter uma fonte mais simples: nós todos temos e ocupamos um corpo humano, mas nossos ossos ficam invisíveis e são, assim, um mistério.

Quando os antropólogos forenses são chamados para ajudar a polícia com uma investigação, é entendido que certas partes de um corpo podem não estar completas por motivos perfeitamente explicáveis. Embora a maioria de nós receba o conjunto completo no nascimento, há exceções. Mãos e pés, dedos das mãos e dos pés, por exemplo, podem não ter se formado, talvez devido à síndrome da banda amniótica, uma doença rara que pode resultar em membros ou dígitos amputados no útero. Durante a vida, alguns de nós podem perder membros devido a ferimentos ou remoção cirúrgica. E quando restos humanos são descobertos depois da morte, algumas partes podem estar faltando. Normalmente, isso ocorre por causa de atividade animal, mas às vezes pode ser porque foram removidas de forma proposital ou descartadas separadamente. Nesse caso, assim como em todos os aspectos do nosso trabalho, os antropólogos forenses precisam manter a mente aberta e preparada para tentar extrair o máximo de informação possível dos menores fragmentos.

Enquanto tirava um corpo de um caixão de chumbo na cripta de uma igreja em Londres, alguns anos atrás, eu comentei com a minha colega: "Não consigo encontrar a perna esquerda". Ela me falou para olhar melhor, porque sempre são duas. Mas não naquele caso. Sir John Fraser tinha levado um tiro de canhão na perna no grande cerco de Gibraltar de 1782, então não havia outra perna para ser encontrada. Mas uma coisa é certa: embora possamos seguir a vida sem um membro ou sem um dedo, nenhum ser humano já andou na Terra sem cabeça. Portanto, todo esqueleto tem ou teve crânio. E essa é a parte que mais queremos achar.

Um conjunto de restos que encontrei enquanto trabalhava em Londres no início da minha carreira de antropóloga me ofereceu um enigma. Eu fui contactada uma manhã pela polícia, que estava procurando ajuda com um caso "um tanto incomum". Sinceramente, não existe caso típico no nosso ramo. Quase todas as investigações têm algum elemento de anormalidade ou estranheza. A polícia perguntou se eu poderia orientá-los sobre a recuperação de restos esqueléticos de um jardim e depois examinar esses restos no necrotério.

A equipe de estratégia forense se reuniu em um daqueles escritórios cinzentos e inexpressivos que são comuns em delegacias de polícia. Copiosas xícaras de chá são sempre oferecidas e, se você tiver sorte, pode até conseguir um sanduíche de bacon. O pano de fundo do caso foi exposto pelo investigador sênior.

Uma agradável senhora de idade madura tinha entrado, sem ser anunciada e num certo estado de agitação, na delegacia da região onde morava e dito para o sargento no atendimento que, se a polícia levantasse algumas placas do pavimento do pátio no quintal de uma propriedade próxima, um corpo seria encontrado.

A mulher foi detida enquanto uma busca policial foi enviada ao local. Quando interrogada, ela explicou que, uns vinte anos antes, ela cuidava da senhora idosa que morava naquele mesmo endereço. Um dia, ela entrou na casa e encontrou a mulher morta no chão. Ela disse que entrou em pânico e, sem saber o que fazer, enterrou o corpo, porque não queria problemas com a polícia. Ela disse ao senhorio que a senhora tinha ficado doente e tinha sido levada para uma clínica, e então esvaziou a propriedade. Mas isso não explicava por que, como ficou claro depois, ela continuou recebendo a aposentadoria da mulher por uns dois anos depois da morte, o que, por si só, já deveria ter sido suficiente para atrair atenção.

A casa agora estava ocupada por outro locatário, que foi levado temporariamente para uma acomodação alternativa enquanto a equipe forense trabalhava. Por um conjunto de portas de correr que levava ao jardim, eles chegaram a um pátio coberto de placas de concreto cinza. As placas foram fáceis de levantar, e menos de 15 centímetros abaixo da superfície o primeiro osso foi encontrado. Foi nesse momento que a polícia telefonou para mim.

Uma escavação completa e a recuperação do corpo foram executadas, e um conjunto completo de restos esqueléticos foi recolhido. Tudo, menos a cabeça. Quando informei sobre a ausência de crânio à polícia, me perguntaram se eu tinha certeza. Eu não tinha deixado passar? Minha indignação com a suposição de que eu talvez não tivesse feito meu trabalho adequadamente, talvez até de que não fosse capaz de reconhecer uma cabeça, foi indescritível, e minha resposta foi concisa. Como se deixa passar uma coisa do tamanho de uma bola de futebol? Não, eu não tinha deixado nada passar. Tudo da quarta vértebra cervical para baixo estava presente, mas a cabeça e as três vértebras de cima definitivamente não estavam lá.

No necrotério, pude confirmar que o esqueleto sem cabeça era de uma mulher idosa que encaixava na descrição oferecida pela informante, até a artrite nas mãos e nos pés e o implante de quadril. Nós até encontramos o cinto que ela usava para segurar a calça, que tinha sido do falecido marido e tinha uma fivela militar distintiva. O patologista declarou que não havia prova específica que indicasse a forma da morte e concordou que a identidade do indivíduo provavelmente não estava em questão.

Os registros médicos indicavam que o quadril direito tinha recebido uma prótese alguns anos antes, mas, infelizmente, não havia registro do número do implante, que teria sido útil para identificação. O dentista da mulher disse que ela usava dentadura, mas como não tínhamos cabeça, também não tínhamos dentes. Como ela não tinha parentes vivos, não foi possível comparar o DNA com um familiar.

Ao olhar a superfície superior das vértebras cervicais que restavam, pude opinar que o crânio tinha sido removido por volta da hora da morte. Havia evidência suficiente de traumas e fraturas para sugerir uma separação forçada. Mas nós precisávamos encontrá-la.

Quando questionada sobre essa omissão notável na confissão, a mulher detida acabou admitindo que não conseguiu suportar enterrar a cabeça porque a senhora ficou olhando para ela, então a cortou fora usando a beira da pá, segundo ela, e colocou num saco plástico. Ela não podia deixar por aí porque alguém poderia encontrar, então a escondeu em casa e, depois, cada vez que se mudava, levava a cabeça junto. A pergunta seguinte, obviamente, foi onde poderíamos encontrar cabeça agora. A resposta foi que estava no galpão do jardim, em um saco plástico embaixo de uma pilha de vasos de flores.

A equipe policial foi então enviada para o galpão do jardim dela. Preciso dizer que ela pelo menos falou a verdade sobre isso. Eles voltaram para o necrotério com o crânio em uma sacola de supermercado. Meu primeiro trabalho foi estabelecer que o crânio realmente pertencia ao corpo. Foi numa época em que o DNA ainda estava em seus primórdios, e o "encaixe" tinha que ser baseado na articulação anatômica e se o sexo e idade da cabeça batiam com os do corpo. Eu estava com o crânio e a mandíbula, a primeira e segunda vértebras cervicais, mas a terceira estava faltando. Ficou claro que foi ali que o desmembramento aconteceu, e a ausência significava que não dava para ligar o corpo anatomicamente com o crânio. No entanto, as características anatômicas do crânio e da mandíbula mostravam que ambos tinham grandes chances de pertencer a uma mulher idosa que, na hora da morte, não tinha um único dente na boca. Acho que a dentadura nunca foi encontrada.

Mas as surpresas não paravam de chegar. Para começar, ficou claro que havia marcas de corte na base do crânio e na segunda vértebra cervical. Isso indicava que, além da pá, se realmente houve uma pá envolvida, houve uso de um instrumento de corte afiado, provavelmente algo como um cutelo. Mais importante ainda, identifiquei marcas de fratura no crânio. Houve pelo menos dois golpes na cabeça com um instrumento contundente, talvez a citada pá, que criaram múltiplas linhas de fratura. O patologista declarou que era mais provável que a morte tivesse ocorrido como resultado de trauma contundente na parte de trás do crânio e que a cabeça provavelmente tinha sido removida depois da morte para esconder a forma da morte. Talvez tenha sido esse o motivo para a cuidadora levar a cabeça com ela cada vez que se mudava de casa.

A vítima nunca foi registrada como pessoa desaparecida. Ela não tinha família que sentisse sua falta. Como ela acabou tendo um fim tão violento nas mãos de alguém que supostamente era sua amiga, não sei dizer. Independentemente das circunstâncias, a cuidadora foi acusada de ter assassinado a senhora batendo nela provavelmente duas vezes, possivelmente com a pá, que depois ela pode ter usado para tentar remover a cabeça. Como não deu certo, a cuidadora talvez tivesse ido à cozinha para procurar uma alternativa adequada. Depois de conseguir separar a cabeça da senhora do seu corpo, ela a guardou em um saco plástico para levar até sua casa, cavou um buraco embaixo do pátio e enterrou o resto do corpo lá.

Ela deve ter tido um trabalho gigantesco de limpeza das próprias mãos antes de voltar a atenção para encobrir o crime, retirando tudo da casa e supostamente se beneficiando dos bens da vítima além da aposentadoria.

Talvez o motivo tenha sido dinheiro, e o crime tenha sido cometido a sangue frio. Talvez tenha sido no calor do momento, como resultado de uma briga ou porque a cuidadora apenas perdeu a paciência com a senhora idosa e surtou. Eu não fui informada da explicação que ela talvez tenha oferecido. O indiscutível é que, por mais de vinte anos, ela pareceu ter escapado de uma acusação de assassinato, mas, em um determinado momento, sua consciência, ou o esforço cada vez maior de sustentar a mentira, levou-a até a recepção da delegacia e para uma confissão surpreendente. Ela acabou se declarando culpada de assassinato, desmembramento, ocultação do cadáver e fraude por ter ficado com a aposentadoria da vítima. Vai passar os preciosos dias que lhe restam sob os cuidados de Sua Majestade. A idade avançada não suaviza as sentenças para os crimes, sobretudo se incluírem homicídio com agravante.

A maioria dos casos acaba ganhando um apelido, e era inevitável que aquele se tornasse conhecido para sempre como assassinato da "cabeça no galpão". Como tantas vezes comentei com escritores de livros policiais, se eles escrevessem algumas das coisas que encontramos na vida real, ninguém acreditaria, e seus enredos seriam acusados de ridiculamente implausíveis.

Nesse exemplo, os ossos nos contaram não só que a cabeça tinha sido removida de forma proposital, mas que a senhora tinha sido morta, e não morrido de causas naturais. Mas antes que possamos ler uma história humana nos ossos, o primeiro passo é garantir que haja ossos. Às vezes, outros objetos podem se passar por partes de um esqueleto humano e, se não soubermos o que estamos procurando, podemos ser enganados. Partes do esqueleto juvenil costumam ser confundidas com ossos animais ou até pedras, podem parecer cascalho arredondado. Isso não costuma ser problema com o neurocrânio, porque essa parte costuma estar em desenvolvimento bem avançado antes do nascimento. Mas pode haver confusão.

Uma investigação de abuso infantil em Haut de la Garenne, um antigo lar de acolhimento infantil em Jersey, ganhou atenção mundial em 2008 depois que alegaram que fragmentos de um crânio juvenil tinham sido encontrados lá. A presença desse "osso" foi vista como evidência condenatória, e a investigação se intensificou. Levou a especulações terríveis de que crianças tinham sido torturadas e mortas no lar e seus restos estavam escondidos. No entanto, testes laboratoriais feitos a fim de tentar avaliar a idade de um pedaço de osso de crânio juvenil demonstraram que não era um osso, mas um fragmento de madeira, provavelmente da casca de um coco.

No final, a polícia teve que admitir que não tinha provas de que algum crime tivesse acontecido em Haut de la Garenne. De cerca de 170 supostos fragmentos de osso que apareceram no local, só três eram possivelmente humanos, e deviam ter centenas de anos de idade.

Mas a ausência de corpos não representa ausência de crueldade, e a investigação descobriu um catálogo terrível de abusos em Haut de la Garenne e em outros lares em Jersey até o final dos anos 1940. Vários criminosos foram condenados, mas muitos outros escaparam da justiça por não estarem mais vivos na época que o escândalo veio à luz. Mas o tempo, o esforço e o dinheiro público que foram desperdiçados investigando pistas falsas expuseram a polícia e os especialistas forenses a críticas severas e ameaçaram botar em risco uma investigação crucial.

O que aconteceu em Jersey mostra que algo pode até parecer uma evidência que esperamos encontrar, mas não necessariamente é. Se estamos procurando os restos de crianças, não podemos esperar encontrar cocos. Esse é o mal do viés de confirmação, a tendência de procurar uma coisa que confirme crenças ou teorias predeterminadas e de interpretar descobertas pelas lentes desse preconceito. É uma tendência contra a qual precisamos todos nos proteger ativamente. É importante que coisas como pedras, pedaços de madeira e até peças de plástico (principalmente em locais de incêndio) sejam detalhadamente investigadas antes de conclusões serem tiradas. Às vezes, um osso é só uma casca de coco.

Se há uma enorme longevidade e riqueza de imagens culturais e emotivas do crânio humano, a verdadeira maravilha está na estrutura em si, no propósito, como se forma, como cresce e o que pode contar sobre a vida e talvez até sobre a morte da pessoa que o ocupou por um curto período.

Os ossos do crânio humano começam a se formar perto do fim do segundo mês de gravidez. Quando o bebê nasce, sete meses depois, todos os ossos do crânio são reconhecíveis, mesmo quando encontrados isolados dos outros, desde que você saiba o que está procurando. O crescimento e interconexão entre os 28 ossos (mais ou menos) que formam o crânio adulto fazem dele uma das áreas mais complexas do esqueleto humano para se tentar entender e para se reconstruir a partir das partes.

No nascimento, o crânio do bebê consiste em quase quarenta ossos diferentes, muitos deles medindo apenas alguns milímetros. É uma área do corpo que passa por um crescimento desproporcional no útero para acomodar o cérebro em desenvolvimento, mas precisa ficar flexível para ser espremido em segurança pelo canal pélvico ridiculamente pequeno da mãe. As "moleiras", ou fontanelas, na cabeça de um bebê permitem que os ossos se sobreponham durante o nascimento e que o crânio se abra para acomodar um cérebro que está crescendo mais rápido do que o osso ao redor dele. Portanto, o crânio de um recém-nascido pode, às vezes, parecer deformado antes de os ossos se acomodarem em suas posições e as seis fontanelas se fecharem. Isso começa aos 2 ou 3 meses e leva até dezoito meses para se completar.

Há quatro funções primárias que o crânio precisa realizar desde o momento do nascimento.

1. Deve proteger o cérebro macio e frágil e suas coberturas.
2. Deve ter buracos (forames) para conduzir em segurança nervos e vasos sanguíneos, e precisa haver aberturas externas para os órgãos dos sentidos especiais (olhos, ouvidos, nariz e boca) funcionarem otimamente e nos permitirem interagir de maneira efetiva com o ambiente que nos cerca.
3. Deve oferecer espaço para os conjuntos sequenciais de dentes que são necessários para morder e mastigar e precisa desenvolver a articulação temporomandibular (mandíbula) que vai permitir que os dentes batam uns nos outros para começar o processo de digestão alimentar.
4. Precisa abrigar a parte superior dos tratos respiratório e gastrintestinal, para facilitar, respectivamente, a respiração e a passagem de alimentos mastigados.

Há duas divisões básicas no crânio. A maior é o neurocrânio ou caixa craniana, composto de oito ossos. O trabalho dessa câmara craniana rígida é quase exclusivamente executar a função número 1: proteger e sustentar o delicado tecido cerebral. A divisão menor do crânio é o viscerocrânio ou face, que, quando chegamos à idade adulta, consiste em mais catorze ossos; cuida da maioria das funções 2 a 4. Em um bebê recém-nascido, o viscerocrânio é bem menor em termos relativos, cerca de um sétimo do volume da caixa craniana.

Assim, um recém-nascido tem a cabeça relativamente grande (esse é o verdadeiro motivo para o parto ser tão complicado) e, como os olhos crescem diretamente do cérebro, as órbitas no crânio neonatal também parecem desproporcionalmente grandes. Os desenhistas e animadores que criaram os personagens da Disney e da Warner Bros exageraram essas diferenças entre cabeças juvenis e adultas para transmitir de forma subliminar traços "bons" e "maus". Uma figura fofa e nada ameaçadora, como o Hortelino, adversário do Pernalonga, é desenhada como baixa e atarracada, com cabeça grande e careca, um rosto pequeno e gorducho, sem queixo e com olhos grandes e redondos: essencialmente com aparência pedomórfica ou infantil. Por contraste, um personagem mau ou ameaçador — Jafar de *Aladim* ou Malévola de *Bela Adormecida* — é desenhado como alto e magro, com a cabeça relativamente pequena, olhos pequenos e oblíquos, queixo grande e rosto desproporcionalmente comprido e fino. Os desenhos e personagens de computação gráfica de hoje podem ser mais sofisticados, mas essas características continuam evidentes.

O motivo para a aparência distinta de um bebê é que as proporções do crânio estão aliadas a dois tipos de tecido bem diferentes: o cérebro e os dentes. Como o cérebro se desenvolve bem antes dos dentes, as exigências para o seu crescimento são mais evidentes nos muito jovens. O sistema nervoso humano embrionário começa como uma placa plana de tecido que depois se dobra num tubo similar a um canudo que desce pelo centro do corpo do que será a extremidade cefálica até a extremidade caudal. Na quarta semana de desenvolvimento intrauterino, o cérebro se curva para a frente no futuro tronco cerebral e começa a inflar como um balão na ponta do canudo.

A expansão neurológica na região do futuro cérebro vai continuar em um ritmo rápido e vai estar em um estado relativamente avançado de desenvolvimento antes que a estrutura óssea protetora do neurocrânio comece a se consolidar em volta. O tecido cerebral e o tecido nervoso geralmente enviam um sinal que encoraja o osso a ser posicionado para ajudar a protegê-lo, então não é surpresa que alguns dos primeiros ossos a se desenvolverem no ser humano sejam do crânio e especificamente da área do neurocrânio.

Padrões de crescimento como o desenvolvimento do osso esfenoide, bem no centro da base do crânio, pode nos ajudar a dizer se é de um feto ou de um recém-nascido. Esse osso é formado de seis partes separadas, duas seções de um corpo e pares de asas maiores e menores. No quinto mês de gravidez, a parte frontal do corpo e as asas menores se fundem. No oitavo mês, essa peça se mescla com a parte de trás do corpo do osso. Assim, no nascimento, o osso costuma consistir em três partes distintas: o osso fundido, que é formado do corpo e das asas menores, e as duas asas maiores, separadas.

Todos os elementos do esfenoide vão se unir ao longo do primeiro ano depois do nascimento. Ser capaz de identificar cada pequena parte do esfenoide, fundida ou não, e de entender o padrão e a sequência de mudanças relacionadas à idade permitem que um antropólogo estabeleça a idade de uma criança com precisão considerável, a partir apenas desse osso. E há muitos outros ossos no crânio que podem oferecer orientação similar bem específica sobre a idade, o que faz dele uma fonte rica de informações.

Se os hemisférios cerebrais não se desenvolvem, como acontece, por exemplo, na condição clínica da anencefalia, o osso não é encorajado a crescer. Como resultado, a criança pode sobreviver ao nascimento, mas terá um rosto bem definido com órbitas mal construídas para os olhos e um cérebro muito rudimentar, sem caixa rígida ao redor, o que dá à cabeça a aparência de um balão murcho. Bebês com essa condição costumam só viver algumas poucas horas ou, no máximo, dias. A ausência de cérebro e de caixa craniana resulta em uma vida tragicamente curta.

Os ossos do neurocrânio formam uma membrana especial que cerca o cérebro em desenvolvimento e, portanto, são diferentes dos outros tipos de ossos do corpo. Eles são, em sua maioria, construídos de díploe, do grego, "dobra dupla". Parece um pouco um sanduíche, com um preenchimento fino de osso mais poroso, de aparência quase aerada, entre duas camadas de osso mais duro que parece marfim.

Às vezes, a estrutura de sanduíche não se desenvolve normalmente, e áreas afinadas podem surgir, deixando o crânio vulnerável a danos. A doença hereditária conhecida como forame parietal alargado, ou "marca Catlin", se apresenta como dois buracos grandes e redondos nos ossos parietais na parte de trás do crânio, que é o motivo de ser às vezes conhecida como doença dos "olhos na parte de trás da cabeça". O nome foi dado pelo biólogo estadunidense dr. William M. Goldsmith, que observou o defeito em dezesseis membros de cinco gerações da família Catlin e publicou suas descobertas em 1922. Nessa situação, o osso simplesmente não se desenvolve, mas como as áreas afetadas são pequenas, isso não parece comprometer a expectativa de vida. No entanto, essa parte do crânio ficará mais vulnerável caso o indivíduo sofra um ferimento na cabeça.

O forame parietal alargado é bem diferente dos buracos adquiridos na cabeça depois da trepanação, uma atividade histórica e cultural vista em muitas partes do mundo na qual buracos são feitos no crânio de um paciente (normalmente ainda consciente) por perfuração, cinzelamento ou raspagem. O motivo para essa cirurgia rudimentar pode ter sido tentar curar dores de cabeça lancinantes ou tratar doenças mentais (ou para "libertar espíritos", aos quais qualquer uma dessas doenças pode ter sido atribuída). Foi abandonada pela maioria das culturas no final da Idade Média, embora ainda fosse registrada em partes da África e da Polinésia no começo do século xx. Sem o benefício da anestesia moderna, a dor devia ser quase inimaginavelmente excruciante, mas há uma sugestão de que o procedimento também podia levar a uma "viagem" eufórica. É incrível que as pessoas sobrevivessem a essa intervenção brutal, mas o fato de sobreviverem é evidenciado pelos muitos crânios que mostram cicatrização avançada em volta da região.

Uma ferramenta cruel, que data do século xviii, mostra como procedimentos mais tardios podem ter sido executados. A broca manual, que parece um pouco uma furadeira doméstica, tem uma extremidade que parece um cinzel com uma ponta no meio e é reconhecível imediatamente por carpinteiros dos dias de hoje como uma broca chata para madeira usada em furadeira. Não é acidental que as ferramentas ortopédicas pareçam emular as da carpintaria. As similaridades são tantas que ouvi falar de um cirurgião residente no País de Gales que decidiu que podia apurar sua capacidade cirúrgica passando uma semana numa construção como aprendiz de carpinteiro. Ao que parece, ele obteve muito sucesso.

O antropólogo forense, portanto, pode ter que examinar buracos em um crânio por uma variedade de motivos, sendo que muitos deles podem não ter tido relação com a morte da pessoa, embora também possam ter resultado na morte. É relativamente simples para um profissional experiente identificar a diferença entre o forame parietal alargado e buracos de trepanação. Primeiro de tudo, a posição e a simetria são diferentes: forame parietal alargado tende a ser bilateral, costuma ser encontrado na parte de trás dos ossos parietais e é simétrico em tamanho e posição, enquanto buracos de trepanação são mais comumente unilaterais e podem estar em qualquer parte do neurocrânio.

As beiradas dos buracos também são diferentes. As bordas de um forame parietal alargado são afiadas, enquanto muitas vezes na trepanação dá para ver uma depressão mais baixa em volta do buraco, onde o osso se remodelou, desde que a pessoa tenha sobrevivido ao procedimento e a cicatrização tenha começado a acontecer. Se o paciente morreu como resultado de trepanação ou pouco depois, as marcas das ferramentas usadas na cirurgia muitas vezes ainda estarão visíveis como marcas ou sulcos na superfície cortada, e linhas de fratura não cicatrizadas podem estar presentes.

A díploe é tão distinta que é improvável confundi-la com qualquer outra parte do esqueleto, e isso facilita o reconhecimento até quando só se tem um único fragmento isolado. No entanto, outras partes do neurocrânio nem sempre são tão fáceis de identificar.

Ao tentar descobrir o que tinha acontecido com uma mulher de meia-idade que de repente sumiu de uma cidadezinha escocesa, a única pista que tínhamos era um pedacinho mínimo de uma coisa que os policiais da cena do crime achavam que talvez pudesse ser osso.

Mary não era vista desde que vestiu o casaco para sair do trabalhar cinco dias antes do desaparecimento ser registrado. A última coisa que ela disse para os colegas era que ia expulsar o marido de casa porque estava cansada das mentiras e enganações dele. Naquele dia, ela havia recebido uma ligação do banco dizendo que havia algumas irregularidades com a papelada que o casal tinha assinado pedindo um empréstimo de 50 mil libras. Claro que havia "irregularidades", porque ela não tinha assinado papel nenhum. O marido tinha falsificado a assinatura dela.

O marido de Mary tinha vários negócios falidos no nome dele, com dívidas cada vez maiores. Ela havia chegado ao limite com ele e muitas vezes tinha comentado com os amigos que, se não aparecesse no trabalho um dia e a polícia fosse atrás dela, era para avisar para cavarem o quintal.

Agora, Mary estava mesmo desaparecida, algo que o marido levou cinco dias para alertar a polícia. Em uma entrevista, ele declarou que tinha voltado do trabalho naquele dia, eles tiveram uma briga e ela saiu com raiva. Ele disse que ela só pretendia voltar quando se acalmasse. Ele achou que ela talvez tivesse ido para Londres ficar com um dos filhos adultos do casal. Nem é preciso dizer que ela não tinha ido.

Uma equipe de cena do crime tomou conta da casa da família. Encontraram sangue no banheiro, que acabaria batendo com o DNA de Mary, e quando enfiaram um endoscópio no ralo da banheira, recuperaram um pedacinho de dente lascado. Claro que não era suficiente para sugerir que ela estivesse morta. Ela podia ter tropeçado no banheiro e batido com o queixo na banheira. Uma queda comum poderia explicar facilmente tanto a presença de sangue quanto o fragmento de dente.

Os policiais da cena do crime então verificaram a cozinha, onde encontraram sangue em volta da porta da máquina de lavar roupa. Isso também acabaria sendo comparado ao DNA de Mary, com resultado positivo. Do filtro da máquina eles tiraram o que acreditavam ser um pedacinho de osso. Antes de enviar para a análise de DNA, eles precisavam que um antropólogo desse uma olhada e dissesse, caso possível, se era osso, se podia ser humano e, se fosse, de que parte do corpo poderia ter vindo.

Nós temos que tomar muito cuidado com a ordem na qual as provas pequenas são analisadas. É importante que todos os testes forenses não destrutivos sejam executados primeiro, antes que mudanças irreversíveis sejam feitas nas provas. Essa lasca de osso, se fosse isso mesmo, tinha só um centímetro de comprimento e metade disso de largura. Fazer o teste de DNA envolveria moê-la e, portanto, destruí-la. Tentar identificar o osso anatomicamente era crítico, pois uma possível acusação de assassinato poderia depender disso. É bem possível viver sem pedaços de algum osso, enquanto encontrar outros fragmentos do lado de fora do corpo indicaria que a pessoa a quem pertenceram estaria bem morta.

A polícia levou o fragmento ao meu laboratório e nós nos sentamos em volta da mesa enquanto minha colega e eu olhávamos com lentes de aumento para tentar entender o que podíamos estar vendo. Era tão delicado que ficamos com medo de pegá-lo e danificá-lo ainda mais. Situações assim são horrivelmente estressantes, porque nós temos que exibir nossos processos mentais na frente dos policiais na sala. O que nós achamos que o osso pode ser quando começamos as deliberações não costuma ser o que deduzimos que deve ser no final. Ter que chegar a conclusões em voz alta, por meio de todos os inevitáveis becos sem saída e pistas falsas, gera a preocupação sobre o que a polícia deve achar de você e de seu conhecimento.

Mas nós temos que seguir um processo rigoroso de avaliação, eliminação e confirmação de identidade. Não há alternativa para a experiência e o debate acadêmico honesto. Infelizmente, nem sempre conseguimos conjurar um momento Sherlock Holmes, segurar um pedaço de osso e exclamar: "Aha! Se não estou enganado, Watson, isto é um fragmento da faceta articular superior esquerda da terceira vértebra torácica de uma mulher de 23 anos de idade que mancava!". É como ter uma peça de um quebra-cabeça exclusivo de mil peças. Afinal, não existem dois quebra-cabeças anatômicos iguais. Tem bordas? Dá para ver um padrão? Esse padrão ocorre em mais de um lugar?

Nessa ocasião, o que determinamos desde o começo foi que o fragmento era mesmo de osso e que vinha do crânio. Tinha uma casca fina com uma cobertura externa lisa e uma superfície interna que era levemente enrolado, com uma crista por cima. Não havia outra parte do corpo em que conseguíssemos pensar onde essa combinação de características aconteceria.

Agora, o quebra-cabeça se tornou um processo de eliminação. Não podia ter vindo da parte superior do neurocrânio, porque essa parte é composta só de díploe. Como não havia díploe presente, tinha que ser das laterais, da base ou da face. Como convoluções na superfície interna se formam em reação aos sulcos e giros (as cristas e vales) dos hemisférios cerebrais, nós limitamos nossas opções para três locais possíveis: a placa orbital do osso frontal (a parte de cima da cavidade ocular), a parte escamosa do osso temporal (na lateral da cabeça, acima da orelha) ou a asa maior do osso esfenoide (a área da têmpora atrás do olho e na frente da orelha, que massageamos instintivamente quando temos dor de cabeça).

Nós concluímos que era grosso demais para ser da parte de cima da cavidade ocular. A segunda proposta foi descartada porque não há crista correspondente naquela parte do osso temporal. Não, o último e único lugar de onde podia ter vindo era o osso esfenoide. É um osso parcial da caixa craniana, sem estrutura díploe, que mostra chanfraduras do hemisfério cerebral na superfície interna e carrega uma marca de crista na junção com o osso frontal. Essa localização nos pareceu certa e justificável, e nós acreditamos que tínhamos eliminado todas as outras possibilidades razoáveis. Nosso debate levou uma hora, a polícia já estava ficando entediada conosco e com nossa falação anatômica ininteligível.

Por fim, nós tínhamos que determinar se era do lado direito ou esquerdo. Se estivéssemos certas, só podia ter vindo do esquerdo, ou o posicionamento e orientação da crista seriam inversos. Bem perto dessa área fina de osso há dois vasos sanguíneos bem grandes (vasos meníngeos médios) e, se essa parte do crânio sofresse fratura, com aquele pedaço de osso removido, era seguro supor que Mary não estava mais viva.

Mas essa era uma decisão para o patologista. Ele concordou com a nossa conclusão, mas admitiu que não podia comentar sobre a identificação do fragmento de osso, pois estava além do conhecimento de anatomia que ele tinha. Longe de ficarmos satisfeitas com esse cumprimento às dimensões da nossa experiência anatômica, nós interpretamos a resposta do patologista como um aviso. Significava que era provável que seríamos chamados ao tribunal se o caso fosse a julgamento, porque a identificação do fragmento de osso provavelmente seria crucial para a acusação. E o procurador tinha confirmado que agora havia uma investigação de homicídio.

A lasca de osso foi para a testagem de DNA e foi confirmada como pertencente a Mary. O marido mudou a história. Disse que a esposa tinha ido para casa e a briga entre os dois ficou acalorada. Ele alegou que ela estava com uma faca porque estava fazendo sanduíches e que ele ficou com medo de ela o machucar. Ele a segurou pela mão e a empurrou para longe, mas ela caiu pela porta da cozinha e por um lance de escadas até bater com a cabeça no piso de concreto embaixo. Ele declarou que havia sangue e cérebro por toda parte. Eu preciso acrescentar que isso não é necessariamente o que acontece quando uma cabeça entra em contato com uma superfície de concreto, e, de fato, não foi encontrada quantidade significativa de sangue no pé da escada.

Ele disse que havia uma poça grande de sangue vinda de um ferimento no lado esquerdo da cabeça, perto da orelha. Ele percebeu que ela estava morta e a carregou até o banheiro, onde a deitou na banheira. Em seguida, limpou a casa, envolveu Mary em plástico e a colocou no porta-malas do carro. Às duas horas da madrugada, ele foi se livrar do corpo. Essa foi a única parte da história que a polícia conseguiu corroborar, pois o sangue de Mary foi encontrado no porta-malas e o carro tinha sido filmado por câmeras do departamento de trânsito. Ele contou que largou o corpo em um rio local de correnteza forte. Até hoje, ela nunca foi encontrada.

Ele colocou as roupas ensanguentadas para lavar e transferiu involuntariamente aquela lasca do osso esfenoide de Mary para a máquina. Foi sorte ele não ter usado temperatura alta com sabão biológico, ou poderíamos não ter conseguido recuperar o DNA.

Se ele tivesse feito isso, teria sido bem mais difícil para a acusação e para a ciência forense provar que o osso era de Mary. Seria simples imaginar a quem poderia ter pertencido, mas, claro, para que haja um julgamento justo, nosso sistema judiciário exige que o ônus da prova seja da acusação e a defesa só precise gerar dúvida razoável.

Como temi, fui chamada ao tribunal, onde meu conhecimento íntimo da anatomia do corpo humano, ainda que representado por uma mera lasca de osso, seria inevitavelmente testado de modo implacável. O tribunal é um ambiente estranho para um cientista. Nós só podemos responder as perguntas que nos fazem e, se as perguntas certas não são feitas, pode se tornar experiência sofrida e frustrante. Na Escócia, não se pode ficar no tribunal durante o julgamento, e você entra de repente, sem aviso sobre as estratégias legais sendo usadas, nem sobre qualquer evidência que já tenha sido apresentada ou que ainda será.

Primeiro, a acusação, por meio de um promotor que eu nunca tinha visto, começou o interrogatório perguntando, em nome da Coroa, sobre as minhas credenciais. Tive permissão de dar minhas provas e fui questionada sobre como cheguei à minha opinião. Quando se está comparecendo perante a Coroa, essa costuma ser a parte mais fácil do dia, pois a promotoria não tem desejo e nem intenção de desafiar seu testemunho, a menos que ajude o caso de alguma forma. Acabou em cerca de uma hora, e boa parte daquele tempo foi passado satisfazendo a corte de que eu era adequada para dar uma opinião válida como prova.

É muito importante que a opinião apresentada no tribunal seja baseada apenas na sua área específica de especialização e conhecimento e que você não desvie do seu campo de estudo. Minha prova naquele dia foi simples. Eu acreditava que o fragmento fosse de osso e acreditava que vinha da asa maior esquerda do osso esfenoide. Eu não sabia dizer se o indivíduo a quem pertencia ainda estava vivo. Eu não sabia dizer se o fragmento pertencia a Mary. Eu não podia confirmar quanto tempo o fragmento ficou no filtro da máquina de lavar. Eu não sabia dizer como tinha ido parar lá.

Como juízes e o júri costumam gostar de parar para o almoço pontualmente, calculei que ao menos não teria que aguentar mais do que duas ou três horas de interrogatório da defesa. O advogado de defesa da Coroa era um homem que conheço muito bem e por quem tenho enorme respeito, mas isso não necessariamente torna nossos encontros no tribunal ocasiões alegres. Ele é muito bom no que faz e, embora negue ser uma imagem que cultiva, ele veste a carapuça e é conhecido por sua tendência ao drama, com as costeletas densas e o cachimbo estilo Sherlock Holmes. Se eu fizesse alguma coisa errada e fosse parar perante um juiz, ele é a pessoa que eu ia querer como advogado.

Na Escócia, é preciso ficar de pé no banco das testemunhas, e eu sempre tiro meus sapatos para me sentir com os pés no chão. Ninguém consegue ver isso. Nós ficamos cientes de que o júri está nos observando e fazemos nossa melhor cara séria. O advogado de defesa foi chamado para me interrogar, mas ficou sentado, permitindo que um silêncio carregado de expectativas se espalhasse pela sala. Em seguida, em um movimento digno de série de televisão, ele se inclinou embaixo da mesa e pegou um livro grande e pesado. Depois de se levantar lentamente, o que enfatizou seu peso, ele bateu com o livro na mesa com um floreio teatral e um sopro de poeira. Era a edição mais recente de *Anatomia de Gray*, a bíblia do anatomista. As palavras iniciais dele, enunciadas com o sotaque culto de Edimburgo, estão marcadas na minha memória: "Veja bem, professora, não estou duvidando de você por nem um momento...".

E assim começou o intenso interrogatório, no qual me perguntaram como o osso se desenvolve na criança, como cresce, como se fratura, sobre o tecido mole que cerca o osso e o processo de exclusão diferencial que me levou à conclusão quanto à posição anatômica específica do fragmento e de que era do lado esquerdo do crânio e não do direito. O promotor, ao fazer perguntas que eu não estava qualificada para responder, tinha bloqueado muitos dos outros caminhos que eu tenho certeza de que o advogado de defesa teria gostado de explorar, como, por exemplo, se o fragmento podia ter pertencido a outra pessoa, como pode ter ido parar na máquina de lavar, essas coisas. Assim são as artes sombrias do processo legal às quais a testemunha especialista precisa ficar alerta.

Eu terminei na hora do almoço e peguei o trem para casa trinta minutos depois. Eu achava que a minha credibilidade como especialista aos olhos do júri tinha sobrevivido ao interrogatório um tanto intacta; que eu tinha conseguido passar a prova de forma que eles entendessem e tinha dado a eles uma impressão realista do peso da minha crença na identificação do fragmento de osso sem ser excessivamente dogmática. E esse foi o fim do meu envolvimento.

Depois disso, como todo mundo, eu tive que assistir aos noticiários e ler os jornais para descobrir o que aconteceu. É um sentimento peculiar estar tão intimamente envolvida em algumas partes do processo, mas ser excluída de tanto dele. Como cientistas, nós não temos um investimento pessoal em nenhum caso — isso não seria profissional, sem contar os danos à nossa saúde mental —, mas nós vivenciamos uma certa sensação de encerramento quando lemos nos jornais o resultado de um julgamento.

Nesse caso, o marido de Mary foi considerado culpado de homicídio culposo e condenado a seis anos de prisão. Ele recebeu um adicional de seis anos de sentença por obstruir o curso da justiça ao esconder o corpo. Ele apelou, e sua sentença foi reduzida para nove anos. Na prática, ele ficou apenas a metade desse tempo, grande parte dele em uma prisão de regime semiaberto. Eu soube recentemente que, pouco depois da sua libertação, ele se mudou para a área de Blackpool e se casou outra vez. A capacidade de uma mulher de confiar e perdoar nunca deixa de surpreender.

Um tempo depois da apelação, eu me encontrei com o advogado de defesa em uma oficina de treinamento e o repreendi com bom humor por pegar tão pesado comigo no banco da testemunha quando minha prova não era particularmente crítica para o resultado do caso. A polícia tinha conseguido identificar que o fragmento de osso pertencia a Mary pelo DNA e o marido tinha confessado a morte dela e o descarte do corpo. Nós tivemos que ir ao tribunal porque ele não chegou a admitir assassinato ou homicídio culposo. Mas, claro, eu aprecio que os melhores advogados de defesa lutem cada batalha por seus clientes, sempre questionando cada evidência em busca de alguma fraqueza na prova em si ou nas credenciais, compreensão ou processo dos especialistas.

A resposta do advogado em seu sotaque escocês seco foi: "É. Mas é muito mais divertido interrogar você do que os patologistas. Eles são mais fáceis de confundir." E as pessoas ainda questionam por que eu odeio ir ao tribunal.

Como o crânio é tridimensional, com o formato quase de um ovo, e composto de tantos elementos diversos, cada um podendo ter uma estrutura ligeiramente diferente, não é surpresa que seja uma verdadeira arte identificar lesões nele. Quando são particularmente complexas, e principalmente quando temos que tentar encaixar as peças de um crânio despedaçado, é preciso muita experiência para entender o que é o quê, todas as coisas que aconteceram e como aconteceram.

Eu estava trabalhando como antropóloga forense na Universidade de Dundee havia seis anos quando a polícia me pediu para repassar a misteriosa morte de um homem de 92 anos. A natureza das fraturas do crânio e toda a questão da forma da morte continuavam sem explicação. Quando uma nova equipe trabalhando com casos arquivados foi examinando as provas uns quatro anos depois do evento em busca de um novo caminho para seguir, eles acharam que talvez uma antropóloga pudesse levar algo de novo para a discussão.

Na delegacia de polícia, o patologista e eu nos sentamos com a equipe do caso arquivado e repassamos os detalhes para tentar estabelecer se havia alguma coisa que podia ter escapado na primeira investigação ou que merecia mais apuração. A maior parte das provas não foi contestada — até chegarmos à forma da morte. O patologista nos contou que estava preparado para dizer que a morte tinha sido devido a múltiplos traumas na cabeça. Mas ele não sabia explicar como só um pontinho de sangue foi encontrado no local onde o homem morreu e nem como ele acabou deitado de cara para o chão com um pedaço do lobo frontal do cérebro no tapete à frente. A análise do cérebro indicou que não havia sinal de algo ter penetrado no cérebro, mas, de alguma forma, aquele pedaço de tecido cerebral tinha se soltado e sido expelido por um ferimento acima do olho esquerdo.

Ao redor da mesa, todos os tipos de teorias foram citadas, dissecadas, analisadas e rejeitadas. Com o passar do dia, elas foram ficando mais e mais fantásticas, e nós tivemos que interromper nossa sessão de discussão e ideias. Ficou claro que precisávamos levar todas as fotografias da cena do crime e do post-mortem e radiografias do corpo conosco, nos sentar em algum lugar tranquilo para examinar tudo em detalhes e pensar, pensar e pensar mais um pouco para ver se conseguíamos desenvolver uma possibilidade teórica que pudesse explicar a morte e as lesões no contexto das provas da cena do crime. O corpo em si não estava mais disponível porque tinha sido cremado logo depois que o homem morreu. É por isso que fotografias abrangentes, claras e precisas são essenciais a toda investigação: nós não temos como saber quais provas podem ser necessárias no futuro.

Colin tinha servido na Marinha Real na Segunda Guerra Mundial. Ele não tinha se casado e morou sozinho no chalé bem cuidado por quarenta anos. Era conhecido e as pessoas gostavam dele, mas era reservado. Ele era muito ativo e tinha sido um excelente patinador no gelo, nadador, praticante de caminhadas e até esquiador marítimo até bem tarde na vida. Seus vizinhos disseram que ele saía cedo todas as manhãs em direção à banca mais próxima para comprar os jornais e tinha sido visto fazendo isso em seu último dia, um fato confirmado pelo jornaleiro.

Mais tarde, ao repararem que o leite não tinha sido recolhido no degrau de entrada, alguns vizinhos foram até lá para ver se estava tudo bem. Como ele não atendeu a campainha, os vizinhos contornaram o chalé, olharam pelas janelas e o chamaram. Ao espiar pela janela do quarto extra nos fundos da casa, eles o viram caído de bruços no chão. A ambulância e a polícia foram chamadas, mas era tarde demais. Colin estava morto.

Inicialmente, ninguém desconfiou de crime. Acharam que ele tinha sofrido um ataque cardíaco e morrido no lugar onde caiu. Só quando o serviço de emergência virou o corpo foi que ficou claro que circunstâncias bem diferentes levaram à morte dele e que havia uma segunda pessoa envolvida.

Como não havia sinal de entrada forçada no chalé, era possível que Colin conhecesse o agressor. Ele tinha muito dinheiro guardado, que ficava em casa, mas o dinheiro não tinha sido tocado. Também não parecia faltar mais nada, então roubo foi descartado como motivação.

No exame post-mortem, ficou claro que a extensão do trauma no crânio era equivalente a alguém cair do quarto andar de um prédio ou ser exposto a um impacto de alta-velocidade em uma colisão de veículos. Mas estava claro que Colin morreu no lugar onde caiu, no quarto dos fundos da casa. Não havia respingo significativo de sangue no quarto, nem móveis deslocados e nem arma óbvia. Era um enigma genuíno. O assassinato foi bem divulgado, mas parecia que ninguém tinha visto nada, ninguém tinha ouvido nada e ninguém entendia por que alguém faria uma coisa daquelas com um senhor idoso indefeso que parecia não ter nenhum inimigo no mundo. A causa da morte foi registrada como trauma múltiplo na cabeça e o corpo foi liberado para cremação.

Eu examinei as fotografias e imagens. Para desenvolver uma teoria sólida que funcione de todos os ângulos, é preciso tempo ininterrupto e colegas que questionem detalhadamente cada hipótese proposta, para ajudar na construção do que seja mais provável depois que todo o restante for descartado como implausível ou impossível. Nesse aspecto, nós temos algo em comum com Sherlock Holmes. Nós todos seguimos a máxima: "Quando eliminamos o impossível, o que restar, por mais improvável que pareça, deve ser verdade".

Ao executar uma análise de fratura, nós primeiro tentamos estabelecer a sequência de eventos que pode explicar o padrão de fragmentação e, assim, a natureza do ataque. Quando uma primeira rachadura ocorre no osso, a força de qualquer fratura secundária ou subsequente que cruze com ela vai dissipar sua força no vão criado pela primeira fratura. Dessa forma, dá para sequenciar as lesões determinando qual aconteceu primeiro, qual aconteceu em seguida e assim por diante. É raro (e alguns insistem que não é possível) que uma fratura subsequente se soreponha a uma fratura existente e continue do outro lado, mas pode acontecer, se a força for suficientemente grande.

As fotografias do rosto de Colin tiradas antes do post-mortem começar mostravam uma abertura grande no crânio, no canto interno do olho esquerdo. Era grande o suficiente para aquele pedaço pequeno do lobo frontal do cérebro sair para o tapete, na frente de onde ele caiu. O problema era tentar entender como aquilo poderia ter acontecido.

Nós sabíamos pelo neuropatologista que nenhum objeto tinha penetrado no crânio para provocar o buraco — o tecido cerebral tinha saído, mas nada tinha entrado — por causa da ausência de marcas no cérebro. Havia lesões periorbitais em volta dos dois olhos e alguns arranhões no couro cabeludo, mas quase mais nada. Nada em uma escala que nos preparasse para o que vimos quando olhamos as fotografias de post-mortem tiradas quando o couro cabeludo foi removido e o osso revelado. A fratura era extensa. O neurocrânio estava em fragmentos múltiplos e havia linhas de fratura atravessando o crânio todo, como uma teia de aranha.

A primeira coisa que tivemos que fazer foi identificar a fratura primária — a que interrompeu ou impediu a progressão de todas as outras. Pelas fotografias e radiografias, nós conseguimos localizá-la na parte de trás da cabeça. Tinha sido causada por dois golpes, ambos deixando feridas de punção dupla no couro cabeludo, que tinham empurrado a camada interna da díploe para a cavidade craniana. Nas fotos, a distância entre as marcas profundas em par parecia ser igual nas duas lesões, então concluímos que a mesma arma, uma coisa com duas projeções pontudas, tinha sido usada duas vezes para bater na parte de trás da cabeça dele com enorme força. Apesar da idade, o osso na parte de trás da cabeça de Colin era grosso, e seria preciso uma certa força para perfurar não só o couro cabeludo, mas também a camada robusta de díploe daquela região.

Ao revisar as fotografias da cena do crime, nós encontramos algumas que exibiam uma bomba de bicicleta acionada com o pé, com duas projeções afiadas na base, caída no chão do quarto. A distância entre as projeções parecia consistente com a abertura entre as perfurações no crânio, embora, como a bomba não tinha sido guardada e nem testada para detectar sangue, digitais e DNA na ocasião, nós não podíamos afirmar com certeza que tinha sido a arma usada.

Nós acreditamos que esse golpe duplo fez uma linha de fratura horizontal que ia quase de uma orelha à outra na parte de trás da cabeça de Colin, que estávamos confiantes ser o primeiro ponto de trauma. Quando temos em mente qual é o primeiro trauma, dá para seguir em frente e descobrir o segundo. No caso de Colin, devia ter sido um golpe no rosto que correspondia a um hematoma acima do olho esquerdo e passando pelo alto do nariz. Já desorientado pelos golpes na parte de trás da cabeça, é possível que ele tenha sido golpeado com violência na face (talvez por um soco, pois o hematoma sugeria que o agressor podia estar usando um anel).

Esse segundo trauma abriu uma fratura longitudinal que se prolongava numa linha relativamente reta do olho até a parte de trás do crânio, onde terminava no vão criado pela primeira fratura. É provável que houvesse bem pouco sangue visível nesse estágio. Embora a pele estivesse machucada, não era provável que o soco tivesse causado o ferimento aberto que dava para ver no canto do olho.

Foi mais difícil sequenciar o terceiro trauma, pois ficou claro que foi um evento violento que resultou em fragmentação massiva de um crânio já instável. Nós tivemos que procurar evidências do que poderia ter acontecido para produzir um dano tão extensivo em outra parte do corpo de Colin. O relatório post-mortem observara hematoma nos músculos romboides do ombro esquerdo, os músculos curtos que ligam a borda interna da escápula à coluna vertebral. Nas fotos da cena do crime, dava para ver um velho colchão apoiado na parede do quarto. Nós achamos possível que o agressor tivesse puxado e arremessado Colin pelo braço esquerdo, machucando e lesionando os romboides nesse processo, e que a parte de cima da cabeça tivesse batido no colchão, que teria amortecido o impacto.

Não é surpreendente que os policiais na cena do crime não tivessem procurado sangue no colchão, pois não deve ter parecido relevante: afinal, a vítima estava caída no chão com parte do cérebro extirpada. Assim como a bomba de bicicleta, o colchão não tinha sido examinado e foi jogado fora quando a casa foi esvaziada.

A força do empurrão que resultou no contato entre a cabeça de Colin e o colchão poderia ter sido suficiente para rasgar os músculos do ombro e arremessar a coluna vertebral para a frente pelo buraco na base do crânio, provocando a fratura fragmentada extraordinariamente severa observada no relatório post-mortem. Isso não só estilhaçaria a base do crânio, mas poderia explicar as duas fraturas irradiadas, uma de cada lado, que subiam na direção do alto da cabeça. A fratura da esquerda foi tão extrema que pulou pela primeira e segunda fraturas e acabou se dissipando no lado direito da cabeça. O sangramento interno de um ferimento assim na base do crânio teria sido extensivo, pois a fratura passava pelos grandes seios venosos transversos e, como o patologista confirmou, não seria consistente com sobrevivência. Só podemos esperar que Colin estivesse mais ou menos inconsciente nesse momento.

Por mais incrível que possa parecer, isso não foi o fim do pesadelo dele. Nós ainda tínhamos que descobrir sobre o buraco perto do olho. Havia uma pequena contusão na lateral da cabeça de Colin que parecia coincidir com o padrão de uma escada doméstica em pé no quarto. Novamente, essa escada não foi testada para presença de sangue e DNA e foi destruída junto das outras coisas do quarto quando a casa foi esvaziada. Nós acreditamos que, depois de ser jogado no colchão, ele pode ter caído com a cabeça em um dos degraus e que, enquanto estava lá, sua cabeça foi pisada, gerando fraturas horizontais em par que seguiam da área frontal da cabeça, de têmpora a têmpora.

Talvez ele tenha sido então levantado e jogado no chão, porque é improvável que ele conseguisse se levantar sozinho. Quando ele acabou deitado de bruços, a posição em que seria encontrado, toda a base do crânio fraturado se moveu como se houvesse uma articulação, abrindo a pele já lesionada acima do olho esquerdo. Quando ele se balançou para a frente sobre a barriga redonda, as pontas afiadas e fraturadas do crânio podem ter agido como uma tesoura e cortado o lobo frontal esquerdo do cérebro e expelido o tecido pelo buraco na face até cair no tapete à frente.

Bem, era uma teoria. Nós a discutimos e testamos de todas as direções, e era anatomicamente plausível, ainda que nauseantemente violenta. Justificava de maneira científica cada fratura, e em uma sequência crível. Nervosos e quase tímidos com nossa complicada proposta, nós voltamos para a discussão seguinte daquele caso arquivado a fim de apresentar nossa teoria: de que a vítima levou dois golpes na parte de trás da cabeça com a bomba de bicicleta, um soco na cara, foi arremessada pelo braço no colchão apoiado na parede e pisada antes de ser finalmente jogada no chão. Todos ouviram em silêncio enquanto descrevíamos a ordem dos eventos, explicando nossa lógica e detalhando o que — se as provas ainda estivessem à disposição — poderia ter sido feito para verificar se o que estávamos sugerindo era sustentável e até mesmo possível.

Quando terminamos, todos os olhares foram para o patologista, todos tensos para ver se ele concordaria. Foi como esperar que um painel de juízes desse a pontuação por nossa técnica e desempenho. Ele acabou assentindo e disse que, na ausência de qualquer outra alternativa, aquilo era uma possibilidade. Mas até hoje continua sendo apenas uma suposição.

Houve um detalhe adicional interessante nesse triste caso, depois que um jovem casal de férias na Espanha começou a conversar em um bar com um homem que vinha da parte do mundo onde Colin morava. Com o passar da noite e a ingestão de álcool, o homem começou a presentear o casal com histórias das atividades muitas vezes violentas dos seus antigos dias de paramilitar. Quando perguntaram se ele já tinha feito alguma coisa de que se arrependia, ele disse que, em uma visita à sua cidade natal, ele matou um homem idoso e que se arrependia muito daquilo. Os veranistas não deram muita atenção ao assunto, aparentemente supondo que era a bebida falando.

Mas depois que voltaram para casa, eles estavam vendo televisão uma noite quando o assassinato de Colin apareceu no programa *Crimewatch*, da bbc. Ao reconhecerem o local como a cidade natal do homem que eles tinham conhecido, eles acharam coincidência demais e decidiram que era melhor falar com a polícia. Eles ficaram hesitantes, até constrangidos, de contar a história; mas a polícia ama uma coincidência e seguiu a dica. O cavalheiro em questão era conhecido deles, mas, se era verdade que ele tinha matado Colin, não havia nada que eles pudessem fazer. Muitos anos antes, ele tinha ganhado imunidade em investigações e processos por dar provas pela Rainha em crimes históricos sérios.

Depois que o programa foi ao ar, a imprensa também recebeu um telefonema — do informante leal em questão, que estava e continua sofrendo ameaças de morte da Força Voluntária do Ulster. Ele insistiu que a história que tinha contado ao casal no bar espanhol tinha sido interpretada errado e que ele não estava falando da morte de Colin. Ele admitiu que estava na região na época do homicídio, mas negou qualquer envolvimento.

Até hoje, não sabemos por que o assassino, tenha sido o informante ou outra pessoa, achou necessário atacar aquele homem idoso e de forma tão violenta. Colin não era conhecido da polícia e não era alguém com chance de ser alvo de ressentimento criminoso, como um ex-policial ou um agente penitenciário. Não havia ligação conhecida entre ele e o informante que agora morava na Espanha.

É uma pena que nossas evidências não tenham conseguido levar a uma prisão, mas pelo menos ofereceram algumas respostas possíveis para o que era um caso muito intrigante. E o trabalho que fizemos lá — examinando as provas e tentando construir uma história possível que pudesse explicar as descobertas — é uma grande parte do trabalho do antropólogo forense. Não quer necessariamente dizer que vai resultar em um criminoso sendo levado à justiça e nem que vamos descobrir se estávamos certos. O fato de que um caso às vezes permanece frustrantemente não resolvido é uma coisa que eu já tinha aceitado bem antes na minha carreira. Pode não ser bom para um programa de televisão, mas é como as coisas funcionam no mundo real.

Depois de completamente formado, há pouca possibilidade de o crânio de um adulto mudar de forma. Cada osso precisa se encaixar perfeitamente com o vizinho para oferecer proteção adequada. No entanto, como os ossos em crescimento são muito plásticos e maleáveis, a forma da cabeça de uma criança pode ser alterada.

Ao longo da história, várias culturas modificaram artificialmente a parte neurocranial do crânio, moldando-a nos bebês antes dos ossos terem se "acomodado", fosse em resposta a alguma crença de que uma forma específica tinha efeito benéfico nos processos de pensamento de uma pessoa ou simplesmente porque era mais esteticamente agradável. Entre o estrato social mais alto de certas tribos, tais deformações cranianas eram vistas por toda a vida de uma criança como marca do seu status social.

Essas alterações na aparência do crânio eram obtidas prendendo a cabeça do bebê entre tábuas de madeira ou enrolando-as com panos ou bandagens apertadas a fim de produzir a forma desejada: às vezes alongada, às vezes cônica, às vezes redonda. Em geral, o processo começava um mês depois do nascimento e continuava por seis meses, talvez um ano ou dois, até as fontanelas terem fechado e a deformação ser basicamente irreversível. Alega-se que não havia impacto neurológico para a criança, mas eu tenho minhas dúvidas.

Esse procedimento foi praticado em muitos locais geográficos e períodos cronológicos variados, do norte ao sul das Américas ao Iraque, Egito, África, Rússia e regiões da Europa e Escandinávia. Em alguns casos, como a

"Deformação Toulousiana", que persistiu no sul rural da França até o começo do século XX, o propósito da amarração era apenas acolchoar e proteger o crânio delicado, e a deformidade era apenas um subproduto da tradição e não o resultado pretendido.

Seja qual for a forma do crânio, a calota craniana pode nos dizer muito sobre um indivíduo, especificamente em relação a sexo, idade e, às vezes, etnia. O sexo costuma ser associado a pontos de fixação muscular aumentados no homem e uma aparência mais graciosa e menos robusta na mulher. Há poucos músculos fixados no neurocrânio, mas, se você apalpar fundo no espaço intermediário em que os músculos da nuca se encontram com os ossos na base do crânio, é provável que sinta um calombo grande de osso no homem, mas não na mulher. Isso se chama protuberância occipital externa e costuma ser mais desenvolvida no homem, pois é onde um ligamento muito forte da coluna vertebral — o ligamento nucal — se prende. Esse ligamento ajuda a segurar a vértebra do pescoço em alinhamento e a cabeça equilibrada na primeira vértebra cervical.

Uma universidade australiana apareceu nas manchetes recentemente quando anunciou, com base nos resultados de um pequeno estudo, que os adolescentes e jovens adultos dos dias modernos apresentam crescimento aumentado na região da protuberância occipital externa. O fato do estudo ser baseado numa amostragem de apenas 218 pessoas não os impediu de opinar que isso era causado pelas pessoas jovens adotarem uma postura de "cabeça baixa", consistente com o uso prolongado de dispositivos eletrônicos. Os esqueletos da Idade do Bronze que estudei durante a minha *honours degree*[1] muitas vezes tinham esporões occipitais bem desenvolvidos, porém, por mais que pesquisasse, eu nunca encontrei os celulares deles.

A ciência pode ser maravilhosa, mas a pseudociência pode ser perigosa. É muito tentador compartilhar nossas teorias com o mundo, mas nós temos que tomar cuidado para não extrapolar com entusiasmo demais a partir de observações limitadas. Nós não podemos guiar uma investigação ou um tribunal de forma errada com informações não comprovadas baseadas nas nossas crenças favoritas.

Os calombos de osso atrás das orelhas, chamados processos mastoides (do latim, "pequenos seios"), também podem ser um indicador útil de sexo, embora não infalível. Esse é o ponto de fixação do longo músculo esternocleidomastoideo, que passa entre a frente do peito e a parte de trás da orelha. Dá para ver esse músculo se você esticar o pescoço e girar a cabeça para um lado. Quanto mais forte o músculo, maior o calombo do osso, e os processos mastoides costuma ser bem menores na mulheres em comparação aos homens.

---

[1]   Referente ao sistema de classificação de diplomas utilizado pelo Reino Unido, o *honour degree* é uma graduação com maior carga horária e maior número de disciplinas.

Há evidências que indicam que, se seus processos mastoides apontam para baixo, seu lóbulo da orelha não vai ser bem definido (conhecido como lóbulo "preso"). Se os processos mastoides apontam para fora, é provável que você tenha um lóbulo bem definido e "solto" na orelha.

Determinar a idade que uma pessoa tinha quando morreu só pelos ossos do neurocrânio é difícil, a não ser que a pessoa seja uma criança pequena. Quando se chega à idade adulta, as juntas ou suturas entre cada um dos ossos da calota começam a se fundir e se tornam apenas um guia geral para saber se uma pessoa é jovem ou velha.

Às vezes, nas suturas entre os diferentes ossos da calota, ossos suplementares chamados ossos wormianos podem ser encontrados. Esses ossos são indicadores de certas doenças, como síndrome de Down e raquitismo. Isso é mais comum em alguns grupos antigos do que em outros. Por exemplo, crânios de origem indígena asiática costumam conter uma abundância dessas pequenas ilhas adicionais de ossos, enquanto um único osso adicional muito grande na parte de trás do crânio costuma ser chamado de osso "inca" por causa da prevalência entre as múmias peruanas. Essa predisposição genética para ossos suplementares nas suturas do crânio pode oferecer informação valiosa em relação à origem étnica.

Também pode haver pequenas fendas na parte interior da calota craniana, seguindo em linhas paralelas ao eixo central da frente até a parte de trás. São causadas por granulações aracnoides, saliências das membranas que cobrem o cérebro, que sobem para escoar na longa veia ou seio que corre da frente até a parte de trás no interior da calota craniana. As granulações aracnoides, que parecem raminhos de couve-flor, drenam líquido cefalorraquidiano, o fluido que banha o cérebro, dos espaços entre as coberturas do cérebro até o seio venoso central conhecido como seio sagital superior, permitindo que seja reciclado no sistema venoso.

Com a idade, essas depressões, conhecidas como fovéolas granulares, podem ficar marcadas na superfície interna do osso. Se vemos isso, podemos desconfiar que estamos olhando para o crânio de um indivíduo de mais idade. Houve uma moda de tentar dizer a idade de uma pessoa contando as fendas, meio que como descobrir a idade de uma árvore contando os anéis no tronco, mas a contagem foveolar é uma fantástica baboseira, mesmo parecendo uma ótima história.

Também é possível prever algumas formas de surdez a partir do crânio. O ouvido tem três partes distintas, todas formadas por processos diferentes. O ouvido externo inclui o pavilhão (a aba externa na lateral da cabeça) e uma abertura para um canal que leva ao tímpano, que fica dentro do osso temporal. Se a abertura externa para o crânio estiver ausente, as ondas sonoras não conseguem chegar ao tímpano e a pessoa será surda.

O ouvido médio, dentro do osso temporal, se estende do tímpano até o ouvido interno. Por esse espaço, três ossinhos (ossículos) trabalham juntos como um mecanismo para transmitir as vibrações do tímpano para o ouvido interno. Se as juntas miudinhas entre cada um dos três ossos (martelo, bigorna e estribo) não estiverem funcionando, da mesma forma, o indivíduo será surdo. A fusão do pé do estribo com a parede do ouvido interno é outro indicador de surdez. Há muitos outros motivos para alguém ser surdo, claro, mas essas são algumas das evidências anatômicas que conseguimos ver no crânio.

A surdez como resultado de malformação do ouvido interno (dentro da parte petrosa do osso temporal) é mais complicada de identificar e exige que o antropólogo esteja preparado para literalmente perfurar o osso denso que se desenvolveu em volta da cápsula ótica embrionária, a precursora do ouvido interno. Essa é uma areazinha fascinante de osso que já se forma em tamanho adulto no nascimento e, acredita-se, não se remodela depois. A cápsula ótica é uma pérola para a análise do isótopo estável — a análise dos níveis de isótopos elementares como oxigênio, nitrogênio e fósforo que podem produzir assinatura nos nossos tecidos. Como esse ossinho é formado pelos elementos essenciais da dieta da mãe quando ela estava grávida, ele pode dar aos cientistas informação sobre os alimentos que ela comia e a fonte de água da qual bebia quando o ouvido interno do bebê estava se formando, o que pode, por sua vez, indicar em que parte do mundo ela morava.

Se um crânio solitário aparecer de forma inesperada, independentemente do quanto possa parecer óbvio que é humano, a polícia precisa de confirmação disso com um especialista qualificado antes de poder decidir como proceder. Uma vez, nos enviaram a foto de um crânio que tinha sido encontrado pela polícia num tereno baldio. Era uma cópia muito boa, mas ficou aparente pelos dentes que era um molde. O fato de ter aparecido em novembro, depois do Halloween, pode ter sido uma pista do que estava fazendo lá.

Não é incomum que cabeças ou crânios isolados sejam encontrados por barcos de pesca. Quando isso acontece, o pescador tem uma decisão difícil, porque, se forem encontrados restos humanos numa rede de pesca, todos os peixes precisam ser descartados. Portanto, há implicações sérias para o ganha-pão dele. Por esse motivo, eu tenho certeza de que muitas descobertas deixam de ser registradas.

Quando um crânio (sem a mandíbula) foi visto em um muro de porto na costa oeste da Escócia, ficou claro que algum capitão tinha chegado a um dilema. Tinha sido trazido do mar — havia craca presa na superfície — e colocado deliberadamente para que alguém avisasse as autoridades. O crânio foi fotografado por um policial, que nos enviou a foto pedindo confirmação de que era humano. E era, claro.

Pediram então que nós datássemos o crânio (em termos de estimar há quanto tempo o indivíduo estava morto), definíssemos qualquer característica distinta e tirássemos uma amostra de osso para análise de DNA. O fato do crânio ser masculino ficou evidente pelo sulco bem desenvolvido acima dos olhos, pelo tamanho dos processos mastoides e pela protuberância occipital externa proeminente na parte de trás. Nós acreditamos que ele estava no fim da adolescência ou com vinte e poucos anos, pois os dentes estavam pouco gastos. Não havia nenhum trabalho dentário. As suturas não tinham começado a fechar e, na base do crânio, havia um vão ainda visível entre os ossos esfenoide e occipital. Esse vão se chama sincondrose esfeno-occipital (um dos meus nomes anatômicos favoritos) e se fecha por volta dos 18 anos de idade nos homens.

Os laboratórios não conseguiram obter um perfil de DNA a partir do osso. Levando tudo em consideração, nossa desconfiança era que a morte não era recente. Nós enviamos uma seção do osso para datação por radiocarbono C^{14}, e ele voltou com uma estimativa de que aquele homem estava morto havia seiscentos a oitocentos anos. Quem quer que fosse, ele não era de relevância forense. Era provável que a erosão costeira tivesse descoberto um túmulo antigo e que os ossos tivessem sido levados para o mar, para então serem devolvidos à terra por uma rede de pesca.

Crânios que vêm com a maré ou que são recuperados numa rede de pesca costumam ser representados só pelo neurocrânio. Os ossos faciais são mais delicados e costumam ser danificados por dragas ou quando quicam pelo solo oceânico. Mesmo que tenhamos só uma calota craniana, ainda há muito a descobrir a partir de uma caixa craniana.

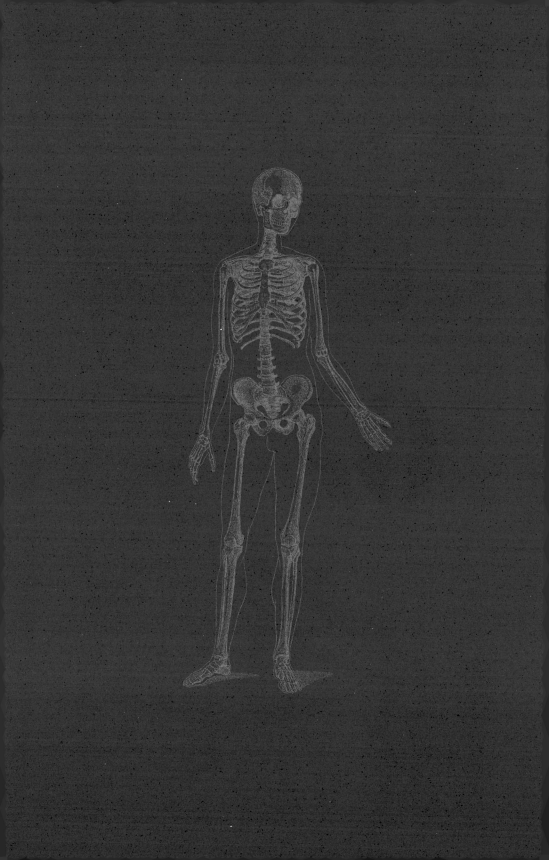

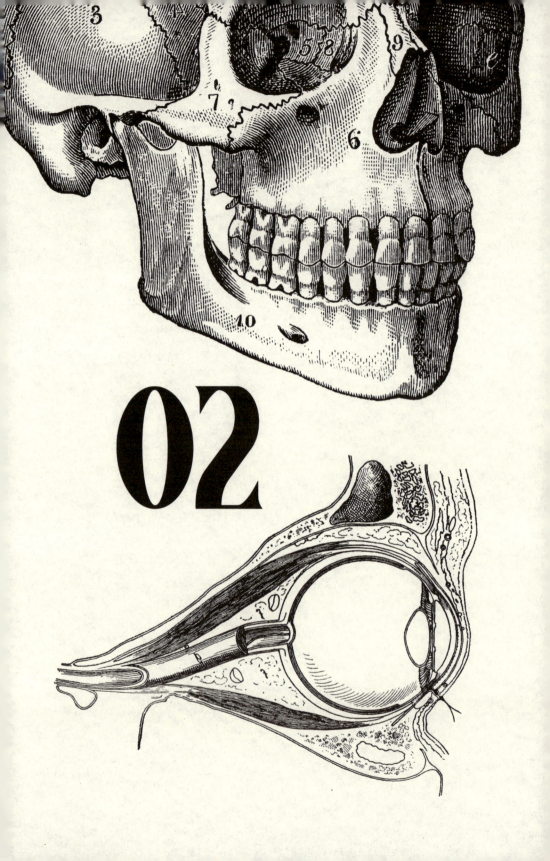

SUE BLACK

OSSOS
DO OFÍCIO

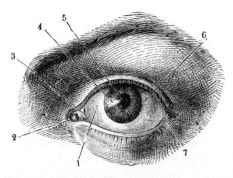

O ROSTO

VISCEROCRÂNIO

"O rosto é uma imagem da mente
com os olhos como intérprete."
— CÍCERO, *Estadista*, 106–43 AC —

Há duas partes dos nossos corpos que costumamos gostar de exibir em público o tempo todo: nossas mãos e nosso rosto, ambos utilizados para nos expressar e nos comunicar. Mas é no rosto que nos focamos e com o qual conversamos, e, portanto, é através do rosto que a maioria de nós se reconhece imediatamente.

No entanto, em culturas em que o rosto pode ficar habitualmente coberto, ou quando, por algum motivo, estamos acostumados a nos concentrar em outra parte do corpo, é interessante que nossos meios de identificar os outros humanos se adapte. Recentemente, uma enfermeira de oncologia me contou que tinha passado tanto tempo ao longo dos anos tentando encontrar as veias nas costas das mãos dos pacientes que tinha passado a reconhecê-los pelas mãos e pelas joias, além do rosto.

Não muito tempo atrás, fui convidada pela Sociedade de Ciência Forense da Arábia Saudita para um congresso em Riad. Era a minha primeira visita àquela parte do mundo. Fui informada de que não era necessário que eu usasse burca, nicabe e luvas, mas, por respeito aos costumes locais, eu usei um abaya, a veste preta tradicional das mulheres, e um shayla, ou lenço, fazendo a cortesia de cobrir meu corpo e meu cabelo, mas deixando meu rosto e minhas mãos visíveis.

Eu até achei confortável estar vestida da mesma forma que as outras mulheres — foi quase como ser parte de uma irmandade — e ficar inconspícua para os homens no congresso. Uma das convidadas ocidentais tinha decidido não adotar o código de vestimenta do país e, embora estivesse vestida de forma perfeitamente modesta, ela recebeu comentários odiosos e cruéis de colegas homens nos corredores do hotel. Eles sussurravam que ela era uma desgraça e que devia cobrir o cabelo.

Essa deve ter sido a primeira vez que eu fiquei consciente da hierarquia de gênero em uma escala cultural. Eu tive muita sorte na minha carreira a ponto de não sofrer discriminação por sexo ou gênero. Atribuo isso ao fato de que meus pais nunca me disseram que eu era uma garota. Sim, meu pai esperava que eu soubesse fazer uma boa torta de ruibarbo, mas também esperava que eu fosse capaz de ajudá-lo a fazer polimento francês em uma mesa de jantar e de atirar, estripar e tirar a pele de um coelho.

Nos mundos militar e policial, muitas vezes vistos como misóginos, eu posso dizer que nunca percebi ter sido tratada diferente por causa dos meus cromossomos xx. Pode ser só por eu ser empolada demais ou desatenta demais para não ter percebido, ou talvez eu tenha tido sorte. As duas únicas ocasiões em que desconfiei que meu envolvimento era motivado apenas por igualdade, diversidade e inclusão foram em ambientes acadêmicos. Lidei com ambas de uma forma que garantiu que os dois gerentes sênior e homens envolvidos não voltassem a me causar problemas. Ser anatomista me ajuda: dá para usar de forma legítima uma terminologia que é normal na nossa linha de trabalho, mas muito desconcertante para os outros. Em ambas as reuniões, quando ficou claro que estavam me fazendo uma pergunta só porque eu era a única mulher presente, eu perguntei de forma muito educada se eles estavam interessados na minha resposta ou apenas na presença do meu útero. Claro que eles ficaram muito constrangidos e garantiram que era a minha opinião o que eles queriam ouvir. Mas o interessante foi que nenhum deles voltou a me fazer perguntas daquela forma.

No congresso da Arábia Saudita, as mulheres precisam se sentar de um lado do auditório e os homens do outro, com uma demarcação bem clara entre os dois. Foi lá que reparei em uma coisa impressionante, enquanto observava as relações interpessoais entre as mulheres que optaram por usar o nicabe e que estavam completamente escondidas, exceto pelos olhos. Quando elas entraram na sala, eu fiquei surpresa de ver que elas conseguiam reconhecer as amigas de uma distância considerável, apesar de estarem sentadas, os rostos cobertos e todas usando a mesma roupa preta sem joias distintas aparecendo. Eu comentei isso com um colega saudita homem, que não soube explicar como elas conseguiam se identificar com tanta facilidade. Ele me convidou para ir à casa dele, para conhecer sua esposa e perguntar.

A esposa do meu colega confirmou que ela também não tinha dificuldade para reconhecer as amigas usando nicabe, mas, como costuma acontecer com as habilidades que desenvolvemos na infância e usamos sem atenção, ela não sabia explicar como fazia isso. Nós só podíamos fazer o que todos os bons cientistas fazem quando encontram uma coisa que não conseguem explicar: investigar. Meu amigo e eu reunimos um grupo de cientistas sauditas mulheres e começamos a elaborar um experimento interno que analisaria a capacidade das mulheres sauditas de distinguirem entre amigas e estranhas usando um nicabe completo.

O primeiro desafio delas era reunir uma amostragem grande. Embora a equipe de pesquisa fosse toda feminina, a cultura de desconfiança entre as potenciais participantes atrapalhou o processo. Apesar da adesão da equipe a todas as éticas de pesquisa e da garantia de que as imagens seriam destruídas no fim do estudo e de que ninguém de fora teria acesso a elas, muitas das mulheres abordadas ficaram nervosas de serem fotografadas para identificação.

Usando software de rastreamento de olhares, nós queríamos analisar o que as mulheres estavam olhando quando encontravam outras mulheres de véu completo, algumas conhecidas e outras não, como forma de estabelecer as dicas que elas estavam procurando capturar. Nós sabemos por pesquisas existentes que nós identificamos rostos descobertos familiares nos concentrando no triângulo invertido formado pelos olhos, nariz, boca e queixo. Mas nosso grupo só tinha os olhos, a forma geral e o tamanho da pessoa e o jeito de andar como base de opinião. Parece que, quando o rosto está coberto, não são apenas os olhos que funcionam como gatilhos importantes para identificação, mas também as formas imperfeitas com que nos sentamos, andamos e gesticulamos.

Como o estudo ainda está em andamento, nós não temos uma resposta definitiva, mas, se chegarmos a um resultado, entender e aprender como usar essa habilidade pode ser extremamente útil para organizações como serviços de segurança.

O rosto, ou o viscerocrânio, a menor das duas partes do crânio, é formada por três regiões: a região superior, da testa e dos olhos, a do meio, do nariz e das bochechas, e a inferior, da boca, dentes e queixo. O viscerocrânio é onde ficam os tecidos associados com muitos dos nossos sentidos, inclusive a visão, a audição, o paladar e o olfato. Como eles se formam antes de nascermos, há uma quantidade controlada de crescimento associada com o desenvolvimento deles. As cavidades oculares já são grandes no nascimento porque, como discutido no Capítulo 1, os olhos se formam como um crescimento direto do cérebro e amadurecem bem cedo.

As partes diferentes do ouvido médio e do interno já têm tamanho adulto quando nascemos, e nosso olfato é muito bem desenvolvido, embora a câmara coletora de odores e aromas, o nariz, vá continuar crescendo, como as partes externas dos ouvidos, pela vida toda. É por isso que homens velhos parecem ter orelhas tão grandes. Mas os maiores crescimentos acontecem na boca, pois a maioria dos bebês (mas não todos) nasce sem dentes.

De um modo geral, nós todos somos bons em reconhecer os rostos das pessoas que conhecemos, mas as pesquisas mostram que somos péssimos em lembrar o rosto de um estranho que conhecemos fugazmente. Eu sou piada constante da família porque nunca consigo me lembrar de gente que encontrei várias vezes. O exemplo mais famoso foi em uma festinha para nossa firma de advocacia, onde eu me apresentei para um dos sócios e fui informada que ele já tinha sido convidado de um jantar na nossa casa.

Mas até isso fica pequeno perto da minha lendária gafe depois de retornar da minha segunda missão no Iraque. Com o aeroporto de Aberdeen tomado de neblina, meu avião foi desviado para Edimburgo, e meu marido decidiu ir até lá de carro me buscar. Quando saí com determinação pelo portão, duas garotinhas louras animadas vieram correndo na minha direção gritando "Mamãe! Mamãe!", o que, felizmente, foi uma boa dica que me ajudou a reconhecê-las rapidamente como minhas filhas. Mas o pai delas não estava em lugar nenhum. Ele estava parado atrás de mim, as mãos nos quadris, balançando a cabeça, incrédulo, porque eu tinha acabado de passar direto por ele. É relevante, para deixar claro o tamanho do meu constrangimento, mencionar que, àquelas alturas, meu marido e eu nos conhecíamos havia mais de 25 anos. Eu não o reconheci porque ele estava com um cavanhaque que não existia quando eu o tinha visto pela última vez e que, preciso admitir, ficou muito bem nele.

Eu passo congressos olhando para o peito das pessoas (não muito inteligente) tentando ler os crachás, e tenho certeza de que tem gente que deve me considerar esnobe pela crença errônea de que as ignorei deliberadamente. Essa inaptidão não é apenas constrangedora, mas só pode ser vista como um fracasso significativo para uma pessoa cuja carreira se baseia na identificação de humanos ou do que resta deles. O que posso dizer? Os nomes ficam na minha cabeça, mas não os rostos.

Há um grupo seleto de indivíduos, do qual nem preciso dizer que nunca farei parte, que tem capacidade acima da média de lembrar e reconhecer rostos, mesmo que só os tenha visto uma vez. A maioria de nós consegue se lembrar de cerca de 20% das pessoas que encontra, mas esses "super-reconhecedores" conseguem se lembrar de algo perto de 80%. Não é surpreendente que uma capacidade natural assim tenha alta demanda no mundo da inteligência e da segurança, e também no mercado comercial de clientes particulares, que vai de cassinos a clubes de futebol. Em breve pode chegar o dia em que esse talento humano seja substituído por tecnologia automática de reconhecimento facial, mas, até lá, os super-reconhecedores foram muito valiosos para a polícia em casos tão variados quanto violência de gangue e violência sexual. Recentemente, o super-reconhecimento foi usado para ajudar a identificar os homens por trás do envenenamento do antigo oficial militar da inteligência russa Sergei Skripal e sua filha Yulia, em Salisbury.

A classificação de super-reconhecedores surgiu de um campo de pesquisa completamente diferente: um experimento de psicologia clínica que estava estudando o lado oposto do espectro, a prosopagnosia. Isso é um quadro clínico, às vezes descrito como cegueira para feições, em que as pessoas têm dificuldade extrema de identificar rostos. Pode ser enormemente debilitante. Um pai ou mãe pode não conseguir buscar as crianças na escola porque não consegue reconhecer os próprios filhos. Algumas pessoas não conseguem nem reconhecer o próprio rosto quando veem uma foto dela mesmas. A prosopagnosia é uma doença hereditária; também pode ser adquirida por um AVC ou alguma lesão traumática no cérebro. É possível fazer um teste online para saber em que ponto você fica no espectro da prosopagnosia ao super-reconhecimento. A maioria de nós fica no meio, com a grande maioria sendo melhor em reconhecer o próprio marido do que eu.

Por melhor ou pior que sejamos no reconhecimento dos outros humanos, nós podemos nos enganar brevemente por mudanças naturais na aparência causadas por envelhecimento, ganho ou perda de peso ou por alterações superficiais deliberadas. A genética, claro, tem papel significativo em determinar como é nossa aparência ao longo da vida, mas a maioria de nós modifica a aparência em algum grau com uma frequência relativamente regular. Nós podemos trocar óculos por lentes de contato, passar maquiagem, deixar a barba ou o bigode crescer ou mudar a cor do cabelo. Mas esses ajustes cosméticos temporários não alteram fundamentalmente a estrutura do nosso rosto. Como regra geral, poucos de nós mudam a ponto de não poderem ser reconhecidos pelos que nos conheceram intimamente no passado. No entanto, quando começamos a mudar a estrutura, como diminuir a ponta do queixo, fazer implantes nas bochechas ou usar facetas nos dentes, o reconhecimento pode ficar mais desafiador. Essas formas extremas de disfarce já foram parte do enredo de muitos filmes de Hollywood.

Transplantes faciais, antes restritos à ficção científica, agora são realidade, ainda que um procedimento muito raro. Pacientes que sofreram de doenças severas, lesões ou queimaduras podem passar por enxerto usando tecido de um doador (incluindo músculo, pele, vasos sanguíneos, nervos e, em alguns casos, até osso). Nessa cirurgia, duas alterações fundamentais se unem, com a criação de uma nova estrutura sustentando o rosto de outra pessoa, produzindo uma espécie de quimera. A operação não restaura a aparência anterior do indivíduo e nem concede ao paciente a aparência do doador. O resultado é uma mistura das duas coisas, com o processo cirúrgico em si contribuindo com alterações adicionais significativas.

Uma cirurgia tão de ponta só é considerada quando todas as outras possibilidades foram esgotadas. Existe um risco significativo de rejeição, o que quer dizer que o paciente precisará tomar imunossupressores por toda a vida, e envolve muitas questões éticas, psicológicas e físicas que vão afetar não só o receptor, mas também a família e os amigos do doador.

Os transplantes faciais ainda são um campo muito novo — o primeiro transplante facial parcial de sucesso foi executado na França em 2005, e o primeiro transplante facial total ocorreu cinco anos depois, na Espanha — e, até onde eu sei, nenhum desses pacientes chegou a passar por antropólogos forenses. Mas é só questão de tempo. É só mais um exemplo de como é crucial para nós ficarmos abertos à miríade de possibilidades que cercam a identificação bem-sucedida e abordarmos cada caso livres de preconceitos.

Um rosto desfigurado é extremamente debilitante e isolador numa sociedade que dá tanta importância à aparência. A anaplastologia, o ramo da medicina que cuida das próteses, lida com desfigurações faciais mais localizadas desde que se desenvolveu como especialidade depois da Primeira Guerra Mundial, em resposta à necessidade de ajudar soldados feridos a se reintegrarem na sociedade. As primeiras próteses provavelmente foram de nariz, necessárias para consertar rostos destruídos pela guerra ou pela sífilis. As próteses eram originalmente entalhadas em materiais inertes que incluíam marfim, metal e madeira, que foram gradualmente substituídos por plástico mais realista e, depois, alternativas de látex.

Hoje, a sofisticação de olhos, narizes e orelhas artificiais é excepcional. Narizes podem ser elaborados para replicar a versão danificada (a não ser que o paciente aproveite a oportunidade para escolher um formato novo), e olhos e orelhas são minuciosamente construídos para espelhar o outro olho ou orelha do paciente, de forma que o rosto continue relativamente inalterado e simétrico.

Reconhecer um rosto é uma habilidade; ser capaz de descrevê-lo é outra. Nós todos conhecemos os retratos falados produzidos pela polícia a partir de descrições de testemunhas, para ajudar com a identificação de criminosos. As áreas diferentes do rosto são consideradas individualmente e depois unidas para construir o rosto final: testa, sobrancelhas, olhos, nariz, bochechas, boca e queixo.

Originalmente, as imagens eram desenhadas por artistas. O Identikit, o primeiro sistema registrado usando modelos de feições separadas, foi introduzido nos Estados Unidos em 1959. Métodos subsequentes como Photofits e e-fits, envolvendo fotografias e software eletrônico, podem produzir resultados mais apurados, mas ainda contam com cada feição sendo selecionada a partir de uma base de dados de possibilidades e sobreposta para construir o retrato falado final.

Ninguém alegaria que isso pode criar uma réplica perfeita da pessoa. Se você montar um rosto usando, digamos, os olhos de Angelina Jolie, o nariz de Stephen Fry e a boca de Eartha Kitt, é provável que o resultado seja um rosto caótico. O objetivo é produzir uma imagem que tenha ressonância suficiente com quem a vê para produzir informações que possam ser usadas por investigadores. É aceito que a precisão de um rosto de retrato falado seja menor que 50%, o que pode não ser considerado muito encorajador, mas nós temos que lembrar que às vezes isso pode ser a única coisa que uma investigação tem. Há uma tendência para o olho humano de se concentrar e o cérebro se lembrar do incomum ou anormal. Isso pode funcionar de duas formas. Se há uma anomalia anatômica presente e ela for descrita corretamente, ela pode ser uma ajuda enorme no processo de identificação. No entanto, se for descrita de forma errada, pode tirar uma investigação do caminho certo.

Nossas capacidades de reconhecimento, claro, só costumam ser necessárias no contexto de identificar outros seres humanos. Quando precisamos reconhecer os mortos, nossas percepções podem ser bem diferentes. Aqueles de nós que se sentaram com um ente querido durante o processo de morte ou que visitaram corpos em velórios antes do enterro sabem que, quando a essência de uma pessoa e a vida e a expressão do rosto se perderam, a casca na qual residem não se parece tanto com a pessoa de quem lembramos. Costuma ser bem menor e um tanto vazia.

Aqueles que precisam enfrentar a tarefa horrenda de identificar uma pessoa que sofreu uma morte violenta ou catastrófica ou um indivíduo que está morto há algum tempo vão ver que é desafiador reconhecer a pessoa amada. Depois dos bombardeios de Bali de 2002, cerca de metade dos corpos foi incorretamente identificada pelas famílias, que tiveram que percorrer fileiras e fileiras de cadáveres fragmentados, inchados e em decomposição procurando um parente perdido.

Não é surpresa que, em circunstâncias tão traumáticas, muitos tenham errado. A consternação, o ambiente desagradável de um necrotério e a necessidade psicológica urgente de encontrar ou não os entes queridos teriam contribuído para a confusão. É difícil sugerir para um parente que insiste que tem total de certeza, seja de uma identificação positiva ou negativa, de que ele ou ela pode ter se enganado. É por esse motivo que o padrão da INTERPOL para identificação de vítimas de desastres (DVI) estipula que os corpos não devam ser devolvidos às famílias com base apenas no reconhecimento facial. Para um corpo ser liberado com certeza científica, um dos três principais identificadores é necessário: DNA, impressões digitais ou informações dentárias.

Quando o rosto de uma pessoa morta se torna irreconhecível, seja por decomposição ou por danos, nós podemos reconstruí-lo numa tentativa de identificá-lo. A reconstrução é uma ferramenta no nosso arsenal forense à qual nos voltamos com frequência quando todos os outros caminhos foram explorados, e ela exige um conjunto especial de habilidades que combina arte e ciência. A premissa básica da reconstrução facial é o relacionamento próximo entre nossa aparência e a morfologia do osso que há por baixo e o músculo, gordura e pele que o cobrem.

A reconstrução facial pode ser feita pela produção de modelos de argila ou por modelagem computacional tridimensional. O método Manchester, aceito hoje como padrão de mais alto nível e que acredito ser o mais rigoroso, exige que tenhamos um crânio, ou pelo menos um bom modelo ou uma digitalização tridimensional do crânio. Cavilhas de madeira são grudadas, física ou virtualmente, no crânio, para indicar a espessura do tecido mole que cobre os ossos em todos os pontos. Isso varia de acordo com o sexo, a idade e a origem étnica do indivíduo.

Em seguida, cada um dos 43 músculos é acrescentado, um a um, camada por camada, para construir a estrutura básica de tecido mole da forma mais precisa possível. As glândulas parótidas, as glândulas principais da saliva, também são incluídas nas laterais do rosto, assim como os coxins bucais nas bochechas. Em seguida, a pele é colocada por cima de tudo e modelada de acordo com os contornos da face, da mesma forma que se colocaria uma camada de pasta americana por cima de um bolo.

A abordagem dos elementos cosméticos da reconstrução vai depender do objetivo. Às vezes, nós fazemos reconstrução facial para exibição, por exemplo, com restos arqueológicos, para uma exposição de museu. Com esses modelos, o artista tem uma certa flexibilidade para acrescentar tom de pele, cor de olho, cor e corte de cabelo, pelos faciais e assim por diante.

Se for para distribuir para a imprensa na esperança de ajudar a identificar um corpo, podemos produzir uma ilustração em escala de cinza. Forensicamente, nós podemos não ter certeza da coloração da pele e não queremos arriscar a cor de cabelo e olhos, pois isso poderia influenciar indevidamente quem olhar a ilustração e levar a pessoa a incluir ou excluir um possível candidato.

As pesquisas atuais sobre fenotipagem de DNA podem, em pouco tempo, deixar essas incertezas no passado. Acredita-se que podemos agora identificar a cor natural de olhos e cabelo a partir do DNA. Outras características mais complexas, como formato de olho, tamanho de nariz e largura de boca também podem ter predisposição genética. São mais difíceis de interpretar, mas pode muito bem ser possível num futuro próximo reconstruir parcialmente um rosto parecido com o da pessoa viva só a partir do DNA.

Muitas vezes, uma representação mais simples pode ser suficiente para criar uma similaridade que deixa um rosto desfigurado ou em decomposição aceitável para a circulação geral. Esse foi o caminho a ser seguido pela polícia de North Yorkshire quando eu fui abordada para ajudar com a identificação de uma jovem que tinha sido encontrada em circunstâncias incomuns.

Dois rapazes estavam de carro no campo quando viram uma mala prateada largada numa vala na lateral de uma estrada remota. Naturalmente, eles pararam para dar uma boa olhada. Estava bem pesada, e quando eles repararam que a mala vazava um líquido marrom de odor pungente, eles tiveram a sabedoria de não abrir e de ligar para a polícia da região.

A mala foi ensacada e identificada e levada para o necrotério fechada, porque a polícia tinha uma boa desconfiança do que podia haver dentro. Os medos deles tinham fundamento. No necrotério, a polícia e o patologista abriram a mala e encontraram o corpo de uma jovem nua, encolhida em posição fetal com os quadris e joelhos forçados para caber no espaço apertado. O rosto e a cabeça estavam enrolados em fita adesiva. As feições visíveis indicavam que ela era de origem asiática.

O DNA e as impressões digitais dela foram verificados em vários bancos de dados, mas não houve equivalência, e nada parecia bater com os nomes listados no registro de pessoas desaparecidas do Reino Unido. A decomposição não estava muito avançada e o patologista tinha determinado que ela estava morta havia apenas algumas semanas. A causa da morte foi asfixia.

O estágio no qual um antropólogo forense entra na história costuma ser depois que o exame post-mortem inicial foi executado, as investigações subsequentes da polícia não resultaram em pistas sólidas e quase não há mais progresso. Nesse ponto, podem nos pedir para executar um segundo exame post-mortem, para estabelecer se há mais informações a serem extraídas do corpo, que foi o que aconteceu nesse caso.

O primeiro exame costuma ser uma atividade agitada, mas quando chegamos ao segundo post-mortem, há menos movimentação. Eu prefiro assim: a atmosfera fica mais calma e há menos pressão sobre o nosso desempenho. Um fotógrafo da polícia pode aparecer ou não. O patologista provavelmente só vai passar para dar um oi. Em geral, ficam só o antropólogo forense e o técnico do necrotério. Como resultado, nós formamos relações de trabalho bem próximas com os tecnólogos em anatomia patológica (APTS, na sigla em inglês). Um conselho que sempre damos para os nossos alunos é que não dá para errar se eles chegarem ao necrotério com presentes. Biscoitos são uma boa ideia (eu levo biscoitos para onde eu for), chocolate é melhor, mas donuts com geleia abrem todas as portas e derretem os corações mais gelados. Acreditem em mim, nós sempre queremos os tecnólogos em anatomia patológica do nosso lado, e eles nunca esquecem uma gentileza.

Pode levar um tempo para nos acostumarmos às alterações deixadas por um primeiro exame post-mortem. O couro cabeludo é puxado para dar acesso ao crânio, e a calota craniana é serrada para a extração do cérebro. A cavidade costuma ser preenchida com lã de algodão, e o couro cabeludo é colocado no lugar e costurado. O tronco tem uma incisão suturada em forma de T ou de Y que percorre horizontalmente a clavícula e verticalmente até a região pubiana.

Quando isso não está costurado, costuma haver um saco plástico dentro da cavidade corporal, contendo o cérebro e as vísceras, removidos previamente para exame ou para retirada de amostras para mais testes de laboratório. Não há muitos motivos para o antropólogo abrir o saco de vísceras: nosso interesse está na forma externa e no esqueleto interno. É bem comum encontrar as costas e os membros superiores e inferiores ainda intactos, a não ser que haja um trauma ou patologia que tenha atraído interesse e atenção para essas áreas do corpo.

Radiografias ou mesmo tomografias computadorizadas do corpo inteiro podem ter sido tiradas antes do primeiro exame post-mortem, e isso, junto das fotografias do necrotério e do local, nos dão o panorama completo para um segundo exame que poderíamos desejar.

O corpo pode ter sido armazenado num freezer, e, nesse caso, ele costuma ser retirado no dia anterior ao exame post-mortem do antropologista forense, para descongelar. Os necrotérios não têm fama de serem locais aconchegantes, e trabalhar com um corpo frio, molhado e parcialmente descongelado deixa as mãos queimando de dor. É aí que os donuts ganham espaço. O favor vai ser trocado por uma xícara de chá quente quando você faz uma pausa, e é a melhor caneca de calor do mundo.

O que a polícia quis saber do meu exame post-mortem da jovem da mala era a idade e a origem étnica dela. Pelos raios-x e pelo meu exame, eu pude estabelecer que a jovem tinha entre 20 e 25 anos de idade quando morreu. Entre outras partes do esqueleto que me deram essa informação, havia pequenas áreas de osso em volta das beiradas do esterno (que vamos examinar em detalhes no Capítulo 4) e mudanças de desenvolvimento que pudemos ver na pélvis e no crânio.

Pela minha avaliação do rosto e do crânio da vítima, eu acreditei que a origem étnica tinha boa chance de ser da região do Vietnã, Coreia, Taiwan, Japão ou China. Eu não achei que ela tivesse as características faciais que a levariam para o sul, para a Malásia ou Indonésia. Essa dedução foi baseada no formato do rosto, nariz, olhos e dentes e também no tipo e cor de cabelo. Depois, ficou estabelecido que a mala tinha sido fabricada na Coreia do Sul ou no Líbano.

No entanto, nada disso nos levou mais longe em termos de correspondências em potencial com pessoas desaparecidas, e nem o DNA e nem as digitais fizeram o caso andar. Nós recomendamos que a polícia emitisse uma difusão negra da INTERPOL, a notificação internacional oficial de que um corpo foi encontrado e não foi identificado.

A polícia tinha levado previamente um artista forense, uma pessoa treinada para produzir um retrato parecido do rosto humano que seja acessível e palatável para o público — mesmo quando o rosto real já apresente sinais de descoloração, decomposição e inchaço, como no caso daquela jovem — com a intenção de soltar uma imagem para a imprensa. Infelizmente, nessa ocasião, a fusão de um retrato realista e da interpretação artística não produziu um resultado harmonioso.

Embora o talento da artista não estivesse em questão, o resultado foi uma reprodução fiel do rosto que ela viu, mas sem a decomposição, claro. Tenha em mente que o rosto da mulher morta tinha sido firmemente preso usando fita adesiva plástica e que os gases da decomposição tinham causado inchaço. O rosto em expansão tinha sido contido pela tensão do plástico. Portanto, embora a imagem final fosse tecnicamente precisa, a impressão que criou foi bem estranha. Os lábios da vítima estavam inflados no meio e a crenulação do lábio superior, onde ele tinha sido pressionado sobre os dentes, dava uma aparência recortada. Não parecia nenhuma boca que eu já tivesse visto.

Meu conselho veemente foi que o desenho não devia ser divulgado. Um artista mais experiente teria feito concessões de alteração facial devido à decomposição. Da forma como estava, as pessoas só veriam as consequências no pós-morte de como o corpo da vítima foi tratado e era bem improvável que a imagem levasse à identificação dela. Na verdade, podia mais atrapalhar do que ajudar. Felizmente, a polícia concordou.

Por sorte, no fim das contas, a imagem não foi crucial na atribuição do nome dela: a INTERPOL conseguiu confirmar que havia uma difusão amarela, a notificação de pessoa desaparecida, sobre uma estudante de 21 anos da Coreia do Sul cujo desaparecimento tinha sido relatado pela universidade onde estudava, na França. Bastou uma comunicação com a embaixada da Coreia do Sul e uma transferência de impressões digitais do documento dela e a identidade foi logo confirmada.

Jin Hyo Jung estava visitando o Reino Unido como turista e tinha alugado um quarto em um apartamento de Londres que pertencia a um homem coreano. No apartamento, a polícia encontrou um rolo de fita adesiva dos artistas Gilbert and George, que pertencia à namorada dele e que correspondia com a fita enrolada no rosto da jovem estudante. Apenas uns 850 rolos daquela fita tinham sido vendidos por lojas da Tate Gallery, Reino Unido, e aquele tinha sangue. O sangue de Jin Hyo Jung também foi encontrado no apartamento e no carro do senhorio, e a conta bancária dela tinha sido esvaziada.

É comum que somente durante o julgamento surja a história completa de um crime, e foi assim nesse caso, quando o senhorio, Kim Kyu Soo, apareceu em Old Bailey, o Tribunal Central Criminal. Não me pediram que fornecesse provas nessa ocasião, pois a identidade da vítima tinha sido confirmada. Durante o julgamento, nós soubemos que, algumas semanas depois da descoberta do corpo, a Polícia Metropolitana tinha ficado sabendo de uma segunda estudante sul-coreana que tinha desaparecido. Uma investigação em conjunto foi executada pela Polícia de North Yorkshire e a Metropolitana.

A segunda estudante acabou sendo encontrada, amarrada e amordaçada com a mesma fita adesiva, dentro de um guarda-roupa em outra propriedade de Kim. Ele foi considerado culpado do homicídio das duas mulheres, de roubo das contas bancárias delas e de obstrução de justiça ao esconder os corpos. Ele foi sentenciado à prisão perpétua duas vezes.

Eu já usei esse caso como alerta ao ensinar a alunos de arte forense sobre a importância de interpretação e compreensão do impacto das circunstâncias da morte na representação facial. Quando eu mostro uma foto de Jin Hyo Jung viva ao lado do desenho pós-morte do rosto dela, a reação de mais de 90% dos alunos é de não os considerar correspondentes. Portanto, eles teriam rejeitado a possibilidade de ambas serem a mesma pessoa.

Não sei dizer por que a artista fez a abordagem que fez. Talvez, como supus na época, tenha sido falta de experiência. Talvez ela estivesse se concentrando em precisão. Seja qual tenha sido o motivo, poderia ter sido uma pista desperdiçada, e foi um lembrete salutar de que, mesmo quando um corpo está relativamente fresco, não podemos contar apenas com similaridade ou reconhecimento facial para termos a informação de que precisamos.

Quando uma representação facial é combinada com reconstrução nas mãos de alguém com experiência e habilidade, o resultado pode ser sinistramente preciso. Em um caso de 2013, que os leitores de *All That Remains* devem lembrar, foi uma imagem gerada por computador do rosto de uma vítima de assassinato, com base na tomografia computadorizada do crânio, que levou à identificação de uma mulher desaparecida.

A descoberta dos restos humanos foi feita em uma clareira em Corstorphine Hill, nos arredores de Edimburgo, por um instrutor de esqui que tinha ido pedalar e parou para descansar. Quando olhou para baixo, ele achou que tivesse visto um rosto coberto de terra. Ele contou que se afastou e precisou olhar de novo, achando que talvez só tivesse visto um emaranhado de raízes que parecia um rosto. Mas estava certo da primeira vez: ele tinha encontrado uma cova rasa que escondia o corpo decapitado e desmembrado de uma mulher.

A análise dos restos estabeleceu a idade, sexo e altura da vítima, ferimentos de trauma por instrumento contundente e aperto da garganta por meios desconhecidos. Mas um comentário descuidado na cena, feito por um cientista sem conhecimento especializado de antropologia, fez a polícia iniciar uma caçada desnorteada na tentativa de identificá-la. O especialista "não antropólogo" sugeriu que a mulher parecia "do leste europeu", que talvez fosse lituana, o tratamento cosmético nos dentes "vagamente húngaro" e que ela talvez fosse imigrante. Isso foi uma lição do quanto é desaconselhável contar com palpites não corroborados de especialistas de sofá se arriscando fora de sua área de conhecimento. Nós aprendemos com o tempo que é melhor não dizer nada até se ter certeza de que ninguém indesejado vai ouvir.

Buscaram então ajuda de cientistas mais adequadamente qualificados do meu departamento na Universidade de Dundee, que se envolveram na análise de marcas de ferramentas associadas com o desmembramento, no exame dos restos para obter mais informações que pudessem ajudar a estabelecer a identidade da vítima e na reprodução do rosto feita pela minha colega, a professora Caroline Wilkinson.

Usando o método de computador, os músculos de tecido mole foram posicionados um a um sobre uma tomografia computadorizada do crânio, e a pele esticada foi posicionada sobre a estrutura anatômica. Usando a idade designada para a mulher pela equipe e o cabelo disponível como guia de comprimento e estilo, Caroline produziu uma representação impressionante para circulação na imprensa que pareceu incrivelmente real.

Algumas joias, inclusive um anel Claddagh — o anel irlandês tradicional com a imagem de mãos segurando um coração coroado — encontrado no corpo, sugeriam uma possível origem celta, e a polícia foi aconselhada a providenciar para que a imagem do rosto também fosse distribuída na Irlanda. E foi mesmo em Dublin, e não na Lituânia, que a família da vítima viu o rosto reconstruído no noticiário. A similaridade era impressionante, e eles fizeram contato com a polícia imediatamente.

A mulher estava em Edimburgo visitando o filho, que, depois que o DNA confirmou a identidade dela, foi preso pelo assassinato. A acusação foi reduzida a homicídio culposo com base em semi-imputabilidade. Ele foi considerado culpado e recebeu sentença de prisão por nove anos por homicídio e pelo desmembramento e ocultação dos restos da mãe. O juiz e três psiquiatras não confirmaram o pedido psiquiátrico por leniência alegando que ele desconfiava que a mãe fosse um réptil e queria ver dentro dela para saber se ela estava incorporando uma humana. Quanto ao motivo de ele ter cortado a cabeça e os membros dela, cavado um buraco e a enterrado, ele não ofereceu explicação. Indubitavelmente, seus motivos foram mais banais. Depois de mutilar a vítima, ele decidiu usar uma mala para carregá-la para o local de descarte do corpo. A maioria dos assassinos acha mais fácil fazer isso se o corpo estiver separado em partes menores.

A maneira intrincada na qual os catorze ossos separados do viscerocrânio se desenvolvem, crescem e reagem aos nossos estilos de vida é o que cria a personalidade do nosso rosto. É a habilidade do especialista em replicar o relacionamento forte entre o crânio, por baixo, e o rosto, por cima, que torna a reconstrução facial tão confiável.

Às vezes, os especialistas forenses só têm um crânio e uma possível dica de pessoa desaparecida para trabalhar. Nessas circunstâncias, eles podem tentar uma sobreposição. Isso envolve sobrepor uma fotografia da cabeça de uma pessoa desaparecida com uma fotografia do crânio, tirada na mesma posição anatômica. Se os pontos anatômicos (margens orbitais, formato do queixo, posição do osso zigomático e assim por diante) puderem ser alinhados, é possível determinar se o crânio "encaixa" no rosto.

A primeira aplicação forense da sobreposição ainda é vista como o exemplo clássico. Ajudou a garantir a condenação de Buck Ruxton, um médico que matou duas mulheres e foi enforcado em 1935 pelo assassinato de uma delas, sua companheira. Essa investigação, que foi notável pelo uso de várias técnicas inovadoras de ciência forense, é discutida em detalhes no capítulo final. Continua mais conhecida pelo trabalho revolucionário do patologista John Glaister e do anatomista James Brash na reconstrução dos corpos mutilados e decompostos das duas mulheres. A imagem mais famosa do caso é a sobreposição de uma fotografia de um dos crânios no rosto de Isabella Ruxton. A incongruidade de um retrato falado combinando um rosto sorridente e um crânio, orgulhosamente coroado por uma tiara de diamantes, é inesquecivelmente comovente.

A sobreposição teve um papel maior no passado em comparação ao que terá no futuro simplesmente porque, no século XXI, os avanços científicos abriram muitos outros caminhos investigativos. Mas ainda há momentos em que decidimos voltar aos métodos pioneiros de Glaister e Brash de 85 anos atrás.

Um desses momentos surgiu em meados dos anos 1990, quando estávamos ajudando com um caso que continua notório na Itália. Eu estava trabalhando como consultora em antropologia forense com a Universidade de Glasgow, depois de ter me mudado de Londres de volta para a Escócia, quando fui enviada para visitar a polícia italiana em Verona, encarregada de transportar um "material" para análise de volta para o Reino Unido.

Como estava na Itália, eu me reuni com a polícia em um ambiente neutro, com mesas bambas e cadeiras velhas, mas tomando café em uma cafeteria de alto nível de Verona. Não é acidental os carabinieri serem vistos por algumas pessoas como a força policial mais estilosa da Europa.

Os policiais contaram que, em 1994, um homem chamado Gianfranco Stevanin recebeu uma trabalhadora do sexo em seu carro na cidade de Vicenza e ofereceu dinheiro a mais se ela fosse para casa com ele e deixasse que ele tirasse fotos dela.

Eles voltaram para a remota casa de fazenda dele em Terrazzo, no campo ao sudeste de Verona, onde iniciaram várias horas de jogos sexuais cada vez mais violentos. Quando a prostituta se recusou a continuar, Stevanin encostou uma faca no pescoço dela. Ela ofereceu a ele todas as economias que tinha se ele a deixasse ir e ele concordou em levá-la para casa e pegar o dinheiro.

Quando o carro reduziu a velocidade num pedágio, ela conseguiu fugir e abordar uma viatura policial parada. Stevanin foi preso por agressão sexual e extorsão e sentenciado a dois anos e seis meses na prisão.

Isso acabou sendo apenas o começo da história que se desdobraria em volta do homem que ficou conhecido como o "Monstro de Terrazzo". Quando a polícia revistou a casa dele, foram descobertos vários milhares de imagens pornográficas de outras mulheres, supostas prostitutas, arquivos de anotações detalhadas sobre elas e objetos pertencentes a pelo menos duas das mulheres, inclusive Biljana Pavlovic, uma prostituta que tinha sido registrada como desaparecida no ano anterior. Alarmes começaram a tocar ainda mais alto quando ficou claro, a partir de uma das fotografias que mostrava violência significativa em uma área íntima do corpo de uma das vítimas, que ela devia estar morta na hora que a fotografia foi tirada.

Aquilo agora era uma investigação de assassinato, e quando, no verão de 1995, um fazendeiro encontrou um saco com um cadáver feminino mutilado em terras próximas da casa de Stevanin, a investigação cresceu e o equipamento pesado de escavação foi levado para revirar a fazenda detalhadamente. Os restos decompostos de mais quatro mulheres foram descobertos, alguns com sacos na cabeça e cordas em volta do pescoço. A pergunta mais urgente era: quem elas eram? O trabalho sexual é um ramo passageiro, e um estilo de vida confuso acompanha essa atividade. Certas garotas aparecem numa determinada "região" por um tempo e podem então seguir em frente sem aviso. Poucas pessoas reparam em uma prostituta desaparecida, e as outras pessoas que trabalham no mercado sexual relutam em falar com a polícia por medo de atrair problemas.

A polícia tinha agora o árduo desafio de conectar os corpos com as fotografias, descrições e troféus de posse de Stevanin. Os exames post-mortem conduzidos pelos patologistas tinham determinado o sexo e a idade das mulheres, e encontrar seus nomes era agora de importância primária e o motivo de eu ter sido enviada para a Itália. Eles acreditavam que tinham provas fortes de que uma das vítimas era Biljana Pavlovic e que outra devia ser uma mulher desaparecida chamada Blazenka Smoljo. As duas eram do leste europeu e, até o momento, nenhum parente delas tinha sido encontrado para darem mais informações ou amostras para comparação.

No café, os policiais exibiram as fotos pornográficas e das cenas dos crimes na mesa à minha frente, entre as xícaras de cappuccino. Pareceu meio surreal olhar para aquelas imagens horrendas na bela cidade da sacada de Julieta e da gloriosa ópera a céu aberto, enquanto os cidadãos se cumprimentavam alegremente e conversavam tomando café e comendo bolo. Pela primeira vez, eu preferiria estar em uma delegacia de polícia escura e velha, onde poderia olhar as fotos livremente e sem medo de ofender alguém. Mas parecia que os carabinieri não se incomodavam com as sensibilidades que eu estava acostumada a observar. Os corpos estavam muito decompostos e a polícia queria estabelecer se a sobreposição de crânio e foto — para a qual eles não tinham equipamento e nem experiência para executar na Itália na ocasião — era uma possibilidade realista.

Se eu achei o encontro surreal, eu ainda não tinha visto nada. A conclusão foi uma decisão de que as cabeças das duas vítimas que eles acreditavam ser Biljana Pavlovic e Blazenka Smoljo, de quem eles tinham fotografias para comparação, deviam ser transportadas para a Escócia, para serem analisadas e sobrepostas. As cabeças foram isoladas dos corpos e lacradas em dois baldes de plástico branco. Para disfarçar mais o conteúdo, cada balde foi colocado em uma bolsa assinada por um conhecido designer italiano. As bolsas foram entregues a mim sem cerimônia nenhuma, junto de duas cartas, uma em inglês e outra em italiano, explicando o que eu estava carregando e que tinha autoridade para isso.

A primeira confusão aconteceu no check-in do aeroporto, onde me disseram que a madame só podia levar uma mala de mão a bordo e que a outra teria que ser despachada. Eu ofereci devidamente a carta em italiano. A mulher atrás do balcão ficou meio pálida e emitiu meu cartão de embarque sem falar mais nada. Chegou a vez da segurança: eu não podia passar as bolsas pelo raio-x — imagine o choque da pobre pessoa olhando a tela — e, por isso, chamei o segurança de lado e mostrei a carta em italiano. Ele ficou igualmente pálido e me guiou por um portão lateral, sem passar pelo raio-x.

Quando subi no avião, a adorável comissária inglesa me disse de novo que eu tinha que despachar minha bagagem. Eu entreguei a carta em inglês e expliquei que não podia fazer isso porque era responsável por garantir a continuidade da prova. Pelo menos ela não ficou pálida, mas ficou mais eficiente. Ela me levou para a cabine quase vazia da classe executiva, e eu achei legal da parte dela, até perceber que era apenas para me isolar dos outros passageiros. Não foi um tratamento especial, eu fiquei quarentenada por todo o voo. Não me ofereceram nem um copo de água. Era indiscutível que eu estava sendo vista como indesejável e possivelmente até contagiosa. Não houve despedida calorosa quando desembarquei em Heathrow, apesar de achar que eu talvez tenha ouvido um suspiro de alívio.

O dilema seguinte que enfrentei foi na alfândega do Reino Unido: eu devia declarar ou não? Como fui criada como uma boa garota presbiteriana escocesa, eu optei por declarar. Quando me aproximei, o guarda entediado com os pés apoiados na escrivaninha me olhou por cima dos óculos para perguntar se o conteúdo das minha duas bolsas de marca eram "para consumo próprio". Depois que ele leu minha carta em inglês, ele gaguejou e me mandou embora o mais rápido possível. Até aquele momento, eu tinha viajado de Verona até Heathrow e ninguém tinha inspecionado e nem passado minha carga incomum no raio-x. Não consigo imaginar que pudesse fazer isso hoje. Sinceramente, espero que não.

Agora eu tinha que chegar à Escócia. Eu fiz fila para a segurança uma segunda vez, a carta em inglês em mãos. O oficial me disse que não queria botar as bolsas no raio-x, mas que teria que dar uma olhada dentro. Finalmente! Alguém ia verificar. Mas quando ele começou a tirar os baldes da bolsa, eu me dei conta de que ele pretendia abri-los ali na mesa, no meio dos outros passageiros e dos pertences deles. Eu tinha que impedi-lo e avisar que ele não podia fazer aquilo em público. Nós teríamos que ir a um lugar com privacidade e ar-condicionado. Eram cabeças, não crânios, e ainda estavam com muito tecido em decomposição, estavam muito úmidas e fedorentas, e possivelmente até com algumas larvas. Até aquele momento, o rosto dele tinha permanecido com a cor saudável de sempre, mas, de repente, ficou visivelmente verde. Ele logo consultou o supervisor e me direcionou para o saguão de embarque sem nem dar uma olhada.

Quando o comissário de bordo seguinte leu minha carta em inglês, ele soltou um gritinho, coitado, levantou as mãos com horror e me mandou para os fundos do avião, onde outra vez fui ignorada durante todo o voo. Se ele tivesse os meios para me cercar de arame farpado e me dar um sino para tocar enquanto gritava "Impura!", meu status de pária não ficaria mais óbvio. As pessoas estavam sendo colocadas nos bancos vazios na parte da frente do avião em vez de serem direcionadas para se sentarem perto de mim.

Em Glasgow, nós tiramos a carne dos crânios, tiramos fotografias deles de todos os ângulos e fizemos digitalização tridimensional. As imagens foram orientadas para coincidirem com as poses nas fotografias fornecidas pela polícia italiana.

Os dois crânios eram femininos e de indivíduos de idade parecida, então não podíamos separá-los com base nisso. Biljana e Blazenka tinham cerca de 24 anos quando desapareceram. O primeiro crânio que analisamos não correspondia anatomicamente à foto de Biljana, mas batia com a de Blazenka e vice-versa. Confiantes de que os dois crânios correspondiam, nós enviamos nossos resultados para Verona. Os carabinieri nos pediram para ficar com eles até o julgamento. Algumas semanas depois, eles confirmaram que conseguiram obter DNA da família das duas mulheres, que sustentaram nossas descobertas, e enfim foi possível identificá-las formalmente.

Com a identidade estabelecida, tecnicamente não havia necessidade de eu fornecer provas no julgamento de Stevanin, mas o promotor público não quis perder a oportunidade de florear o procedimento de forma teatral, levando uma cientista forense estrangeira e um método que captaria o interesse da imprensa. E os crânios tinham que ser devolvidos para a Itália, de qualquer modo. Se eu fornecesse provas, o tribunal, e não a polícia, pagaria as minhas despesas de viagem, então os carabinieri também queriam que eu fosse.

A viagem de volta foi mais direta, pois minha carga agora consistia apenas de crânios limpos, ossos secos que eram perfeitamente aceitáveis para a verificação de quem quisesse, embora, de novo, todos no aeroporto e na companhia aérea tenham preferido acreditar na minha palavra. Eu fui levada para a casa do promotor público, às margens do lago Garda, para jantar, um evento agradável, apesar de eu estar nervosa com minha tarefa iminente num país estrangeiro. Meu depoimento teria que ser traduzido e não dava para imaginar que tipo de perguntas poderiam me fazer. Eu me vesti elegantemente para minha aparição, mesmo com os sapatos me matando, e me sentei no tribunal, a imagem do terror paralisado.

Há poucas pessoas na minha vida que me provocaram arrepios, mas Gianfranco Stevanin foi um deles. Quando fui para o banco das testemunhas, eu me esforcei muito para ignorá-lo, mas o olhar penetrante dele era perturbador, quase hipnótico. Eu forneci minha prova traduzida e fui para um assento no tribunal de onde pude observar o restante do procedimento, mesmo não conseguindo entender a maioria das coisas sendo ditas. No fim do dia, o prisioneiro foi levado do tribunal. Quando se aproximou de onde eu estava, ele desacelerou o passo de maneira proposital e virou a cabeça para me encarar longa e intensamente. A boca se curvou para cima em um sorriso gelado que nunca chegou aos olhos frios e pétreos. Eu senti meu sangue congelar.

Eu sabia que ele tinha feito ameaças de morte contra jornalistas que falaram contra ele, por isso fiquei inquieta. Por vários meses depois do julgamento, eu ficava bem tensa sempre que encontrava algo inesperado. Essa foi a única vez na minha carreira em que fiquei genuinamente preocupada com a minha segurança e a da minha família.

A defesa de Stevanin foi que ele não se lembrava de nada dos encontros sexuais com as vítimas por causa de uma lesão cerebral anterior que aconteceu em um acidente de moto. Para causar impacto dramático, ele raspou a cabeça, para que o arco enorme de cicatriz pudesse ser visto no couro cabeludo. Os advogados de defesa contestaram, sem sucesso, um relatório psiquiátrico que o declarou mentalmente capaz de ser julgado. Em janeiro de 1998, ele foi sentenciado à prisão perpétua pelo assassinato de seis mulheres, inclusive Biljana e Blazenka.

O caso levou a um debate nacional na Itália sobre a questão da responsabilidade criminal de criminosos afetados por transtornos mentais e a capacidade ou não desses indivíduos entenderem as consequências de suas ações. A equipe legal de Stevanin se baseou nisso para fazer vários desafios legais, mas a sentença foi mantida e o Monstro de Terrazzo continua preso em Abruzzo, onde, acredito eu, ele teria manifestado recentemente um desejo de se tornar monge franciscano. Aconteça o que acontecer, o mundo é um lugar mais seguro com ele atrás das grades.

Como nós usamos os ossos de um rosto para nos dizer alguma coisa sobre a pessoa a quem pertenceu? Começando do alto, na primeira região temos o par de órbitas, as cavidades oculares, que são bastante mas não completamente simétricas, separadas pela raiz ou ponte nasal. O propósito das cavidades é envolver e proteger o globo ocular e os seis músculos que o movem, um saco lacrimal, os nervos, os vasos sanguíneos e ligamentos, todos cercados por gordura periorbital, que age para absorver o choque caso o olho sofra um golpe direto.

Há sete ossos distintos que formam o pavimento, o teto e as paredes da órbita: esfenoide, frontal, zigomático, etmoide, lacrimal, maxilar superior e palatino. São ossos relativamente finos e bem frágeis. Um projétil direcionado para cima na órbita vai imediatamente perfurar o teto fino e entrar na superfície inferior do lobo frontal do cérebro.

Na mulher adulta, o rebordo da órbita é afiado, enquanto no homem é mais arredondado, uma distinção que pode ser usada para começar a construir a identificação do sexo de um indivíduo. No homem, a área de osso acima da órbita (embaixo da sobrancelha) pode ficar proeminente, com o desenvolvimento de uma arcada supraciliar ou até de uma protuberância conhecida como torus. Isso é bem destacado nos primeiros crânios humanos e acredita-se que seja formado pela dissipação de forças associada com a massa muscular maior da mandíbula mais robusta. Há evidências de que nossas mandíbulas reduziram de tamanho conforme nossos alimentos foram ficando mais macios e mais processados. A arcada acima dos olhos e a raiz nasal se tornam mais óbvias na mulher depois da puberdade, com aumento significativo da massa muscular causada por influências hormonais. As mulheres costumam ter pouca ou nenhuma arcada supraciliar e manter uma aparência mais pedomórfica.

Entre 2 e 6 anos de idade, o osso frontal, logo acima das sobrancelhas, sofre pneumatização, e células com ar se formam entre as duas camadas de osso. Essas bolsas de ar se amalgamam e formam os seios frontais, espaços revestidos de epitélio respiratório que produzem muco, que acaba sendo drenado para o nariz. O motivo para a formação desses seios de ar ainda não é entendido completamente, mas o que sabemos é que é provável que o formato do espaço de ar dentro do osso frontal seja único em cada indivíduo. Isso pode ser valioso para confirmar uma identidade quando temos acesso a raios-x dessa área da cabeça de uma pessoa em vida, para que possamos comparar com as nossas radiografias de um corpo. É interessante que pessoas com algumas condições congênitas, como síndrome de Down, não desenvolvam esses seios de ar.

Essa área do rosto é território de primeira para modificações corporais ou implantes. É comum vermos piercings na sobrancelha, onde uma cânula é inserida embaixo da sobrancelha e sai em cima para a inserção de acessórios. O piercing pode ser vertical, horizontal ou ambos, criando uma forma em т. Um conhecimento das modificações no rosto é importante na análise forense, pois pode ser relevante para a identificação de um corpo. Não há cavidade que deixaremos de examinar, porque mesmo quando o tecido mole não sobrevive, os acessórios podem estar presentes.

Implantes podem ser feitos às vezes no próprio olho, debaixo da esclera, a parte branca do globo ocular. Essa parte do olho pode até ser tatuada por meio de uma injeção de tinta embaixo da conjuntiva (a membrana mucosa que cobre o olho e reveste a pálpebra) e acima da esclera. Isso permite que a parte normalmente branca do olho seja modificada para a cor que você quiser, mas é uma alteração arriscada que pode gerar complicações significativas.

A posição das órbitas torna altamente improvável que o viscerocrânio humano seja confundido com o de outro animal e marca claramente o ser humano como predador. Predadores tendem a ter órbitas voltadas para a frente, pois isso permite que os olhos trabalhem com visão estereoscópica, o que dá a capacidade de avaliar profundidade. Isso é vital quando se é um caçador que precisa calcular a que distância sua presa está e a velocidade em que você vai precisar se mover para pegá-la. Animais cujas órbitas ficam nas laterais da cabeça têm mais chance de ser presa do que predador. A prioridade ótica deles é visão periférica, para que eles possam ficar vigiando a aproximação de caçadores. Como diz o velho ditado: "Olhos na frente, caçador presente, olhos de lado, animal acovardado".

O nariz, que forma a parte do meio do rosto, fica entre as órbitas e a boca. As bochechas também ficam nessa região, uma de cada lado. O nariz abriga a parte superior do trato respiratório e aquece e umedece o ar inspirado pelas narinas. O ar frio e seco dói quando inspirado. Nossos narizes também têm um trabalho importante de guardiões dos pulmões e ajudam a impedir que objetos estranhos entrem no sistema respiratório prendendo-os no muco grudento que cobre os pelos, ou vibrissas, dentro das narinas. O produto verde da filtragem bem-sucedida do ar é familiar a todos nós, principalmente para as criancinhas que tanto fascina.

Quando o ar é puxado pelo nariz, ele circula pelo sistema turbinado ou concha nasal, que é altamente vascularizado e age como as placas dobradas de metal vistas em radiadores de parede. Ter essa circulação gigantesca de sangue dentro de uma estrutura que se projeta orgulhosamente no rosto parece uma falha de design, considerando que o nariz tem boa chance de aguentar o impacto de qualquer batida direta no rosto e de sofrer perda substancial de sangue como consequência. É comum que crânios sejam encontrados com ossos nasais quebrados e desvios evidentes de septo, muitas vezes um legado de golpes recebidos em esportes de contato como rúgbi ou boxe.

O nariz também está lá para captar cheiros e levá-los ao cérebro, para podermos reconhecê-los. No alto do teto do nariz tem um quadradinho de mucosa especializada com 3 cm² de área, o epitélio olfatório. Os odores que entram se dissolvem no muco, e as células nervosas olfatórias transmitem a informação pela placa cribriforme, um pedaço tipo peneira do osso etmoidal, até a cavidade craniana. De lá, o sinal viaja pelo nervo olfatório até a parte do córtex do lobo temporal do cérebro onde a mensagem é recebida.

São as conexões do córtex olfatório com as áreas antigas do cérebro, como as amídalas cerebelosas e o hipocampo, que deixam alguns cheiros particularmente evocativos. Eu só preciso de um cheiro leve de lustra-móveis ou de terebentina para ser transportada para os meus dias de infância, quando eu ajudava meu pai na oficina dele. Olfato danificado é agora considerado um aviso precoce de doença neurodegenerativa e fator para identificação para quem corre o risco de desenvolver demência. Também passou a ser reconhecido como sintoma de COVID-19.

A ciência forense se interessa muito pelos tipos de coisa que podemos escolher enfiar no nariz. Por exemplo, o hábito de cheirar carreiras de cocaína pode ser detectado tanto nos tecidos moles quanto nos tecidos ósseos do nariz e do palato. As propriedades isquêmicas ou vasoconstritoras da droga deixam marcas no tecido e podem acabar levando à necrose e até queda do nariz. Normalmente, é a cartilagem do septo nasal que é mais obviamente afetada, mas o dano pode chegar ao palato, fazendo com que a pessoa afetada tenha dificuldade de beber normalmente sem expelir o líquido pelo nariz.

Portanto, lavagens nasais podem ser extremamente importantes para investigações forenses. Lavar cavidades nasais e recolher o fluido para que pólen, esporos ou outros detritos possam ser recuperados pode oferecer informação vital sobre o ambiente em que o falecido respirou pela última vez. Quando conseguimos identificar pólen de uma planta específica dentro da cavidade nasal, isso pode muito bem indicar que o falecido foi morto em um lugar diferente de onde o corpo foi encontrado.

Esse procedimento pode ser complicado, mas, cá entre nós, uma colega cientista, Patricia Wiltshire, e eu desenvolvemos um método que se provou eficiente. Pat, que é palinologista forense (especialista em pólen, esporos e outros palinomorfos), estava discutindo comigo um dia a respeito de como era difícil para ela obter lavagens nasais durante exames post-mortem porque envolvia injetar solução salina no nariz e tentar pegar de volta antes que desaparecesse pela faringe. Ela não achava mais fácil tentar injetar da direção oposta, da faringe para cima, e ainda estava procurando uma solução.

Lembrei de uma conversa recente onde comentamos que, durante o embalsamamento, os egípcios retiravam o cérebro utilizando um fio com gancho na ponta que era inserido pelo nariz, e isso me deu uma ideia. Eu sugeri que, depois que o patologista tivesse retirado o cérebro durante o exame post-mortem, tendo cortado os nervos olfatórios, ela talvez pudesse usar as propriedades de filtragem da placa cribriforme do osso etmoide para injetar o líquido para dentro do nariz pela cavidade cerebral acima. Aparentemente, isso deu certo, e um novo método nasceu. Coisas mágicas acontecem nos limiares em que dois mundos diferentes colidem e uma pessoa pode oferecer solução para um problema que estava frustrando a outra.

O nariz e as bochechas podem oferecer dicas de ancestralidade. A forma dos ossos zigomáticos das bochechas pode apontar para origens orientais, enquanto o nariz muitas vezes nos ajuda a diferenciar entre as características de ponte alta de alguns grupos ancestrais e as dimensões largas de dentro do nariz de outros. É fascinante estar em um trem ou no metrô de Londres e reparar na gigantesca diversidade nas formas dos vários componentes que formam a fisiologia humana e imaginar o crânio por baixo. É verdade que acabamos recebendo olhares estranhos, pois o costume é as pessoas não se olharem no metrô.

Piercings faciais também são bem comuns na área nasal, em volta da ponte do nariz, nas cartilagens das laterais ou pelo septo. Nós também vemos em menor quantidade nas bochechas, onde piercings de covinha, um par de bolinhas inseridos no ponto alto da bochecha, parecem ser a moda atual.

É na parte inferior do viscerocrânio, na boca e no queixo, que os maiores crescimentos da face podem ser vistos conforme amadurecemos e tentamos abrir espaço para todos os dentes de adulto. O ser humano é difiodonte, o que quer dizer que temos dois conjuntos de dentes: decíduos (dentes de leite) e permanentes (dentes adultos). Claro que, na verdade, nós somos trifiodontes, porque, graças às habilidades dos nossos dentistas, nossos dentes adultos não são necessariamente permanentes, ao menos não na forma em que cresceram originalmente, e podem ser substituídos por um conjunto de dentes de plástico ou porcelana.

Claro que é uma regra de ouro nunca supor que qualquer feição removível vai necessariamente acabar com a pessoa para quem foi originalmente projetada. Eu me lembro quando estava trabalhando como consultora em Glasgow nos anos 1990 de estar presente no exame post-mortem do corpo de um mendigo que foi encontrado morto na vegetação de um parque da região. Não havia circunstâncias suspeitas em torno da morte dele: ele era um cavalheiro idoso com saúde ruim e, considerando que tinha sido encontrado em uma manhã de inverno depois de uma noite fria, quando a temperatura tinha caído abaixo de zero, ele provavelmente tinha sucumbido à hipotermia. Mas a polícia não tinha ideia de quem ele era, e coube a nós encontrar pistas da identidade dele, para que a família pudesse ser notificada.

Ele tinha um conjunto completo de dentadura superior (e nada de inferior) e, na área interna da placa, encontramos um número de referência riscado que poderia ser usado para tentar localizar o laboratório que tinha feito a dentadura para ele e, de lá, talvez nos levar ao nome do dono.

No entanto, ficou claro com o seguimento da investigação que a dentadura usada pelo cavalheiro não tinha sido feita para a boca dele. Nós encontramos o laboratório, e o homem cujo nome eles tinham registrado ainda estava bem vivo. Ele tinha perdido a dentadura muitos anos antes e ficou claro que devia ter passado por pelo menos três donos identificáveis antes de chegar ao falecido. Nós consideramos uma boa prova da famosa constituição de ferro dos habitantes de Glasgow que o sujeito para quem a dentadura tinha sido originalmente feita, sem revelar o menor toque de repulsa por ter sido encontrada na boca de um homem morto, perguntou se ele podia pegá-la de volta, por ser "a mais confortável que já tive".

Essas trocas em potencial talvez não sejam tão raras quanto podemos pensar. Uma enfermeira da residência para idosos do meu pai me contou uma história sobre uma senhora maldosa que andava à noite pegando todos os dentes falsos das mesas de cabeceiras dos residentes adormecidos e jogando em uma pia (para "dar uma boa lavada"), com o resultado de que a equipe da manhã seguinte tinha que executar a longa tarefa de tentar encaixar dentaduras e bocas, nem sempre com sucesso.

Os dentes são a única parte da estrutura do esqueleto humano visível a olho nu, e isso os deixa com valor significativo para propósitos de identificação. Eles também são bem úteis na determinação da idade.

Acompanhar o desenvolvimento do rosto de uma criança até a idade adulta é fascinante. Boa parte do crescimento tem a ver com abrir espaço para a dentição adulta, o que é relativamente indolor e acontece num período longo de tempo, mas fica claramente visível em retratos de crianças tirados uma vez por ano ao longo da infância. Eu fiz isso com as minhas filhas.

Aos 2 anos de idade, o rosto um tanto indeterminado de "bebê" some e as crianças são reconhecíveis como versões em miniatura das pessoas que elas vão se tornar. Os vinte dentes que formam o conjunto completo da dentição decídua se formaram e surgiram, e os rostinhos precisam estar suficientemente maduros para acomodar todos eles. Aos 6 anos, o rosto já mudou de novo, desta vez para acomodar a erupção do primeiro molar permanente na parte de trás de cada quadrante da boca. Eles agora terão 24 dentes visíveis, e há bem mais coisa acontecendo nas gengivas que não pode ser vista.

Há uma fase horrível entre os 6 e 8 anos — durante a qual a fada do dente fica com os dentes decíduos e os dentes permanentes da frente surgem — em que a boca de uma criança parece um cemitério violado, com lápides inclinadas em todos os ângulos e estágios de visibilidade. O rosto se transforma mais uma vez, quando o segundo molar surge, por volta dos 12 anos, um pouco antes da puberdade, um pouco antes de assumir a forma adulta, por volta dos 15 anos.

Os últimos dentes podem ser os que causam mais problema, principalmente se você já tem o palato apertado. Os dentes siso ou dentes do juízo — chamados assim por só aparecerem até quase a idade adulta, quando se supõe que atingimos algo parecido com juízo — precisam tentar encontrar espaço numa boca na qual todos os outros 28 dentes já estão posicionados. Às vezes, os dentes siso não se formam; às vezes, se formam, mas não nascem, e, às vezes, decidem surgir em ângulos inaceitáveis, tornam-se incômodos e empurram todos os outros dentes. A presença deles pode ser variável, mas, quando estão presentes, eles oferecem ao antropólogo forense uma indicação clara da maturidade do indivíduo sendo examinado.

Todos os dentes de leite surgem na gengiva e caem entre os 6 meses e os 10 anos. Os dentes permanentes começam a forçar os de leite entre 6 e 7 anos e estão todos na boca até os 15 anos, mais ou menos. Esses estágios bem definidos do desenvolvimento tornam os dentes incrivelmente importantes para a estimativa de idade nos restos de uma criança.

A informação de que os dentes caem em um padrão relativamente previsível foi usada em 1833, quando o governo tentou estabelecer condições mais justas para trabalhadores, especificamente na indústria têxtil. O Factory Act declarava que nenhuma criança com menos de 9 anos podia ser empregada. Mas muitas vezes a idade era questão de palpite, até mesmo para as crianças, pois no Reino Unido não existiam certidões de nascimento antes de 1837, e só se tornaram obrigatórias quase quarenta anos depois. Portanto, a idade e a possibilidade de uma criança trabalhar ou não eram estabelecidas olhando o desenvolvimento dentário.

Também ficou estabelecido que nenhuma criança menor de 7 anos devia ser condenada por um crime, pois elas ainda não podiam ser consideradas responsáveis pelos próprios atos. O critério usado para determinar a idade era o nascimento do primeiro molar permanente. Se isso ainda não tivesse acontecido, a criança era classificada como tendo menos de 7 anos e, portanto, abaixo da idade de responsabilidade criminal.

Dentistas forenses ou odontologistas que se especializam na estrutura e nas doenças dos dentes ainda são empregados atualmente para ajudar os tribunais a determinarem a idade de uma criança. Às vezes, um menor que é levado a um tribunal, seja como vítima ou criminoso, pode não ter documentos que confirmem sua idade. Boa parte do mundo não emite certidão de nascimento, e migrantes e refugiados que fugiram para salvar a vida nem sempre têm documentos consigo. Nos casos de escravidão infantil, qualquer papel de identificação é retirado da criança para deixá-las totalmente à mercê dos "donos". Para determinar a idade dessas crianças, é considerado mais seguro olhar dentro da boca e avaliar o estágio de desenvolvimento dentário em vez de submetê-las a radiação com um raio x, embora, atualmente, outras opções estejam disponíveis: seus ossos podem ser examinados por imagens que usam radiação não ionizante, inclusive ressonância magnética.

A dentição pode ajudar os cientistas forenses a estabelecerem se e por quanto tempo um bebê recém-nascido falecido sobreviveu depois do nascimento. O nascimento é um processo bem traumático, não só para a mãe, mas para o bebê também. Afeta o desenvolvimento dos dentes, resultando numa "linha neonatal", uma faixa que é microscopicamente visível no esmalte e na dentina dos dentes formados na mandíbula no nascimento e que acredita-se ser causada pelas mudanças fisiológicas que ocorrem durante o evento. Como aparece só nos dentes que estão se desenvolvendo ativamente quando um bebê nasce, essa linha neonatal permite que distingamos entre a formação de esmalte pré-natal e a neonatal. A duração aproximada do tempo que a criança viveu pode ser calculada medindo quanto esmalte pós-natal se formou depois da interferência que criou a linha neonatal. Para os propósitos forenses, a presença de uma linha neonatal é aceitável como indicador de nascimento vivo. Quando está ausente, é provável que a criança tenha sido natimorta ou que tenha morrido imediatamente após o parto.

Nossos dentes mudam de cor com o tempo e podem assumir tons diferentes quando expostos a certas substâncias, que podem oferecer indicadores para a identificação. Crianças que tomam antibióticos como a penicilina podem ter mais chance de desenvolver manchas marrons nos dentes. Foi sugerido que isso também pode ocorrer se a mãe tomou antibióticos quando estava grávida. Por contraste, um excesso de ingestão de flúor vai resultar em manchas brancas causadas pela fluorose, uma hipomineralização do esmalte.

Os dentes adultos podem ter cor escura por causa de higiene dentária ruim ou por manchas de café, vinho tinto, tabaco ou outras substâncias. Dentes escuros e avermelhados pode ser indicativo de alguém que masca noz de areca. Essa atividade está entranhada na cultura asiática e é apreciada por mais de 600 milhões de pessoas. Na verdade, a noz de areca é a quarta substância psicoativa mais consumida, depois do tabaco, do álcool e de bebidas cafeinadas.

A odontologia de hoje tenta lutar contra esses fatores promovendo o ideal do mesmo sorriso perfeito de Instagram para todo mundo: dentes lindamente regulares (ou facetas) e coloração branca brilhante. Isso não é muito bom para a odontologia forense, que se baseia em identificar as variações que ocorrem naturalmente nos nossos dentes além das que resultam de intervenções ou restaurações dentárias.

Depois do tsunami de 2004 na Ásia, os odontologistas forenses puderam confirmar a identidade de alguns dos mortos por correspondências com moldeiras de clareamento, obturações, canais e pontes. Quanto mais trabalhos foram feitos, mais fácil nossos dentes são identificados como sendo nossos, desde que, claro, nossos registros odontológicos estejam disponíveis para comparação. Por outro lado, quanto mais intervenções cosméticas escolhemos fazer, como arrumar os dentes com aparelho, mais uniformes e menos individuais nosso sorriso fica.

É um tanto irônico que lutemos contra o apodrecimento dos dentes causado pelo que comemos e bebemos durante nossas vidas e que nossos dentes possam ser extremamente resistentes depois de nossa morte. Eles podem sobreviver a explosões e a incêndios, protegidos dessas agressões por estarem guardados dentro da boca, e, em muitas circunstâncias, a longevidade deles pode ser maior do que a dos nossos ossos.

Como resultado, e porque a maioria das pessoas reconhece um dente quando vê, os antropólogos forenses muitas vezes recebem dentes isolados. Mas reconhecer um dente é uma coisa; ser capaz de determinar se é humano ou não exige um nível de compreensão da variabilidade de dentição em vários animais comuns. Portanto, é bem comum que molares de ovelhas, porcos, vacas e cavalos que cheguem na nossa mesa. Se for um dente humano, é um dos vinte que temos quando crianças ou um dos 32 que temos quando adultos? É um dente superior ou inferior? Da direita ou da esquerda?

Os dentes podem nos contar muito sobre a vida da pessoa ou do animal a quem pertenceram, tanto de uma perspectiva filogenética (ou evolucionária) quanto de uma ontogenética (de desenvolvimento individual). Nós formamos o tipo de dente do qual vamos precisar para a nossa dieta. Os caninos são equipamento essencial para carnívoros, mas são um excesso para a necessidade dos herbívoros. Ambos precisam de incisivos e molares, mas os molares são de tipos diferentes. O carnívoro terá molares carniceiros, que agem como tesouras para cortar os pedaços de carne que ele consome, enquanto o herbívoro tem molares que trituram. Como os humanos são onívoros e comem um pouco de tudo, nós temos incisivos para mordiscar e partir, caninos para rasgar e molares para triturar.

Às vezes, os dentes que chegam aos cientistas são humanos, mas acabam sendo de um sítio histórico. A falta de tratamento odontológico moderno é um indicador importante aqui, mas também o nível de desgaste, que não é consistente com as dietas modernas. Níveis altos de lesões por cáries e apodrecimento tendem a sugerir uma dieta contemporânea carregada de açúcares, enquanto molares de restos arqueológicos costumam estar erodidos no esmalte e até na dentina por causa da quantidade de impurezas nas dietas dos dias antigos.

É comum que seja o terceiro conjunto de dentes, o artificial, que possa se mostrar mais fascinante, principalmente tendo em vista os exemplos dados por restos históricos sobre a variedade e engenhosidade da odontologia do passado. Em 1991, quando fiz parte de uma equipe que escavou a cripta da igreja de St. Barnabas em West Kensington, Londres, os túmulos de três mulheres abastadas ofereceram uma clarificação do impacto diário nas vidas delas dos problemas dentários que elas tinham e dos esforços dos dentistas do século XIX para resolvê-los.

Sarah Frances Maxfield, esposa do capitão William Maxfield, que serviu na Marinha pela Companhia Britânica das Índias Orientais e em 1832 se tornou Membro do Parlamento por Great Grimsby, na margem sul do estuário do Humber, em Lincolnshire, foi enterrado na cripta em 1842. Ela foi colocada ao lado do marido, que tinha morrido uns cinco anos antes. Fora isso, só sabemos sobre Sarah o que pudemos descobrir pelos restos de esqueleto e dentes dentro do caixão de chumbo. Ela era uma dama de posses, capaz de pagar não só por um caixão triplo (um objeto com várias camadas de madeira e chumbo, típico da época para os ricos), mas também por trabalho odontológico caro durante a vida.

Quando nós exumamos Sarah, nossos olhos foram imediatamente atraídos pelo brilho inconfundível de ouro. Investigando melhor, descobrimos que o incisivo superior central direito tinha sido serrado, provavelmente cauterizado com ácido em seguida, e a própria coroa foi fixada em seguida numa ponte odontológica de ouro maciço. Como ouro não mancha, ainda estava brilhando intensamente em meio aos depósitos de decomposição marrons e úmidos dentro do caixão, quase 150 anos depois de ela ter sido enterrada. A ponte, que permanecia na posição original na boca, se juntava ao primeiro molar superior direito, que ficava preso por um aro, também feito de ouro.

Infelizmente, esse dente exibia apodrecimento considerável e o tipo de perda óssea extensiva associada com produção crônica de pus, que ainda devia estar ativa quando ela morreu. A única coisa segurando o molar no lugar era a ponte odontológica. A dor que ela devia ter sentido ao tentar comer e o fedor de podridão ficam para nossa imaginação.

Harriet Goodricke, que tinha 64 anos quando morreu, em 1832, também foi enterrada em um caixão triplo caro, mas tinha gastado menos do que Sarah nas restaurações dentárias. Harriet tinha uma dentadura superior inteira, que tinha caído da boca quando examinamos o corpo. Isso não foi surpresa, pois não havia nada que a segurasse no lugar. Quando a dentadura foi feita para Harriet, ela ainda devia ter um único dente no maxilar superior, pois a dentadura tinha um buraco grande do lado direito, correspondente à posição do primeiro molar, e a dentadura devia ter sido moldada para encaixar por cima desse dente.

No entanto, Harriet perdeu o dente depois, e não havia mais nada onde a dentadura poderia se prender. Portanto, não teria objetivo prático. Era um testemunho tocante do cuidado da pessoa que a colocou no caixão a dentadura ter sido enterrada junto dela para preservar sua dignidade e talvez o orgulho da aparência, mesmo na morte.

Mas precisa ser dito que a dentadura não era muito convincente. Não consistia em dentes artificiais separados, fora entalhada a partir de uma única peça de marfim (não conseguimos determinar de que animal veio: talvez de um elefante, mas marfim de hipopótamo e de morsa também eram muito usados no século XIX), com as posições dos dentes delineadas de forma rudimentar por linhas verticais, dando só uma vaga definição e aproximação da aparência de dentes. Dentaduras assim, que eram bem típicas na época, costumavam ser entalhadas por relojoeiros e não por pessoas de origem médica ou odontológica, e às vezes a precisão odontológica deixava algo a desejar.

Por ter permanecido mais de 150 anos no caixão, essa dentadura de osso tinha assumido a coloração amarronzada do líquido viscoso com que tinha ficado em contato (fluidos de decomposição que tinham se misturado com a madeira do interior do caixão para formar um ácido húmico fraco). O amado acessório de Harriet estava manchado de um marrom bem escuro quando o recuperamos do caixão, e tenho certeza de que ela não ficaria impressionada.

O Rolls-Royce das dentaduras que esse trio de mulheres possuía só pode ser a de Hannah Lenten. Hannah, que tinha 49 anos quando morreu, em 1838, era uma mulher de riqueza considerável. Ela ocupava um caixão de chumbo decorado e exibia um trabalho odontológico fenomenalmente dispendioso e criativo. Como dentes substitutos do tipo que Harriet tinha, que eram frequentemente feitos de marfim, costumavam não ser muito realistas, havia uma demanda por dentaduras com dentes reais entre as pessoas para quem dinheiro não era problema.

Os dentistas colocavam anúncios nos jornais querendo comprar dentes humanos. Às vezes, eram fornecidos pelos ressurrecionistas, ou ladrões de corpos, ativos na época. Outros eram tirados das bocas de soldados mortos (preferivelmente jovens) que tinham falecido nos campos de batalha. Depois das Guerras Napoleônicas, esses dentes ficaram conhecidos como "dentes de Waterloo". Costumavam ser fixados em uma placa dentária de marfim, mas os dentes de Waterloo de Hannah eram presos a uma base de ouro maciço — o auge da ostentação vitoriana. Quando consideramos que no começo do século xix até uma placa de marfim contendo dentes de verdade custaria mais de 100 libras (cerca de 12.000 libras atualmente), só podemos imaginar o quanto aquela dentadura deve ter custado a ela.

Essas criações extravagantes foram ideia de Claudius Ash, um ourives que passou a fazer dentaduras de alta qualidade para os muito ricos. Ele se tornou o principal produtor de acessórios odontológicos da Grã-Bretanha e, em meados do século xix, dominava o mercado sofisticado europeu.

Como os molares de raízes múltiplas na parte de trás da boca são mais complicados de extrair do que os dentes da frente, de raiz única, esses não costumavam ser removidos com frequência. Havia um imperativo estético de substituir os dentes da frente se possível, mas as pessoas não estavam tão preocupadas com os buracos menos evidentes na parte de trás, e quando substitutos eram usados, eles costumavam ser feitos de marfim ou ossos de animais.

Mas Hannah Lenten tinha passado pela remoção de seis molares e era a orgulhosa dona de uma dentadura superior e uma inferior. Para garantir que não causassem constrangimento caindo, a dentadura superior estava presa à inferior por um par de molas de ouro e firmada por um pino giratório. Embora a dentadura inferior fosse parcial e feita de marfim, incluía seis dentes humanos que não eram originalmente dela.

É tocante notar que, mesmo em uma época em que a deterioração dos dentes não era tratável nem prevenível, sendo assim bem mais comum as pessoas perderem os dentes, elas ainda eram sensíveis em relação a como isso afetava a aparência. Tanto que essas damas endinheiradas estavam preparadas para ter gastos altos e sofrer desconforto na busca de manter o sorriso.

Sarah, Harriet e Hannah, depois de manterem consigo os estimados dentes por um século e meio após a morte, estavam sendo agora retiradas, junto dos outros corpos enterrados em baixo da igreja de St. Barnabas, para permitir que a cripta danificada fosse consertada e restaurada. Os restos foram cremados e as cinzas espalhadas em solo consagrado, mas as dentaduras permaneceram intactas como registro da odontologia do passado.

Embora seja prática padrão verificar a presença de dentes artificiais quando examinamos restos humanos, claro, é raro que encontremos exemplos tão elaborados nos dias de hoje. Mas é impressionante quantos outros objetos estranhos podem ser encontrados nas bocas dos mortos. Piercings nos lábios, na língua, nos espaços entre dentes e até na úvula (o pingente de tecido pendurado no fundo do palato mole) não são incomuns. Nós podemos encontrar pedras preciosas inseridas em dentes. Estamos até começando a ver etiquetas RFID (identificação por radiofrequência) implantados na boca. A engenhosidade do ser humano parece não ter limites, e as formas com que escolhemos modificar ou incrementar nossos rostos já únicos, a parte do nosso corpo pela qual nos comunicamos com o mundo à nossa volta, só são limitadas pela nossa imaginação.

Nosso queixo é outra característica única ao ser humano e, portanto, bem interessante em termos de propósito, variação e crescimento. Para que serve o queixo? É para mastigação, mecânica ou comunicação, ou é apenas um desvio evolucionário? Nos bebês recém-nascidos, as duas metades da mandíbula são separadas, e se fundem apenas durante o primeiro ano de vida. O queixo cresce substancialmente em crianças pequenas para acomodar as raízes dos incisivos e passa a um ritmo mais lento por volta dos 4 anos de idade. Nos homens, sofre uma alteração evidente com a puberdade.

Os queixos variam infinitamente em forma: podem ter covinha vertical, podem ter papada, podem ser pontudos (em mulheres e crianças), geralmente mais quadrados nos homens. Eles podem ser uma ajuda considerável para determinar o sexo de um esqueleto e, às vezes, para identificar indivíduos. Embora sejam um potencial ponto de contato proeminente para um soco, o osso é robusto, e é preciso um golpe e tanto para fraturar um queixo. Mas nós vemos esse tipo de lesão.

Todas estruturas separadas dos ossos do rosto humano têm papel importante na identificação, mas é só quando elas são reunidas em perfeita sincronia que o retrato falado se torna muito mais do que a soma das partes.

PARTE II

CORPO

OSSOS AXIAIS PÓS-CRANIANOS

03

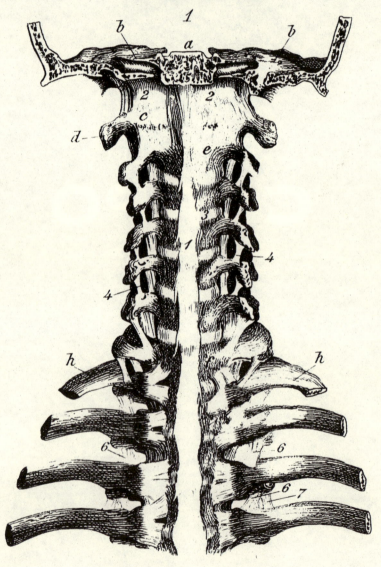

SUE BLACK
OSSOS DO OFÍCIO

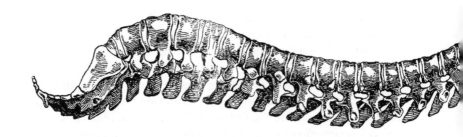

A ESPINHA
COLUNA VERTEBRAL

"Você é tão velho quanto sua coluna."
— JOSEPH PILATES, *Treinador físico, 1883—1967* —

Uma vez, escrevi uma introdução muito pomposa para um capítulo sobre a coluna vertebral: "A segmentação metamérica do eixo central do esqueleto é o fenômeno filogenético primitivo do qual o subfilo Vertebrata tirou seu nome".

Minha colega e amiga Louise Scheuer me disse que eu tinha diarreia verbal incompreensível — eu a amo.

O que eu quis dizer foi que os seres humanos se formam em torno de um eixo central (crânio e coluna) composto não de ossos únicos, mas de muitas peças segmentadas diferentes que se encaixam, um pouco como os blocos de construção irregulares de uma criança. O fato de termos uma coluna, ou coluna vertebral, é um dos aspectos que nos definem, pois é a base da classificação animal de "vertebrados". Quem não tem coluna é invertebrado e não deve estar lendo este livro, por ser inseto, aranha, lesma, caranguejo, medusa, minhoca ou algum outro ser igualmente desprovido de espinha dorsal.

Assim como a palavra "espinha", o nome coluna vertebral tem sua origem no latim (de *verto*, que significa virar). Ter uma coluna móvel nos permite girar o corpo de muitas formas impressionantes. Mas, conforme envelhecemos, a flexibilidade da coluna diminui e os movimentos que tivemos na juventude se tornam uma lembrança distante. Essas mudanças podem ser vistas em cada osso da coluna individualmente e também quando os organizamos ou empilhamos na posição anatômica correta.

Conforme envelhecemos, formações ósseas chamadas osteófitos começam a se desenvolver nas beiradas de cada osso da nossa coluna, o que limita nossos movimentos e provoca dor. Às vezes, essas formações podem ficar tão grandes que fundem uma vértebra na outra, limitando permanentemente nossa flexibilidade. A presença de osteófitos é útil para determinar a possível idade de um indivíduo, pois são raros nos jovens. Eles são uma manifestação de artrose e podem ocorrer em qualquer uma e até em todas as nossas 24 vértebras pré-sacrais.

Nós normalmente temos 33 vértebras no total: sete no pescoço (cervical), doze no peito (torácica), cinco na parte baixa das costas (lombar), cinco que se fundem no fim da infância na área do traseiro (sacro) e quatro que se consolidam para formar nossa cauda rudimentar (cóccix).

Quando recebe uma única vértebra, depois de estabelecer que é humana, o antropólogo forense precisa decidir de qual das cinco regiões ela vem e qual dos 33 ossos adultos individuais tem mais chance de ser (um bebê recém-nascido tem quase o triplo de ossos na coluna, antes de eles começarem a se fundir). A resposta pode ser pertinente para identificar ou oferecer outras informações que podem ajudar as autoridades investigativas com a forma ou a causa da morte. Às vezes, as três coisas.

Uma morte por esfaqueamento pode deixar marcas nas vértebras, mas se as 33 forem separadas, como quando os restos são consumidos por animais ou espalhados na água, nós precisamos identificar cada osso isoladamente e listar todos os que ainda faltam e precisam ser encontrados. De forma nada surpreendente, identificar vértebras individuais é um tópico frequente de perguntas de exames quando os estudantes estão aprendendo o assunto. É comum pedirem que eles estabeleçam a posição de um único osso na coluna vertebral e, se a resposta for mais de uma vértebra distante da correta em qualquer direção, será considerada errada. Nós somos rigorosos.

Às vezes, um único osso pode ser uma mina de informações sobre quem uma pessoa era — ou não. Esse acabou sendo o caso quando meu grupo da Universidade de Dundee foi desafiado a verificar se os restos enterrados no mausoléu de Wardlaw, próximo de Inverness, eram mesmo de Simon Fraser (1667—1747), o mais notório chefe do clã Lovat. O mausoléu, na tranquila aldeia de Kirkhill, foi construído em

1634 para a família Lovat e usado por eles como câmara funerária até o começo do século xix. Embora a permissão para Fraser, o 11º Lorde Lovat, ser colocado lá em seu descanso final tenha sido negada pelo governo da época, diz a lenda que o corpo dele foi levado secretamente para a câmara a partir de Londres.

Ao longo da vida, Simon Fraser, um patife astuto conhecido como Raposa Velha, mudou oportunamente sua fidelidade de acordo com seus próprios interesses. Depois de começar ostensivamente como apoiador da Coroa Inglesa, ele virou casaca para os rebeldes jacobitas leais a Carlos Eduardo Stuart. Inevitavelmente, a duplicidade acabou sendo descoberta, e ele foi encarcerado na Torre de Londres para esperar julgamento no Westminster Hall por traição.

Ele era o maior peixe para a Coroa pescar e, depois de seis dias de provas desfavoráveis, ele foi condenado a um destino de traidor: morte sendo enforcado, arrastado e esquartejado, sentença que foi logo trocada pelo rei para decapitação. Assim, ele adquiriu a honra duvidosa de se tornar a última pessoa na Grã-Bretanha a ser executada por traição por esse método. Milhares apareceram em Tower Hill para ver o espetáculo. A morte dele foi rápida, ainda que não sem incidentes. Uma das muitas arquibancadas lotadas de espectadores desabou e nove pessoas morreram. A Velha Raposa achou essa ironia divertida e dizem que sua reação gerou a expressão "morrendo de rir"[1].

William Hogarth fez um desenho da Velha Raposa enquanto Fraser estava no White Hart Inn, St. Albans, a caminho da execução em Londres. Mostra Fraser, um homem obeso, poderoso e com aparência um tanto desagradável, se preparando para registrar seus pensamentos no papel. O diário aberto e uma pena esperam na mesa ao lado dele.

O governo inicialmente concordou que, depois da execução, o corpo de Lovat podia ser devolvido para a câmara da família em Kirkhill (depois que a cabeça passasse o período necessário em exibição pública em cima de uma estaca para servir de exemplo para outros). No entanto, mudaram de ideia e decidiram que a Velha Raposa devia ser enterrada junto de dois companheiros jacobitas, o conde de Kilmarnock e Lorde Balmerino, na Capela de Real de São Pedro ad Vincula, na Ala Interna da torre. Mas uma história persistia de que o corpo tinha, na verdade, sido tirado de Londres secretamente e levado para o norte por navio, para Inverness, e depois para Kirkhill. Lovat foi intitulado o último grande Highlander, um verdadeiro patriota escocês, e seus companheiros de clã não iam querer que ele descansasse para sempre em solo inglês.

Hoje, o mausoléu em Kirkhill é um destino turístico para os fãs da série de televisão *Outlander*, o drama fictício de viagem no tempo que se passa no cenário espetacular das terras altas por volta do período da rebelião jacobita e que tem um culto de seguidores nos Estados Unidos e no Canadá. Eu soube que a Velha Raposa aparece em um ou dois episódios.

---

1 Em inglês, "laughing your head off".

Havia algumas provas que apoiavam a alegação de que os ossos de Lovat estavam no mausoléu de Kirkhill. Um espaço marcado na tampa de um caixão de chumbo de camada dupla na cripta correspondia perfeitamente a uma placa de caixão de bronze bem interessante que tinha se soltado. A placa tinha o nome dele e o brasão da família, além de um epigrama em latim denunciando a tirania de clãs vizinhos.

Dois acontecimentos levaram ao envolvimento do meu departamento nesse antigo mistério. Primeiro, foi preciso arrecadar fundos para o mausoléu Wardlaw, para impedir que a construção ficasse em ruínas, e, segundo, a tampa do caixão foi encontrada violada, o que significava que havia necessidade de exumar os restos lá dentro e transferi-los para um recipiente seguro por proteção. Como era sabido que o 11º Lorde Lovat tinha sido decapitado, nós estávamos interessados, naturalmente, em ter a oportunidade de examinar o topo da coluna dele, caso estivesse presente. No fim das contas, foi a outra extremidade que causou a primeira comoção.

Considerando as descobertas potencialmente significativas da análise do conteúdo do caixão, a notícia da exumação provocou uma onda de empolgação. Dan Snow, o historiador e apresentador de televisão, iria a Kirkhill com uma equipe do programa *History Hit* para filmar todo o procedimento e a Sociedade Real de Edimburgo planejava um evento público em Inverness, no qual a questão de se a Velha Raposa tinha sido enterrada no mausoléu de Wardlaw seria respondida de uma vez por todas. A pressão era enorme.

Fui acompanhada até Kirkhill pela minha frequente parceira de crimes, minha querida amiga e colega dra. Lucina Hackman. Nós fomos para lá num dia frio para olhar o local e começar a planejar a escavação. O mausoléu fica no meio de um lindo cemitério antigo e é aberto por uma chave antiga que, ao que parece, tem papel de destaque em *Outlander*. Todos os turistas querem ser fotografados na entrada segurando a tal chave, e nós fizemos o mesmo. Bom, teria sido grosseria não fazer.

Na extremidade de uma sala simples e retangular há um alçapão que leva à cripta por um lance de degraus íngremes de pedra. Em uma câmara pequena e sem janelas (só no centro o teto é alto o suficiente para podermos ficar de pé com a coluna reta) havia seis caixões de chumbo, um de tamanho infantil, todos da família Fraser, cada um com o nome, idade e data de morte do indivíduo enterrado. Todos estavam intactos, menos o maior — o que tinha sido violado —, que nos esperava no canto esquerdo mais distante da cripta.

Nós colocamos máscaras, porque ficou claro pelo pó branco nojento que o chumbo estava oxidado, e isso pode ser muito danoso à saúde quando se movimenta o chumbo e espalha partículas de óxido de chumbo no ar. Nós nos ajoelhamos para olhar dentro do caixão pelas frestas entre a tampa aberta e a lateral. Vimos que havia muita madeira presente, provavelmente resíduo do caixão interno de madeira. Também deu para ver ossos, então nós recuamos para combinar uma estratégia de recuperação.

Como queríamos tentar obter DNA de qualquer osso presente, nós decidimos sair e vestir um traje completo que incluía até luvas duplas para garantir que não contaminássemos nada. Quanto a quem fez esse trabalho, nós nem tiramos no palitinho, porque Lucina sempre tira o menor (eu sou mais velha). Portanto, Lucina desceria na cripta para fotografar e pegar as pequenas partes de osso e conteúdo do caixão, pouco a pouco. Eu trabalharia em cima, no mausoléu, para onde os restos seriam levados por um auxiliar, para serem mais fotografados, gravados, para que amostras fossem tiradas e análises fossem feitas.

Quando levantamos a tampa, ficou aparente que o caixão interno de madeira tinha desabado e deixado alguns ossos na superfície. O primeiro a ser retirado foi um sacro, o osso grande e triangular na base da coluna. Era robusto e estava em condições relativamente boas.

Deu para perceber muita coisa só por aquele osso. Primeiro, era bem provável que fosse de um homem. É possível determinar isso pela forma e pelas proporções relativas. Apenas pelo tamanho pudemos dizer que tinha pertencido a um homem bem grande. Ele era idoso quando morreu a julgar pela extensão da artrite em várias juntas. Pelo desenho de Hogarth e por relatos da época, nós sabíamos que Fraser era alto (mais de 1,80 metro), um homem de volume considerável. Ele tinha uns 80 anos de idade quando foi executado e sofria de gota e artrite. Até aí, tudo bem. O primeiro osso a sair do caixão pareceu confirmar muitas desses descrições.

Em sua empolgação, Dan estava preparado para declarar que tínhamos encontrado o corpo de Lorde Lovat. Por mais que odiássemos ser estraga-prazeres, nós tivemos que lembrá-lo de que precisávamos mesmo esperar para ver o que mais havia lá dentro antes de tirar conclusões precipitadas. Dan decidiu nos deixar cuidando de tudo e foi fazer umas filmagens perto do campo de batalha de Culloden.

O segundo pedaço de osso a aparecer foi da região do joelho esquerdo de um fêmur adulto (o osso da coxa). Não havia sinal de artrite, o que nos deixou desconfiadas de que podia não pertencer à mesma pessoa do sacro. Foi a terceira descoberta que confirmou sem dúvida nenhuma que o que tínhamos ali era um enterro múltiplo. Da cabeceira do caixão, Lucina removeu dezessete coroas de dentes que vinham de uma criança de uns 4 anos de idade. Nós não tínhamos ideia de por que eles estariam no caixão e nem qual era o paradeiro da cabeça à qual pertenciam. Podiam só ser uma coleção de dentes de leite guardados por uma mãe, que tiveram que ser colocados em algum lugar. Dentes podem ir parar em lugares estranhos. A fada do dente me deixou ficar com todos os primeiros dentes das minhas filhas, e eles acabaram se tornando parte de um experimento científico para estimar a idade a partir dos dentes.

Nós também descobrimos as costelas e o esterno de outro adulto pequeno. Tinham sido colocados em posição anatomicamente correta sob a placa de base da parte de madeira do caixão, na altura do pé. Mas onde estava o restante daquele corpo? Nós não tínhamos resposta para essa pergunta. O que podíamos dizer era que estávamos olhando para restos parciais de quatro indivíduos diferentes: criança, adulto pequeno, adulto maduro e homem idoso.

Mas havia mais. No fundo do caixão, acima da base da placa de madeira, em posição anatômica articulada, havia um esqueleto muito mal preservado... mas sem o crânio. Lucina tinha subido para me contar sobre essa descoberta em um sussurro, para não deixar ninguém com esperanças demais. Nós também queríamos manter essa informação em segredo até estarmos com tudo organizado e podermos orquestrar uma revelação ampla e pública das nossas conclusões. Parecia que os membros do clã tinham enganado os ingleses, no fim das contas, e tinham conseguido levar o chefe para Kirkhill, afinal.

Quando retornou, Dan esperava ouvir que tínhamos identificado os restos de um homem idoso, como sugerido pelo sacro que tínhamos examinado. O nome desse osso é uma abreviação do século XVIII do nome em latim, *os sacrum*, ou osso sagrado. Em inglês e alemão, também era conhecido como osso sagrado. O motivo de ser considerado sagrado está aberto a interpretação. Uma das teorias é uma crença antiga de que, por ser forte e resistir à deterioração, ele forma a base da ressurreição corporal no Dia do Juízo Final. Outra é que é uma referência à proteção que ele dá aos órgãos sagrados da reprodução. Seja qual for a etimologia, Dan tinha esperanças de que aquele sacro específico fosse a confirmação que ele queria do plano ardiloso da Velha Raposa para que o corpo fosse roubado debaixo do nariz da Coroa e gloriosamente transportado para casa.

Quando contamos que havia pelo menos cinco pessoas no caixão, ele ficou perplexo. Ele nos perguntou como aquilo podia ter acontecido. Como o caixão tinha sido violado, nós acreditávamos que estávamos vendo o resultado de uma arrumação no cemitério. Sempre que um animal ou um humano cava um buraco num cemitério, um osso acaba aparecendo. E, quando um é encontrado, é preciso fazer alguma coisa com ele. A solução óbvia ali foi enfiá-los pela abertura em um caixão na cripta, pois ficaria em solo sagrado. É o equivalente a varrer a sujeira para baixo do tapete, só que num cemitério. É provável que as costelas e o esterno tenham sido colocados no caixão antes do corpo sem cabeça, e que as outras partes tenham sido colocadas depois que a tampa já tinha sido violada.

Nós tiramos da cripta todo mundo que não precisava estar lá, para podermos filmar nossa discussão sobre o indivíduo sem cabeça que tínhamos encontrado no caixão. Todo mundo presente jurou segredo até a grande noite da palestra na Sociedade Real de Edimburgo. Todos os ingressos tinham sido vendidos e a empresa de televisão de Dan transmitiria o evento ao vivo para todo o mundo, para os fãs de *Outlander*. Cerca de quatrocentas pessoas estavam presentes e mais de meio milhão ligaram a televisão naquela noite ou viram o filme depois. Foi a maior plateia que a Sociedade Real de Edimburgo já teve na história de envolvimento público. A Velha Raposa ainda conseguia atrair multidões.

Vários jornalistas, argumentando que não havia motivo para termos tanto trabalho se a Velha Raposa não estivesse na cripta, tentaram nos fazer dar dicas sobre o que tínhamos descoberto, mas nós ficamos de boca calada. Na noite da palestra, dava para sentir a eletricidade no aposento, pois nós criamos a tensão de forma deliberada. Eric Lundberg, o zelador do mausoléu, ofereceu um pano de fundo para a exumação; Sarah Fraser, a celebrada historiadora e autora que se casou com uma pessoa do clã Fraser, envolveu a plateia com sua fala sobre a importância do ancestral da família na época em que ele viveu. Para acrescentar um toque de espetáculo, Dan participou por Skype para contar por que a investigação era importante para ele e para mostrar clipes de filmes sobre o progresso da exumação.

Depois, Lucina se levantou para descrever a cena na cripta antes de revelarmos o que sabíamos sobre a pessoa sem cabeça no caixão. Daria para ouvir um alfinete caindo no chão quando anunciei que, se Lorde Lovat fosse uma mulher de 20 a 30 anos de idade, então nós o tínhamos encontrado. O ruído de surpresa no ambiente foi alto. Eu acho mesmo que ninguém esperava esse resultado. Mas essa é a natureza da ciência. Ela não se molda para acomodar os desejos da humanidade, ela existe para transmitir a verdade.

Agora, nós tínhamos que explicar nossas descobertas. A resposta honesta era que nós não sabíamos e ainda não sabemos quem era aquela mulher. Uma sugestão é que um caixão, com a placa de nome apropriadamente preenchida, foi preparado para Lorde Lovat, mas que, no fim das contas, a missão de tirar o corpo dele da Torre de Londres fracassou. Será que a família simplesmente removeu a placa da tampa e usou o caixão para outra pessoa? Se foi isso, não deram àquela mulher a cortesia de ter seu nome registrado. Como sabemos que era mulher? A forma do sacro e da pélvis não deixaram dúvida.

Como Lucina e eu tínhamos teorizado, era provável que o caixão tivesse se tornado um receptáculo prático para várias descobertas isoladas no cemitério depois que uma pessoa curiosa o abriu pela primeira vez para espiar dentro. Considerando o mito da repatriação do corpo de Lorde Lovat, também é provável que, nos 250 anos que se passaram, outros não tenham resistido a espiar no caixão — se o chumbo ficou frágil e as beiradas soldadas começaram a afrouxar, deve ter sido mais tentação ainda — e isso foi responsável pelo dano.

Então, onde estava a cabeça da mulher? Não havia evidência de que ela havia sido decapitada, o único problema era que o crânio não estava mais lá. Alguma daquelas pessoas curiosas o teria removido? Olharam no caixão e pensaram, se essa é a Velha Raposa, a cabeça não devia estar aí, e levaram o crânio para manter o mito vivo? Ou acreditaram que era mesmo a cabeça de Simon Fraser e a roubaram como troféu? Nós nunca vamos saber.

Fosse quem fosse a pessoa no caixão, ela merecia a dignidade e decência de um novo enterro seguro. Minha família conhece há tempos um outro ramo do clã Fraser, uma renomada dinastia de agentes funerários em Inverness. Eu liguei para Bill e Martin e perguntei se eles estariam dispostos a doar um caixão para uma pessoa que talvez fosse uma Fraser também, para podermos botar os restos dela de volta na cripta do mausoléu. Claro que eles concordaram e, com a solenidade devida, os ossos foram enterrados e houve uma cerimônia. Agora, a cripta abriga todos os caixões de chumbo originais e um novo e reluzente de madeira que contém o que sobrou de uma mulher desconhecida, junto das partes de quatro outras pessoas que fizeram companhia a ela por gerações. Sabendo o que sabemos sobre a Velha Raposa, eu acho que, se estivesse olhando aquela história se desenrolar, ele acharia muito divertido ainda estar no comando depois de mais de 250 anos. Provavelmente, morrendo de rir.

A busca pelo corpo de Lorde Lovat pode ter começado e terminado com a descoberta do sacro de um homem grande, idoso e com artrite. No entanto, não foi só o reconhecimento de ossos individuais, mas a capacidade de interpretar informações sobre o sexo, a idade e outra características das vidas que eles tiveram que foram a chave para resolver pelo menos um elemento do mistério e descobrir quantos pedaços de pessoas diferentes dividiam o caixão.

Nossa coluna vertebral, assim como a de todos os mamíferos que costumam andar sobre quatro patas, era originalmente uma estrutura horizontal. Foi mais de 4 milhões de anos atrás, de acordo com os registros de fósseis, que os ancestrais do humano moderno começaram a passar mais tempo sobre duas pernas do que apoiados em quatro membros e a coluna se tornou vertical e deixou de ser horizontal. Isso era uma ideia bem ruim biomecanicamente falando, pois gerava uma deformação ampla e tênsil na coluna, com o resultado de que a maioria dos males da nossa velhice refletem uma vida de locomoção para a qual o eixo dos nossos corpos não foi criado.

Não devia ser surpresa que quando crianças pequenas começam a se locomover, elas iniciem de quatro, com as colunas na horizontal, a postura na qual elas ficam mais estáveis. Quando começam a ficar bípedes, o movimento é muito hesitante e irregular, até os músculos, ossos e neurologia entenderem a noção ridícula de um centro de gravidade tão pequeno posicionado precariamente sobre dois pezinhos. Talvez também não devesse ser surpresa que, quando adultos ficam neurologicamente comprometidos, talvez depois de álcool demais, se apoiar em quatro membros seja um modo de locomoção bem mais seguro, ainda que menos elegante, principalmente na hora de subir uma escada. Alguns bebês, claro, passam por um estágio intermediário no qual as tuberosidades isquiáticas — conhecidas pela maioria de nós como ossos das nádegas — oferecem um meio de locomoção mais firme e eles passam a arrastar o traseiro antes de dispensar os estabilizadores e ficarem de pé.

O objetivo principal da espinha dorsal de todos os vertebrados é proteger a extremamente delicada medula espinhal e suas coberturas, que seguem para o corpo todo a partir do cérebro. No topo, esse tecido nervoso ainda consiste em tronco cerebral e se torna oficialmente medula espinhal na segunda vértebra da pescoço. Esse cordão incrivelmente fino dentro do túnel de osso carrega todas as nossas informações motoras, que instruem nossos músculos a trabalhar, enquanto as mensagens sensoriais de toque, temperatura e dor vão na direção oposta, do corpo para o cérebro. A coluna vertebral é mais comprida do que a medula espinhal, que para antes do sacro e do cóccix, na região lombar, na região da primeira ou segunda vértebra lombar.

É por isso que a punção lombar é feita entre as duas vértebras lombares mais baixas (normalmente, L3 e L4). Isso permite que uma agulha assustadoramente comprida seja inserida entre ossos para chegar ao líquido cefalorraquidiano que envolve o tecido nervoso sem correr o risco de atingir a medula espinhal em si. Depois de ter passado por uma dessas quando precisei de um teste de meningite, posso atestar que é incrivelmente desagradável, sobretudo quando o médico, por saber que você é anatomista, oferece um comentário contínuo listando cada tecido em que a agulha está penetrando. "Ah, lá vai o ligamento longitudinal posterior. Sentiu o estalo?" Não é algo que se precise ouvir.

Quando decidimos ficar de pé sobre duas pernas, nós pedimos à nossa coluna vertebral para fazer coisas para as quais ela não foi criada. Além de precisar equilibrar todo o tronco sobre os membros inferiores e a cabeça sobre o pescoço, nós precisamos de pontos de fixação para os músculos que controlam a postura, com um suprimento nervoso sensível que pudesse ajustá-los continuamente para equilibrar flexão com extensão e nos manter eretos.

Em geral, nós não percebemos que estamos executando constantemente esse ato delicado de equilíbrio. É uma atividade subconsciente porque, sinceramente, não dá para confiar que nos lembraremos de ficar fazendo isso o dia todo. Isso fica evidente quando pegamos no sono em posição vertical. Os seres humanos conseguem adormecer de pé, mas logo caem se não estiverem apoiados quando os músculos do equilíbrio postural se tornam inativos. Se você tiver dúvida, veja alguém adormecer sentado no sofá. Aquela impressão de "cachorro assentindo" que a pessoa faz quando desperta de repente é o subconsciente avisando o consciente que os músculos do pescoço relaxaram.

Assim como os ossos em volta do cérebro, as vértebras em volta da medula espinhal começam a se desenvolver bem cedo na vida fetal, na sétima semana, e, como era de se esperar, a formação dos ossos começa no alto da coluna, mais perto do cérebro. Quando o bebê nasce, a coluna vai englobar quase noventa ossinhos diferentes que parecem as peças usadas no jogo da bugalha (jogado originalmente com vértebras de ovelha). A coluna cresce tão rapidamente que, aos 4 anos de idade, as peças separadas dos ossos terão se fundido e se consolidado em 33 vértebras, com os cinco ossos sacros finalmente se unindo em um bloco no fim da infância.

A coluna vertebral fetal se curva em forma de C com a concavidade na frente. Mas uma coisa milagrosa acontece por volta de dois a três meses depois do nascimento. Os músculos do pescoço do bebê começam a se fortalecer e ele passa a conseguir sustentar e equilibrar o peso da cabeça enorme acima da coluna. Essa curva espinhal começa a se reverter nas vértebras cervicais e se torna mais convexa na direção da frente do pescoço. Por volta dos 6 ou 8 meses, os músculos na parte inferior das costas se desenvolvem e o bebê consegue se sentar sem ajuda, equilibrando todo o corpo. Isso resulta numa alteração maior na forma da coluna na região lombar, pois ela também começa a ficar convexa na direção da frente.

Antes de as velas serem sopradas no primeiro bolo de aniversário do bebê, toda a coluna vertebral se transformou do c fetal em um s, uma coisa vista apenas em animais bípedes. Essa forma é sustentada por mudanças não nos ossos, mas nos blocos de cartilagem, os discos, que ficam entre eles. Quando nosso envelhecimento se inicia, o processo se reverte, pois os discos perdem a elasticidade e começam a falhar, e nossa coluna vertebral começa a se reverter para a forma de c dos nossos anos de formação. Nós perdemos a estrutura ereta e vamos ficando cada vez mais corcundas e curvados. Isso muda nosso centro de gravidade, o que uma bengala ajuda a estabilizar.

O pescoço, ou região cervical, onde as vértebras nos ajudam a equilibrar nossa cabeça sobre a coluna, é bem flexível. A forma das vértebras permite rotação extensiva, para podermos girar a cabeça para olhar para trás e assentir para cima e para baixo.

As vértebras que formam a região do peito da coluna oferecem pontos de fixação para as costelas. Essas são as vértebras com mais chance de mostrar evidências de fraturas nos idosos como resultado de osteoporose e as responsáveis pela cruelmente apelidada "corcunda de viúva". É essa área da coluna que tem mais chance de se fundir na velhice, quando as pontes ósseas da artrose unem ossos adjacentes e limitam os movimentos. É mais comum ver essas mudanças pela primeira vez em indivíduos na quinta década de vida, mas elas podem acontecer bem mais cedo.

As vértebras da região torácica superior não são simétricas. Cada uma tem uma área achatada por onde a aorta, a maior artéria do corpo, passa junto ao osso. Nas pessoas que morreram de aneurisma da aorta — uma dilatação da aorta que faz com que suas paredes fiquem cada vez mais finas, até acabarem estourando, como aconteceu com meu tio Willie repentinamente na nossa mesa de almoço de domingo —, os sinais do aneurisma ficam visíveis nas vértebras superiores do tórax mesmo depois que os tecidos moles não estejam mais lá.

As vértebras na parte inferior das costas são as maiores de todos os ossos da coluna porque precisam transferir todo o peso do corpo para o sacro e para os membros inferiores até o chão. Às vezes, a última vértebra lombar não se forma direito e as partes não se fundem como deveriam, o que resulta em espondilólise. Esse problema vira espondilolistese quando as duas partes são separadas à força, o que pode acontecer quando estamos executando as ações mais simples, como botar a capa de um edredom (como meu marido penosamente descobriu). Às vezes, nós exigimos demais da coluna vertebral e, quando ela enfim se rebela, as consequências podem ser espetacularmente incapacitantes.

Por volta da puberdade, as cinco vértebras independentes do sacro terão formado um único osso. O que acontece com nosso cóccix é muito variável em termos de fusão e do tamanho que esses ossos adquirem. Os seres humanos não têm uma cauda preênsil pendurada, claro; os ossos terminais do cóccix ficam embaixo da fenda interglútea, a fenda profunda que separa nossas nádegas. Eles são uma âncora importante para a fixação de ligamentos e músculos. É essencial, depois de termos decidido ficar de pé sobre duas pernas, termos um assoalho pélvico forte: ele age como uma espécie de rede anatômica a fim de impedir que nossas entranhas caiam pelo nosso traseiro.

Na maior parte do tempo, toda essa movimentação anatômica em torno da coluna vertebral acontece tranquilamente, mas — de forma nada surpreendente, considerando que o corpo tem que coordenar o desenvolvimento de noventa pecinhas de osso — às vezes as coisas não correm como o previsto. Algumas vértebras podem não se formar direito (resultando, por exemplo, em vértebras em borboleta); outras podem se fundir quando não deveriam (hiperostose esquelética idiopática difusa, ou DISH, na sigla em inglês), e algumas ficam separadas quando deveriam ter se fundido, que é o que causa a espinha bífida. Essas variações anatômicas, algumas passando totalmente despercebidas por quem as têm, podem ajudar o antropólogo forense a encontrar evidências de quem as pessoas podem ter sido na vida, principalmente quando o que encontramos pode ser corroborado por imagens médicas prévias.

As primeiras duas vértebras cervicais, no alto da coluna, são de interesse particular e anatomicamente muito diferentes do restante. A primeira, C1, é quase um círculo de osso. Ela é conhecida como atlas, por causa do titã grego que foi condenado por Zeus a sustentar o céu nos ombros por toda a eternidade. Nos humanos, o atlas só precisa sustentar a cabeça, o que não é um feito pequeno. A junta entre a C1 e o crânio é altamente especializada: é o que nos permite assentir com a cabeça.

A segunda vértebra cervical, C2, ou áxis, é um osso com aparência muito incomum, com um dente se projetando na superfície superior. Esse dente, o processo odontoide, encaixa no atlas circular. Os ligamentos em torno da cintura do dente permitem que ele gire, para podermos virar a cabeça de um lado para o outro. Engenhosa engenharia.

Como essas duas vértebras estão tão perto do crânio e do cérebro dentro dele, elas têm um volume bem grande de tecido neurológico para proteger, e é por isso que o buraco no meio de cada osso, o canal vertebral, é bem grande. E isso quer dizer que qualquer dano ou trauma nesse ponto alto da coluna pode ter repercussões fatais.

Um dos rótulos mais evocativos que poderia ter sido dado a uma fratura é da que envolve a segunda vértebra cervical. Não é preciso ser gênio para entender como a "fratura do enforcado" ganhou esse nome. Como o áxis é fundamentalmente um aro, quando se parte, ele precisa se quebrar em dois pedaços. Se você duvida de mim, tente fazer uma quebra única em uma certa pastilha de menta bem conhecida, com um buraco no meio. Sempre vai resultar em dois pedaços.

Quando uma pessoa é enforcada, as fraturas da c2 costumam ocorrer nos dois lados do processo odontoide. Elas são causadas pela queda súbita e pela parada repentina e forte pela corda. O dente rebate na medula espinhal (para ser mais precisa, no ponto inferior do tronco cerebral) e o rompimento de tecido neurológico causa a morte — de forma praticamente instantânea, se a pessoa tiver sorte e o executor fizer um bom trabalho.

Muitos carrascos se orgulhavam de fazerem um "bom" enforcamento. Foi William Marwood, um carrasco britânico do século xix, que, em 1872, elaborou uma "queda longa" mais precisa, que levava em conta fatores como a altura e o peso do condenado para calcular o melhor comprimento de corda e da queda para tentar garantir a execução mais limpa e humana possível para cada indivíduo. Enforcamentos fracassados não eram apenas uma morte cruel, mas também um evento perturbador para os carrascos e para quem tinha que testemunhá-los.

O objetivo era quebrar o pescoço e provocar morte instantânea, mas sem decapitação. Por mais que se tivesse cuidado nos cálculos, nem todas as execuções usando esse método eram bem-sucedidas. Pesquisas mostram que menos de 20% dos enforcamentos judiciais resultaram em fratura cervical e, desses, só metade exibiu a clássica "fratura do enforcado". Ironicamente, não é "clássica" de verdade, mas algo que acontece com bem pouca frequência.

É por isso que a sentença declarava que um prisioneiro condenado tinha que "ficar pendurado pelo pescoço até morrer": a queda às vezes não era suficiente para provocar morte, e a sufocação e constrição vascular com hipóxia em seguida eram mais prováveis de acontecer — daí a "dança do enforcado", em que a luta podia continuar por vários minutos até a morte ocorrer. Para ajudar o fim a chegar mais rápido, os familiares ou amigos do condenado podiam pagar ao carrasco ou a outra pessoa para puxar os pés. A posição do nó na corda também podia ser fundamental para levar a uma morte rápida. Um nó submental, embaixo do queixo, ajudava na hiperextensão do pescoço e, assim, auxiliava no esmagamento fatal do tronco cerebral.

Tecnicamente, enforcamento e estrangulamento não são sinônimos, embora um enforcamento possa resultar em morte por uma subcategoria de estrangulamento se não for instantâneo por meio de trauma neurológico. Estrangulamento, que é definido como asfixia devido à constrição de vasos sanguíneos principais, inibição do nervo vago ou obstrução da passagem de ar no pescoço, é uma lesão de tecido mole e normalmente domínio do patologista e não do antropólogo, pois não costuma deixar sinais nas vértebras.

Os outros dois métodos de estrangulamento são pelo uso de garrote, que pode ser causado por um agressor ou autoinfligido, e estrangulamento manual (ou esganadura), usando as mãos (e às vezes outras partes do corpo) para apertar fatalmente o pescoço. Por motivos óbvios, é bastante improvável que a esganadura seja autoinfligida. A distinção entre esses três tipos está na causa da pressão externa no pescoço. Um laço constritivo exacerbado pelo peso do corpo da vítima é resultado de enforcamento. O estrangulamento por garrote é definido por um laço constritivo apertado por uma força que não seja o peso do corpo, e esganadura é quando a constrição é causada pelas mãos, antebraços ou qualquer outra parte do corpo.

Também há três tipos de enforcamento: suspensão livre do corpo, suspensão incompleta e enforcamento resultante de uma queda de lugar alto (em geral, por causa de enforcamento judicial). É só nessa última categoria que existe a chance de vermos fraturas nas vértebras cervicais superiores relacionadas à causa da morte. Qualquer outra forma de enforcamento pode não deixar marcas nos ossos.

Todas essas variedades de enforcamento e estrangulamento, exceto pela esganadura, podem ser resultado de suicídio e de homicídio. Uma fratura clássica do enforcado foi o resultado para William Bury, o último homem a ser enforcado em Dundee, em 1839. Ele foi declarado culpado do assassinato da esposa, Ellen, mas houve alegações de que a morte dela podia ter acontecido por autoestrangulamento com garrote e suspensão parcial.

A condenação por homicídio de Bury não foi a única causa de sua notoriedade. O momento da chegada dele em Dundee, vindo do East End de Londres, junto de certos aspectos da morte de Ellen, levaram à especulação em alguns quartéis depois da morte dele que ele podia ter sido o famoso Jack, o Estripador, o mais famoso assassino em série da Inglaterra. No entanto, com poucas evidências sustentando essa teoria, ele ficaria bem para baixo na minha lista de candidatos prováveis.

Bury e Ellen saíram de Bow, não muito longe de Whitechapel, o local de ação de Jack, o Estripador, em 20 de janeiro de 1889, uns dois meses depois do último dos cinco homicídios mais fortemente atribuídos ao Estripador. Eles velejaram para o norte no *ss Cambria* até Dundee, onde Bury tinha convencido Ellen que havia um emprego o esperando numa fábrica de juta. Ele mentiu. Eles alugaram um apartamento de último andar no número 43 da rua Union por oito dias, até ficarem sem dinheiro. Bury acabou arrumando um teto para eles — um apartamento de porão escuro e sem mobília na rua Prince, n. 113 — alegando que queria ver a propriedade e simplesmente não devolvendo a chave. Doze dias depois, ele entrou na delegacia do bairro e contou que, se a polícia fosse até o apartamento, encontraria o corpo de Ellen dentro de um baú de madeira. Ficou estabelecido que, quando foi encontrada, ela estava morta havia uns cinco dias.

Bury tinha fama de bêbado. Ele também tinha fama de ter sido abusivo e violento com Ellen. Havia desconfiança de que ele tinha se casado com ela porque ela possuía um pouco de dinheiro de uma pequena herança inesperada, mas que agora já tinha acabado. O que nunca vamos saber ao certo é por que ele decidiu ir para Dundee e o que aconteceu no porão do número 113 rua Prince no dia 5 de fevereiro de 1889.

Bury contou para a polícia que ele e Ellen beberam na noite anterior à morte dela, embora, pelo que se soubesse, ela não fosse de beber muito. Ele disse que foi para a cama e, quando acordou na manhã seguinte, ela estava morta, caída no chão com uma corda em volta do pescoço. Ficou sabido que Bury tinha comprado a corda no dia anterior à morte de Ellen. Também ficou sabido que, no mesmo dia, ele tinha passado algumas horas no tribunal, ouvindo os processos da galeria pública, talvez fazendo pesquisa no sistema legal.

Dois patologistas da Coroa, o dr. Templeman e o dr. Stalker, fizeram um exame post-mortem no corpo de Ellen e encontraram vários hematomas e marcas de cortes, um tão profundo que o intestino estava aparecendo no abdome. Eles sugeriram que as bordas da lesão estavam altas, um indicativo de que ela podia estar viva quando foi estripada. Em volta do pescoço, havia as marcas deixadas pela corda, que afundou na pele, e o ossos da perna direita tinham sido quebrados para enfiá-la no baú de madeira onde a polícia encontrou o corpo mutilado, guardado com roupas e livros.

Também encontraram uma faca no parapeito da janela, a lâmina ainda com sangue e cabelo correspondentes aos de Ellen. A imagem pareceu bem clara: Bury tinha estrangulado a esposa com a corda e, enquanto ela ainda estava viva, usou uma faca para cortar o corpo dela — do mesmo jeito que Jack, o Estripador — e depois a enfiou no baú de madeira, tendo que quebrar as pernas para que ela coubesse. Por que ele ficou em Dundee vivendo com o corpo por cinco dias antes de finalmente se entregar? Foi remorso o que o levou para a delegacia naquela noite? Foi um sentimento repentino de responsabilidade? Considerando o que se sabia da personalidade de William Bury, nenhuma das duas coisas parecia provável.

O julgamento foi marcado para o dia 28 de março, quando o circuito do tribunal de primavera aconteceria em Dundee com Lorde Young presidindo. Todas as provas seriam ouvidas num único dia, pois o juiz não confiava que o público de Dundee não interferiria com os membros do júri. A cidade se opunha veementemente à pena de morte.

A polícia devia estar convencida de que era um caso óbvio, mas não consideraram a habilidade em tribunal dos dois outros médicos levados pela defesa, o dr. Lennox e o dr. Kinnear. Eles só precisaram dar material para uma dúvida razoável, não provar inocência. Bury estava alegando ser inocente, e era trabalho da Coroa apresentar os argumentos contra ele.

Os médicos da defesa não contestaram a afirmação de Bury de que ele e Ellen tinham bebido, embora tenham comentado que não havia cheiro de álcool no conteúdo do estômago dela. Por algum motivo — e eles não eram obrigados a manifestá-lo —, eles ofereceram a hipótese de que Ellen podia ter se autoestrangulado usando a corda que foi encontrada no pescoço dela, com ajuda de suspensão parcial, talvez da maçaneta da porta. Talvez Bury tivesse pegado a faca para cortar a corda e, consternado e em estado de perturbação mental, levou a faca ao abdome de Ellen no processo. Mas eles acreditavam que isso tinha acontecido depois da morte, pois eles não encontraram a lividez associada aos tecidos moles em volta dos ferimentos.

Depois, Bury entrou em pânico e a enfiou no baú. Ele passou cinco dias sofrendo pelo que tinha feito, até que, sem conseguir mais viver com isso, se entregou para a polícia. Ninguém conseguiu explicar por que ele queimou todas as roupas de Ellen, por que ele estava com as joias dela nos bolsos quando foi à delegacia e nem por que o piso do apartamento tinha sido limpo enquanto a corda e a faca foram deixadas à vista de todos. Tantas coisas no caso não faziam sentido. (Se houver interesse na história completa, recomendo o livro de Euan Macpherson, *The Trial of Jack the Ripper: The Case of William Bury*.)

Nos argumentos finais, o juiz falou para o júri que eles tinham apenas duas coisas a considerar: tinha sido homicídio ou suicídio? Os quinze homens voltaram com um veredito de culpado, mas com uma recomendação de misericórdia, refletindo a aversão local à pena de morte. Quando Lorde Young perguntou os motivos, eles disseram que era com base em evidências médicas conflitantes.

Irritado, Young os enviou de volta para a sala do júri até eles concordarem em um veredito claro. Eles só levaram cinco minutos para voltarem com uma decisão unânime: culpado. Lorde Young decretou a mandatória sentença de morte por homicídio e, quatro semanas depois, em algum momento entre 8h e 9h da manhã do dia 24 de abril de 1889, William Bury foi enforcado até estar morto. Pelo menos, foi um "bom" enforcamento: ele morreu quase imediatamente devido à fratura da segunda vértebra cervical. Ele tinha 29 anos.

No dia 7 de janeiro de 1889, antes de William e Ellen Bury botarem os pés em Dundee, o presidente da cadeira Cox de anatomia da Universidade de Dundee, o professor Andrew Melville Paterson, deu sua aula inaugural. Obter corpos para dissecção continuava sendo difícil nas áreas do país em que enforcamentos não eram frequentes.

Depois das atividades nefastas no começo do século por Burke e Hare — que recorriam a assassinato para fornecer cadáveres a anatomistas em Edimburgo, um dos centros principais de estudos anatômicos da Europa —, o Anatomy Act de 1832 reconheceu a necessidade de corpos com propósitos científicos e concedeu licenças a anatomistas, dando a eles acesso legal a cadáveres abandonados. Pela primeira vez, também permitiu que um parente próximo de alguém doasse o corpo para a medicina. Mas a maioria dos cadáveres ainda vinha dos que tinham morrido na prisão, em hospitais, manicômios ou orfanatos, ou que tinham cometido suicídio.

Três meses depois que Paterson assumiu a posição, o corpo de William Bury teria estado legalmente disponível para os anatomistas licenciados de Dundee, e Paterson não perderia a oportunidade de adquiri-lo. Infelizmente, embora a universidade tenha registros de cadáveres adquiridos tanto antes quanto depois da morte de Bury, não há nada que confirme se o corpo dele foi para o departamento de anatomia. No entanto, nós temos certeza de que Paterson teve alguma ligação com os restos de Bury, porque sete vértebras cervicais que ficavam na minha mesa em Dundee, inclusive a vértebra c2 com uma fratura do enforcado clássica, estavam catalogadas na coleção do museu como tendo pertencido a William Bury. Talvez Paterson tenha removido as vértebras do pescoço ele mesmo; talvez Templeman ou Stalker tenham feito isso para ele. Nós não sabemos.

Para celebrar o 130º aniversário da cadeira Cox de anatomia da Universidade de Dundee, nós decidimos reconsiderar as evidências apresentadas no julgamento de William Bury e encená-lo no tribunal — de fato, foi no mesmo tribunal onde ele foi julgado alguns meses depois da inauguração da cadeira acadêmica. Os relatos médicos e as anotações tomadas por Lorde Young estão guardados no arquivo escocês em Edimburgo e nós tivemos acesso integral a tudo. Nós decidimos apresentar só as evidências médicas, pois essa tinha sido a base da instrução original de Lorde Young, mas fazer isso sob a luz do conhecimento forense contemporâneo. Seria fascinante testar se a ciência dos dias atuais sustentaria as opiniões do júri ou se mudaria o veredito deles.

Um juiz atuante da suprema corte, Lorde Hugh Matthews, ocupou a bancada — não com a veste de juiz, pois isso teria sido impróprio: não era um novo julgamento, mas um compromisso público com a ciência. A equipe legal do julgamento foi a Mooting Society da Universidade de Dundee, e esses estudantes de direito muito sortudos foram orientados pelo principal promotor escocês da Coroa, Alex Prentice QC. Eles apresentariam o depoimento de apenas uma testemunha: um patologista forense muito respeitado, o dr. John Clark, que se confinaria com as provas registradas nos relatórios do dr. Templeman e do dr. Stalker, os patologistas da Coroa originais.

A equipe legal da defesa era da Mooting Society da Universidade de Aberdeen, orientada por Dorothy Bain QC, uma advogada escocesa proeminente que tinha sido da promotoria da Coroa por muitos anos. Eles também chamariam apenas uma testemunha: o dr. Richard Shepherd, um patologista forense igualmente renomado, que trabalharia com as provas oferecidas pelo dr. Kinnear e pelo dr. Lennox, guardadas pela defesa. Os quinze jurados (quinze é o número típico na Escócia) foram selecionados aleatoriamente entre os membros do público de Dundee depois de uma campanha organizada pelo jornal local, sendo que a única diferença foi que, para refletir os avanços também da sociedade, além dos científicos, nós não nos restringimos aos critérios datados do século XIX de elegibilidade financeira ou de gênero, e o júri foi formado de homens e mulheres. O evento foi filmado pela empresa de Dan Snow e continua a ser usado hoje nas aulas para alunos de direito nas duas universidades, de Dundee e de Aberdeen.

O tribunal estava lotado quando o jovem designado para ocupar o lugar de William Bury assumiu seu posto, ladeado por um policial com roupa da época. Foi o dr. Clark que ofereceu à equipe de defesa o trecho que eles estavam procurando. Ele ofereceu o ponto de vista de que autoestrangulamento não podia ser descartado, que poderia ter sido feito a partir de um objeto baixo e que ele não podia descartar a possibilidade de que tivesse sido a maçaneta da porta. Isso deu à defesa toda a munição de que precisavam para defender a causa de dúvida razoável. Mas o júri concordaria?

Depois que a principal testemunha foi ouvida e todos os interrogatórios terminaram, o caso foi resumido pelo juiz. A instrução mais memorável dele para o júri foi: "Normalmente, eu diria que não há pressão de tempo, mas, nesse caso, eu dou quinze minutos a vocês". Foi estranho ouvir risadas no tribunal, principalmente em um que avaliava uma coisa tão séria quanto homicídio e desmembramento e depois de todo mundo ter levado tudo tão a sério e desempenhado seus papéis tão bem.

A decisão que o júri tinha que tomar era se eles concordavam com a promotoria ou se a defesa tinha apresentado dúvida razoável: como não era um novo julgamento, seria impróprio eles se manifestarem sobre culpa ou inocência. Quando voltaram, eles estavam divididos em 13-2, nessa ocasião a favor da defesa. Eles não acharam que havia provas suficientes para condenar por assassinato, novamente por conta das provas médicas conflitantes. O júri do século XXI estava defendendo os primeiros instintos de seus predecessores, 130 anos antes.

No entanto, William Bury não sairia impune. O juiz, que não podia alterar o veredito, informou a ele: "Sr. Bury, se levante, por favor. Tenho uma boa notícia e uma ruim. O júri o declarou inocente, mas eu acho que você cometeu o crime, então você vai ser enforcado de qualquer jeito. Levem-no".

Bury foi novamente levado do tribunal e desceu a escada até a cela, só que desta vez, felizmente, ele não seria enforcado de verdade até estar morto e ninguém dissecaria o pescoço dele para remover os ossos.

Houve um pequeno detalhe na história que poucos sabiam. Na bancada naquele dia, ao lado do William Bury dos dias modernos, estavam os restos mortais do verdadeiro réu. Eu tinha levado as vértebras cervicais para o mesmo tribunal onde ele foi julgado no dia 28 de março de 1889. E, assim, no dia 3 de fevereiro de 2018, parte do corpo dele estava presente quando o júri deu um veredito bem diferente.

Qual seria o resultado, na minha opinião, se Bury fosse julgado nos dias de hoje? Eu acho que ele teria tido um "não provado" como resultado, conhecido coloquialmente na Escócia como "veredito do bastardo", e, portanto, teria sido absolvido. Esse veredito basicamente indica que o júri acredita que o réu pode ser culpado, mas que as provas são insuficientes para garantir. Enquanto a história registra o que aconteceu com Bury, o que é sustentado pela prova das vértebras dele, nós não sabemos se Ellen foi estrangulada ou se ela se estrangulou. Mesmo que pudéssemos examinar os restos dela hoje, nós não teríamos como identificar a diferença.

Eu fiquei satisfeita com minha escolha peculiar de lembrancinha para todos que participaram do evento. Eles receberam uma réplica em 3D da vértebra C2 de William Bury, com a fratura de enforcado clássica e tudo, em uma caixa decorativa. Recentemente, eu soube que Dan Snow deu a réplica de vértebra dele, na bela caixa, para a esposa como presente de Dia dos Namorados. E ainda tem gente que diz que o romantismo morreu.

As vértebras, então, costumam não guardar sinais de lesões em tecido mole, como estrangulamento, enquanto as vértebras cervicais superiores podem revelar a morte por enforcamento. E os casos de decapitação? Nessa situação, as vértebras provavelmente carregarão provas do evento se a decapitação, ou a tentativa de decapitação, foi intencional. Isso costuma resultar nas três primeiras vértebras cervicais ficando com a cabeça e as últimas duas com o peito, então os implementos usados pelo agressor provavelmente deixarão marca entre a C3 e a C6, ou seja, na C4 ou na C5.

A separação deliberada entre a cabeça e o corpo costuma acontecer na mesma área do pescoço, quer a cabeça seja removida pela frente ou por trás. Pela frente, é abaixo do nível da mandíbula, o que pode atrapalhar o corte ou serragem. Por trás, geralmente vai ser na metade do pescoço. Qualquer marca mais alto ou mais baixo do que isso seria vista como fora do comum (não que alguma forma de decapitação seja comum, obviamente). Por exemplo, no famoso "assassinato do quebra-cabeça" detalhado no meu livro *All That Remains*, no qual o corpo da vítima foi desmembrado e espalhado em dois condados, o corte feito para arrancar a cabeça foi limpo e bem baixo no pescoço. Mas isso acabou sendo um trabalho profissional: durante o julgamento do criminoso, surgiu a informação de que ele era um habilidoso "cortador" do submundo, especializado em desmembrar corpos.

Em um caso de suposto homicídio e desmembramento, minha equipe recebeu um pedido da defesa de considerar os relatórios forenses oferecidos pelos cientistas da Coroa. Na maior parte do tempo, os antropólogos forenses trabalham para a Coroa, mas, claro, nós também trabalhamos para a defesa. Seja qual for o lado que contratou seus serviços, é importante que as provas dadas sejam as mesmas, porque, no fim das contas, o profissional é testemunha do tribunal, e não de um lado ou de outro.

O crime foi descoberto depois que uma família passeando por um bosque com o cachorro encontrou um tênis aparentemente abandonado com uma meia dentro. Ao olhar melhor, eles viram, para a própria consternação, que a meia estava com ossos do pé. A polícia foi chamada, foi estabelecido que os ossos eram humanos e o que restou do corpo foi localizado escondido entre as raízes de uma árvore. Ficou claro que, ao longo do tempo, o corpo foi atacado por raposas e seus filhotes e que os ossos foram espalhados pela região. Mãos e pés costumam ser os primeiros que os animais procuram, por serem acessíveis e fáceis de transportar. Depois, predadores roem os ossos maiores no local. É bem comum que o crânio, por ser um objeto tão pesado e desajeitado, fique onde estava, como aconteceu com aqueles restos.

As outras partes do corpo que foram encontradas foram reunidas e o DNA foi confirmado como sendo de Jamal, um homem de meia-idade que tinha sido registrado como desaparecido uns três anos antes. Não havia mais provas que ajudassem a descobrir uma causa óbvia da morte, mas um antropólogo forense foi chamado para examinar os restos para a Coroa e concluiu, por marcas encontradas nas vértebras, que a vítima tinha sido decapitada.

Jamal tinha herdado dinheiro da falecida mãe e, como tinha dificuldades de aprendizado, confiou no companheiro da filha para cuidar de sua conta bancária. Sem que ele soubesse, enquanto vivia com pouco dinheiro, o que ele tinha estava sendo gasto em feiras de antiguidades e cruzeiros caros. Em dois meses, só sobraram 78 pence. Parece provável que ele tenha percebido o que estava acontecendo e tenha confrontado o companheiro da filha. A polícia acreditava que isso devia ter sido o que fez a briga chegar à morte de Jamal.

O companheiro da filha dele foi acusado de homicídio qualificado. A parte do "qualificado" se referia à ocultação e desmembramento do cadáver, um crime visto pelo sistema judicial como degradação adicional. A questão de se o corpo tinha sido desmembrado pelo assassino era importante porque, se fosse considerado culpado da acusação qualificada, o acusado poderia ser sentenciado à prisão perpétua sem possibilidade de condicional.

A dra. Lucina Hackman e eu examinamos fotografias da cena e do post-mortem, assim como as tiradas pelos nossos colegas da Coroa durante a investigação. É exigência da nossa profissão que façamos anotações detalhadas que permitam que qualquer outro cientista replique nossa investigação e chegue à sua própria opinião.

Lucina e eu fomos chamadas para comparecer ao julgamento como testemunhas especialistas de defesa. Tudo começou bem. No entanto, quando o especialista da Coroa começou a oferecer suas provas, ficou claro que haveria debate em relação às alegações de decapitação. Nós já tínhamos sérias reservas sobre opiniões a que nossos colegas tinham chegado sobre essa questão.

Às vezes, nós concordamos totalmente com os especialistas chamados para o outro lado. Em outras ocasiões, nós podemos acreditar que um cientista foi além de sua área de conhecimento ou não deu peso devido a provas que poderiam ser interpretadas de forma bem diferente. Quando comparecemos pela defesa, nós nos perguntamos o tempo todo se poderia haver outra explicação lógica para a conclusão chegada pela Coroa. É questão de dúvida razoável e é relevante tanto para a Coroa quanto para a defesa.

Uma das coisas interessantes que podemos fazer em um tribunal inglês e que não podemos fazer no escocês é ficar na sala, ouvir o testemunho dos especialistas do lado oposto ao vivo e levar as informações para a nossa equipe legal conforme as provas são dadas e as perguntas surgem. Isso permite que indiquemos em que concordamos e quais aspectos nós acreditamos que precisam ser desafiados. Os detalhes podem não estar no relatório escrito, mas podem surgir quando a argumentação fica mais clara no interrogatório legal.

Para nós, as provas não fechavam naquele caso. Primeiro de tudo, a cabeça foi encontrada com o corpo, o que era estranho. Por que alguém se daria ao trabalho de cortar a cabeça fora se pretendia escondê-la com o corpo? Não havia provas de remoção deliberada de qualquer outra parte do corpo e, em um desmembramento criminoso, para o qual de longe o motivo mais comum é facilitar o descarte e a ocultação do corpo, ou para impedir identificação, são os membros superiores e inferiores que costumam ser removidos em detrimento da cabeça.

Em segundo lugar, as marcas de "corte" citadas pela especialista da Coroa eram na segunda vértebra cervical, um local incomumente alto para uma decapitação bem-sucedida ou mesmo para uma tentativa. Se o corte tivesse sido feito pela frente, teria sido algo extremamente difícil de conseguir. A mandíbula atrapalharia a ferramenta que estivesse sendo usada e seria preciso uma dissecção profunda pelos tecidos moles, o que faria muita sujeira. Não havia evidência disso. Em terceiro lugar, as marcas de corte em si não pareciam do tipo que seriam feitas por alguma serra, faca ou cutelo que já tivéssemos visto, e nenhuma arma do crime ou implemento de desmembramento tinham sido encontrados.

Imediatamente, a testemunha da Coroa apresentou uma opinião que não estava registrada no relatório. Isso não é permitido, e a defesa protestou na mesma hora. O juiz decidiu ser um pouco leniente e nos perguntou se estaríamos preparadas para nos encontrar com a defesa fora do tribunal para estabelecer se concordávamos com essa prova nova.

Nós fizemos isso e não concordamos. No tribunal na manhã seguinte, a especialista da Coroa mudou de opinião de novo e o juiz perdeu a paciência. Lucina e eu ficamos sem saber para onde olhar enquanto ele dava uma bronca nela e encerrava a sessão. Nós tentamos fazer cara de paisagem, mas foi um desafio. O advogado de defesa nos disse que nossas provas não eram mais necessárias e que podíamos ir embora. Aparentemente, a parte da acusação relacionada à decapitação seria abandonada como resultado dos problemas com a especialista da Coroa e o testemunho dela em vez de ter a ver com as provas em si.

Nós tínhamos passado dois dias no tribunal e não tínhamos dito uma palavra no banco das testemunhas. O caso da Coroa de desmembramento desabou apenas pela inexperiência da testemunha científica. Essa é uma história que usamos desde então a fim de explicar para nossos alunos e estagiários a importância de interpretação de provas e compreensão dos procedimentos do julgamento legal. Alguém que viola isso pode nunca chegar a emitir a opinião do especialista.

No fim das contas, nós soubemos pelo acompanhamento da imprensa que o réu foi considerado culpado de homicídio e sentenciado a pelo menos dezenove anos na prisão antes que a condicional fosse considerada. Ele não foi acusado de homicídio qualificado, como tinham nos informado.

Mas e as marcas de "corte" na vértebra cervical? Se não foram feitas por uma ferramenta, o que poderia tê-las causado? Para lidar com questões como essa e na análise de restos humanos em geral, um antropólogo forense precisa não só pensar anatomicamente antes de pensar forensicamente, ele precisa de conhecimento e experiência além da anatomia do osso.

Quando um corpo se decompõe, a primeira vértebra cervical costuma ficar presa ao crânio por causa dos fortes ligamentos que os unem. Se o crânio acaba rolando para longe ou é removido por animais, a vértebra c2 costuma ficar sendo a parte mais exposta da coluna. Nós acreditávamos que era isso o que podia ter acontecido nesse caso, e que as marcas eram, na verdade, marcas de dentes caninos arrastados pela superfície do osso.

Uma faca faz um corte limpo, com laterais retas que espelham a largura da lâmina e um fundo que pode assumir a forma da faca ou serra que o causou. Ficou claro pelas fotos que aquelas marcas eram mais arranhões do que cortes, sem profundidade nenhuma. Isso não descartava o uso de uma ferramenta — eram consistentes com cortes hesitantes, talvez feitos por alguém inseguro sobre como remover a cabeça, e com as marcas de "trepidação" que vemos quando uma lâmina deslizou pela superfície de um osso sem "afundar". No entanto, também deu para ver perfurações triangulares em pares no osso, que não eram consistentes com nenhum tipo de lâmina. Elas correspondiam perfeitamente — assim como a linha de "marcas de trepidação" — à distância média entre os caninos superiores de uma raposa adulta.

Portanto, não houve decapitação e nem desmembramento, só uma antropóloga da Coroa entusiasmada demais que levou sem querer a investigação para um beco sem saída. É essencial que a justiça seja feita, claro — um homem foi assassinado cruelmente e seu assassino está sendo punido por isso —, mas o réu tem o direito de ser julgado pelas provas e ter uma pena que seja justa e apropriada ao crime. Um réu não deve ser considerado culpado por uma coisa que não fez.

A vítima nesse caso pelo menos acabou sendo encontrada, para que seus restos pudessem ser identificados e enterrados de forma apropriada. O que deixa os antropólogos forenses com uma inquietação eterna são os desaparecimentos e mortes que não são resolvidos, seja porque todos os esforços para encontrar um corpo acabam sendo infrutíferos, seja por termos um nome que não conseguimos identificar, o que, de certa forma, parece bem pior. Saber que fizemos tudo possível não alivia a sensação de trabalho inacabado e justiça não feita.

Nesse tipo de caso, quase não há dúvida de que um crime ocorreu, mas as respostas de precisamente qual crime, quem é responsável e às vezes quem é a vítima pode ser acabam sendo elusivas. Podemos considerar que esses deviam ser classificados como crimes perfeitos, pois tanto o criminoso quanto a vítima continuam sem identificação. Ou crimes quase perfeitos: acho que o crime verdadeiramente perfeito é aquele que ninguém sabe que aconteceu.

Há uma certa ironia no fato de que, quando um nome é designado para um corpo, nossa inclinação natural é anonimizar a vítima por respeito a ela e à família. Mas enquanto um corpo permanece sem identificação, nós fazemos o oposto: nós espalhamos publicamente todas as informações que temos na esperança de que um nome possa um dia aparecer.

O desafio costuma ser maior quando uma vítima se origina ou escolhe viver numa comunidade transitória ou caótica. O "Anjo da Campina" foi uma vítima assim. Aqui, as vértebras puderam nos contar algumas coisas sobre ela e sobre o que tinha acontecido com ela, mas não nos levaram até sua identidade e nem a do assassino.

O assassinato foi descoberto quando os restos do esqueleto foram encontrados durante a reforma de um prédio, quando uma escavadora mecânica estava revirando o solo. O crânio foi visto primeiro, e o restante dos ossos foi descoberto debaixo de umas partes de carpete. Por causa das roupas, acreditou-se que o corpo devia estar lá havia trinta ou quarenta anos, desde os anos 1970 ou 1980. O policial na cena do crime, com treino antropológico, tinha identificado que era uma mulher entre 18 e 30 anos de idade quando morreu, de altura média e provavelmente caucasiana (o que excluiria pessoas do subcontinente indiano, do Oriente Médio e do norte da África, na região do Saara). Era provável que ela estivesse nua da cintura para baixo quando o corpo foi escondido lá, pois uma meia-calça, uma bolsa vazia e um único sapato foram encontrados por perto.

Em Dundee, nos pediram para examinar os restos em busca de pistas que pudessem ajudar a identificá-la, e também para tentar entender como a fratura da coluna vertebral podia ter acontecido. Em uma morte violenta, nós estamos acostumados a ver fraturas no rosto, em geral no nariz, na bochecha, na mandíbula ou nos dentes, ou no neurocrânio, provocadas por trauma contundente, mas o nível de fraturas específicas encontradas no pescoço daquela mulher era incomum.

A parte inferior da primeira vértebra cervical mostrava uma fratura "estilhaçada" na superfície da junta entre a C1 e a C2 do lado direito. Era uma lesão de esmagamento localizada que não tinha afetado substancialmente a segunda vértebra cervical. No entanto, outras lesões de esmagamento significativas também foram detectadas no lado esquerdo da c_3. Em suma, nós tínhamos uma fratura de esmagamento ou compressão em um lado da c_1, nenhuma evidência de lesão na c_2, mas mais lesões por esmagamento no lado oposto da c_3. A questão era: como essas lesões estranhas podiam ser traduzidas para uma causa e efeito plausíveis?

Era possível que a causa tivesse sido um daqueles métodos hediondos de "liquidar" alguém vistos nos filmes violentos de espionagem, quando a cabeça e a mandíbula são seguradas com duas mãos e giradas violentamente. Nessa ocasião, a cabeça podia ter sido girada com força para a direita, com hiperflexão do pescoço (o pescoço ser inclinado muito para a frente), o que resultaria em deslocamento entre a c_1 e a c_2, talvez partindo ou esmagando a medula espinhal. O dano à c_3 podia ter sido infligido pela força da rotação severa. O certo era que a morte dela tinha sido brutal, ainda que talvez misericordiosamente rápida.

Mas quem era ela? Ela possuía várias obturações e outras coisas nos dentes, e devia haver registros em algum consultório dentário. Três mulheres tinham sido registradas como desaparecidas na área naquela época, mas as fichas dentárias não batiam com os dentes e nem com os trabalhos feitos nos dentes do nosso esqueleto não identificado. A análise de DNA também não ajudou. Nós conseguimos fazer uma reconstrução do rosto dela, que gerou várias pistas que resultaram em investigações em vários lugares pelo mundo, da Tanzânia e Estados Unidos à Irlanda e Holanda. Mas, até hoje, o Anjo da Campina permanece sem identificação e está enterrado em um túmulo sem identificação.

Existe alguém por aí que ainda pensa nela e se pergunta o que aconteceu e onde ela está agora? A pessoa que fez isso com ela ainda está viva? Vive sentindo culpa e com consciência pesada? Só podemos esperar que sim.

Uma lesão dessas não é algo que apareça para um antropólogo forense, mas, quando só restam ossos, um antropólogo pode ser a melhor pessoa para procurar em busca de respostas.

Quando a parte superior de um tronco humano foi parar na praia de Southsea, em Hampshire, a polícia me ligou para pedir ajuda para tentar estabelecer o que tinha acontecido com a vítima. O corpo não tinha ficado muito tempo na água e ainda estava relativamente fresco, o que devia ter sido um choque para os estudantes que o encontraram. Em seguida, a pélvis foi encontrada, e um tempo depois, as pernas apareceram em uma parte diferente da praia. Dois dias mais tarde, um homem ligou para a polícia de uma cidade vizinha, dizendo que estava com medo de ter feito uma coisa errada, mas que não conseguia lembrar o que era. Ele foi recebido na delegacia por um policial, que reparou que ele estava sujo e desgrenhado e parecia confuso. Ele era conhecido como bêbado na região e talvez usuário de outras substâncias.

A polícia o acompanhou até o apartamento dele e não encontrou nada imediatamente suspeito. Mas quando os restos foram identificados como sendo de um amigo dele, o homem foi preso por homicídio e desmembramento, fato que ele negou. O falecido era um homem de QI baixo que morava em um trailer, e o acusado o deixava tomar banho em seu apartamento em troca de alimentar seu gato, Tinker, de tempos em tempos. Ninguém sabe o que aconteceu, se houve discussão ou talvez uma briga depois de consumo excessivo de álcool. O acusado foi denunciado como tendo sido abusivo com o amigo algumas vezes. Talvez tenha havido uma faca envolvida. Fosse qual fosse o caso, o suposto assassino tinha um corpo e o problema de livrar-se dele.

A maioria dos desmembramentos resulta em um corpo dividido em cinco ou seis partes, com o tronco normalmente intacto. Tentar cortar um tronco faz uma sujeira danada, a não ser que se remova todos os órgãos internos primeiro. Nesse caso, as vísceras tinham sido removidas, o tronco cortado nas vértebras lombares e os pedaços enrolados em sacos de lixo e numa cortina de chuveiro rosa. A genitália externa tinha sido cortada, e a cabeça, os braços e as vísceras nunca foram encontrados. O acusado tinha uma bicicleta com uma cesta de transporte na frente, e a polícia acreditava que foi isso que ele usou para transportar as partes do corpo para a praia, onde as jogou na água.

Minha equipe foi encarregada de examinar os locais de desmembramento e procurar marcas adicionais de cortes nos ossos que pudessem explicar como o corpo foi separado. A polícia levou alguns dos restos para nós, em Dundee, pois tínhamos as instalações para trabalhar neles de uma forma que preservaria as marcas de corte melhor do que pelo método habitual, que envolve mergulhar em água morna com um detergente biológico. Embora o corpo estivesse relativamente fresco no primeiro exame post-mortem, quando os pedaços chegaram a nós, eles estavam começando a ficar um pouco mais antissociais.

Em Dundee, nós tínhamos uma colônia de besouros dermestes (comedores de carne). Eles existem naturalmente no solo e são um dos grupos de insetos cujas atividades ajudam na decomposição, consumindo um corpo lentamente até chegar ao esqueleto. Na maior parte do tempo, damos a eles suas iguarias favoritas, ratos e coelhos (eles não gostam de animais marinhos, então nada de peixes e nem focas para as criaturinhas). Nós recebíamos algumas reclamações dos colegas da universidade por causa do aroma um tanto distinto, mas eles eram uma fonte incrivelmente útil para excarnação segura e gentil. Nós colocamos o material que tínhamos junto dos besouros e voltamos com frequência nos dias subsequentes para retirar cada pedaço que estivesse completamente limpo.

Quando conseguimos ver os ossos com clareza, ficou evidente que os ombros tinham sido separados por uma lâmina afiada e que uma lâmina similar tinha sido usada para remover a cabeça e separar os membros inferiores da pélvis. No entanto, o esterno e as vértebras lombares tinham recebido tratamento bem diferente. Exibiam as estriações regulares deixadas por uma serra elétrica. Essa serra tinha sido usada para abrir o esterno e dar acesso ao peito e remover os órgãos internos, inclusive o coração e os pulmões. A parte superior do tronco tinha sido separada da pélvis pela mesma ferramenta, que tinha cortado a quarta vértebra lombar, supostamente depois que a evisceração tinha sido executada. Nós também encontramos pequenas marcas de corte nas laterais das vértebras lombares que podiam ser evidência de remoção dos órgãos internos com uma faca.

Por algum motivo, o patologista disse para a polícia que o corte nas vértebras lombares tinha sido feito por um serrote japonês, e isso os colocou numa caçada infrutífera, primeiro para estabelecer o que era isso exatamente e depois para entender por que o acusado teria uma ferramenta tão especializada e onde poderia ser encontrada. Como ele era vendedor de lixo metálico, era mais provável que ele tivesse acesso a uma serra elétrica do que a um serrote japonês. Lucina comentou isso com a polícia, mas, se o patologista disse, devia ser verdade... Nunca encontraram um serrote japonês.

Como, então, estava o acusado ligado à morte do amigo? Bom, para começar, um pouco de sangue foi encontrado no apartamento dele, mas havia uma outra prova fascinante que abriu novos caminhos para a ciência forense. Pelos de gato retirados da cortina de chuveiro na qual o tronco estava enrolado foram enviados para os Estados Unidos, para análise do DNA mitocondrial felino, que é herança genética da mãe. Os resultados incitaram mais testes no Reino Unido, no departamento de genética da Universidade de Leicester, que estabeleceu que havia apenas uma chance em cem de os pelos não pertencerem a Tinker, o gato do réu.

Foi a primeira vez que DNA de gato foi usado em um julgamento criminal no Reino Unido. Devido à domesticação, os gatos têm menos variantes genéticas do que os humanos, então foi uma coisa boa o código genético de Tinker ser relativamente incomum, mas, enquanto o trabalho de deixar os testes mais específicos continua, a análise de pelos de animal pode se tornar uma fonte muito útil de provas no futuro.

O júri absolveu o réu de homicídio doloso, mas os pelos do gato, com o apoio de mais análise de fibras da cortina do chuveiro, que era da casa dele, ajudaram a condená-lo por homicídio culposo. A sentença foi de prisão perpétua e passar um mínimo de doze anos na prisão.

Quanto à nossa parte, nossas provas sobre a forma de desmembramento foram aceitas pelo tribunal, e nós não precisamos testemunhar, o que é sempre uma bênção. Mas Lucina e eu perdemos a conta do número de policiais que nos disseram: "Ah, foi o caso do serrote japonês?". Todas as vezes que o maldito serrote japonês é citado, nós reviramos os olhos.

Cada uma das vértebras pode nos dizer algo sobre a idade, sexo ou altura de um indivíduo e jogar uma luz sobre patologias, doenças e lesões. Mas talvez seu maior valor para a antropologia forense esteja nas informações que elas passam sobre o trauma e os danos perpetrados nos que se tornam vítimas de violência antes, durante ou depois da morte.

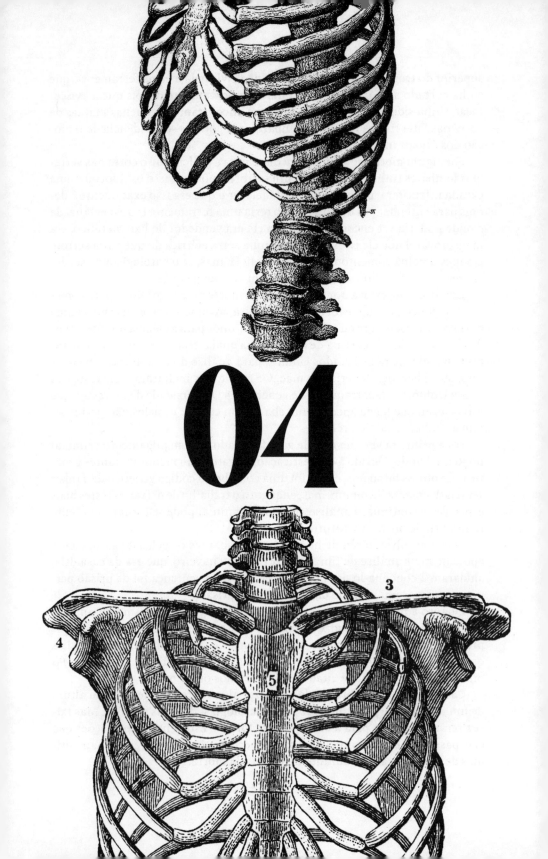

O PEITO

TÓRAX

> "Cut open my sternum and pull
> my little ribs around you."[1]
> — PURITY RING, *Banda pop* —

As paredes ósseas do tórax têm várias funções, mas o objetivo principal é proteger os delicados pulmões e coração e oferecer uma estrutura para os músculos se prenderem, em especial para ajudar com a respiração, mas também com o movimento dos membros superiores. O trabalho exige 39 ossos distintos: doze pares de costelas, presas à frente no esterno (que consiste em três partes ósseas) e atrás às doze vértebras torácicas.

Considerando que os órgãos que eles protegem são essenciais para a vida, talvez seja esperado que, junto do crânio, o tórax seja a área do esqueleto que é foco mais comum de agressões violentas. Quando se quer

---

[1] "Abra meu esterno e puxe minhas costelinhas ao seu redor", em tradução livre.

matar alguém rapidamente, mirar na cabeça permite que o cérebro seja atacado, mas a área de superfície é relativamente pequena e, como o crânio é espesso em algumas partes, ele pode resistir a golpes mais prontamente do que os comparativamente frágeis ossos do peito. Com uma área de superfície bem maior, o peito oferece um alvo maior e acesso ao coração, assim como a alguns vasos sanguíneos bem grandes e implacáveis. Por isso, o tórax costuma ser a escolha mais frequente para lesões com uma variedade de armas e métodos: trauma penetrante (causado, por exemplo, por uma faca), trauma contundente (causado por um chute) e trauma balístico (causado por um tiro).

Além de serem mais fáceis de fraturar, os ossos da região torácica apresentam vãos convenientes pelos quais implementos perfurantes podem ser facilmente inseridos. Esse foi o destino de Richard Huckle, o pedófilo mais prolífico do Reino Unido.

Huckle, de 28 anos, um predador cruel que se passava por cristão devoto, foi acusado de ter abusado de mais de 23 crianças de idades variando entre 6 meses a 12 anos, de 2006 até sua prisão em 2014. A maioria das vítimas dele eram crianças malásias que moravam na capital, Kuala Lumpur, mas é possível que ele possa ter cometido outros crimes no Reino Unido e em outros lugares.

O tamanho da depravação dele não tinha limites. Ele vinha compilando o que era essencialmente um manual de procedimentos para pedófilos, que seria publicado na deep web, o submundo da internet fora do alcance dos mecanismos de busca normais. Com o título de "Pedófilos e pobreza: guia para o amante de crianças", seu tratado detalhava como agradar e ganhar a confiança de crianças pequenas de origem pobre. Essas crianças costumam não ter quem cuide delas, e sua lealdade e dependência podem ser compradas com gentileza, pequenas quantias de dinheiro e presentes baratos. Em ambientes assim, não é preciso muito para persuadir uma criança a aceitar os desejos de um depravado. A polícia do Reino Unido, alertada por uma unidade australiana especializada em abuso infantil de que Huckle voltaria à Inglaterra para passar o Natal com a família, o prendeu quando ele saiu do avião no aeroporto de Heathrow.

Esse caso abominável caiu na minha mesa em 2015, depois que Huckle teve e 91 acusações de atos obscenos contra crianças. Nossa tarefa foi olhar dezenove imagens e quase oitenta minutos de vídeo para determinar se o mesmo criminoso aparecia em todos e se Huckle podia ser descartado como esse criminoso.

Imagens são relativamente simples de examinar, pois englobam um momento estático. Vídeos são mais difíceis porque ficamos expostos aos gestos, movimentos e expressões faciais tanto da vítima quanto do criminoso. Oito minutos de vídeo podem não parecer muito, mas, para ser examinado, ele precisa ser quebrado em quadros, e como há múltiplos quadros em cada segundo de filme, acabamos tendo que lidar com mais de 50 mil imagens separadas. E quando essas imagens mostram o abuso de uma criança, oito minutos passam a ser intermináveis.

Nós conseguimos confirmar que era bem provável que fosse o mesmo homem em todas as imagens e que, com base em várias características anatômicas visíveis nas mãos, genitália e membros inferiores, o homem era Richard Huckle. Isso foi sustentado pelo padrão de veia superficiais nas costas das mãos e no pênis, nas áreas de pigmentação pontilhada (pintas) nas mãos, antebraços, coxas e joelhos e no padrão de dobras de pele nos nós dos polegares, dedos e palmas das mãos. Ficou claro que Huckle tinha uma doença chamada fimose, que ocorre em cerca de 1% de homens não circuncidados, em que o prepúcio é apertado demais e não pode ser retraído em volta da ponta do pênis. A maioria dos adultos com esse problema opta por intervenção cirúrgica para liberar o esfíncter. Huckle não tinha feito essa opção, o que diminuía ainda mais a probabilidade de o criminoso ser outra pessoa.

A polícia o avisou de que nossas provas eram um motivo forte para ele mudar sua alegação. Ele acabou concordando e se declarou culpado de 71 das acusações. Ele recebeu 22 prisões perpétuas e um tempo mínimo de prisão de 25 anos para poder ser avaliado para condicional. Huckle estava no terceiro ano na prisão Full Sutton quando um outro detento o estrangulou com um fio semelhante a uma atadura e depois o perfurou até a morte com o que foi descrito na imprensa como "uma arma improvisada, provavelmente feita de uma escova de dentes afiada".

Nas mãos de quem sabe onde posicioná-lo, quase qualquer objeto doméstico inocente pode ser transformado em uma arma letal. Uma coisa simples como uma escova de dentes velha lixada enfiada no espaço entre a quinta e a sexta costela do lado esquerdo, logo abaixo do mamilo, vai entrar no coração, que fica diretamente atrás do esterno e as partes da frente dessas costelas. O coração perfurado vai bombear o sangue diretamente na cavidade corporal e a vida se extingue. Portanto, um único golpe pode matar, e, quando o implemento é feito de plástico, é provável que não deixe nenhuma prova visível do evento nos ossos.

Minha reação ao assassinato de Huckle foi complicada. Tinham me garantido que a mudança de declaração dele talvez fosse sinal de que ele tinha aceitado responsabilidade pelos crimes (embora ele talvez só tivesse se dado conta de que estava encurralado e não tinha para onde ir), e eu achei que o tempo de sentença era apropriado. Ele ficou fora das ruas e estaria com 53 anos quando a liberdade condicional pudesse ser levada em consideração, o que teria sido tempo suficiente para tentativas de reabilitação.

Eu sou otimista. Quero lamentar que um homem jovem de 33 anos teve um fim violento, mas tenho dificuldade de reunir a compaixão necessária por uma pessoa que fez tão mal a tantas crianças vulneráveis. Embora eu fique decepcionada comigo mesma pela incapacidade de ser mais misericordiosa, eu desconfio que não estaria nem admitindo a opção de perdão se as vítimas tivessem sido filhos ou netos meus. Se eu acredito em pena de morte? Não, mas o caso de alguém como Huckle é o que chega mais perto de qualquer coisa que pudesse me persuadir a mudar de ideia.

O assassino de Huckle sabia onde golpear. É bem mais difícil perfurar o peito, mesmo com uma arma mais eficiente, se a mira for na faixa vertical no meio. O esterno, o osso duro na frente do peito, é composto de três partes. Os antigos anatomistas decidiram de forma meio fantasiosa que parecia um pouco uma espada com cabo (ou pomo) largo no alto, uma lâmina longa e fina no meio e uma ponta afiada embaixo. Portanto, a parte de cima do esterno, o "cabo", é conhecida como manúbrio (do latim *manus*, que significa mão). A área do meio, o corpo, ou mesoesterno, às vezes é chamada de gladíolo, como a flor, que ganhou o nome a partir do latim para espada, assim como a palavra "gladiador". A ponta terminal é o processo xifoide (nesse caso, do grego, significando "tipo uma espada").

Se você visualizar uma galinha, uma criatura cuja anatomia é familiar a todos nós, o equivalente ao esterno no esqueleto dela é a estrutura longitudinal que vemos no meio, entre os dois peitos. Nosso esterno fica diretamente debaixo da pele do peito e não tem cobertura de gordura e nem de músculo. Por mais obeso que alguém fique, ele continua palpável, o que significa que levar um golpe no esterno dói muito. Fraturas são comuns. Depois que o uso de cintos de segurança virou obrigatório, em 1989, o número de fraturas do esterno causadas por motoristas batendo no volante reduziu drasticamente, mas ainda são vistas em lesões relacionadas a esportes.

Sua proximidade da superfície do nosso corpo torna o esterno um marco útil para socorristas e um ponto de acesso para médicos. É um alvo prático para ressuscitação cardiopulmonar (RCP), pois oferece uma base sólida na qual bombear ao tentar reanimar um coração que parou. Mas é preciso evitar pressão no processo xifoide, pois ele pode ser fraturado, e, quando isso acontece, pode acontecer de perfurar o fígado e causar uma hemorragia fatal.

O esterno também é um local conveniente para biópsia quando os médicos desejam aspirar medula óssea. Evidências de excisão cirúrgica pelo osso para se obter acesso ao peito, por exemplo em cirurgias de peito aberto, podem ser uma pista bem óbvia da história médica de um indivíduo. É comum que anatomistas vejam o trabalho do cirurgião cardiotorácico na sala de dissecção, nos restos de doadores idosos que cederam o corpo para o aumento do conhecimento da forma humana e para o ensino dos nossos alunos. Muitos peitos exibem sinais dos cortes e pontos feitos em cirurgias de emergência, quando não há tempo para um planejamento cuidadoso ou para abordagens não invasivas.

Nem o xifoide e nem o mesoesterno costumam sobreviver muito depois do enterro, pois a camada de osso compacto de cobertura é fina. Mas o manúbrio costuma durar bem, especialmente a parte superior, onde é reforçado para aguentar o peso das juntas com as clavículas dos dois lados.

O manúbrio pode ser muito útil para a determinação da idade em pessoas jovens graças aos flocos pequenos e finos de osso que se fundem às superfícies das juntas nos primeiros anos da adolescência para completar o crescimento das juntas. É uma área negligenciada por quase todas as outras profissões envolvidas na ciência forense, mas um ponto que um antropólogo experiente sempre verifica.

Há muitas anomalias de desenvolvimento que se manifestam no esterno e que podem ser bem úteis para identificação. Durante sua formação, o esterno pode ficar perfurado na linha central, deixando um buraco parecido com um ferimento de bala, o que pode enganar um novato. Não causa nenhum sintoma clínico — só é resultado de uma fusão defeituosa quando o osso estava crescendo. Os anatomistas adoram usar exemplos assim nas provas dos seus alunos. Geram descrições extravagantes e criativas de homicídio violento e traumatismo balístico, mas, na verdade, ainda que menos emocionante, é só uma variante normal.

Às vezes, o xifoide pode ficar bem longo e até bifurcado, de forma que caroços e protuberâncias estranhas fiquem evidentes na linha central superior do abdome com a idade, o que pode causar alarme desnecessário à pessoa, que talvez fique com medo de ser um tumor. Pode ser bem complicado identificar um processo xifoide sozinho, e às vezes só é possível depois de se identificar todo o restante. Se todos os outros ossos estiverem presentes e sobrar uma tira estranha e pontuda de osso, nós podemos ter quase certeza de que é o xifoide de um indivíduo de meia-idade ou idoso, normalmente homem.

O pectus carinatum, ou peito de pombo, ocorre quando as cartilagens associadas às costelas crescem demais, produzindo uma protuberância "parecida com uma quilha" na parede torácica. Isso pode ser causado por uma série de problemas, inclusive raquitismo (um resultado de deficiência de vitamina D). O pectus excavatum, ou peito escavado (conhecido pelos médicos brincalhões como "peito de sapateiro"), é o oposto anatômico. Pode impactar no funcionamento normal do coração e dos pulmões. A causa é incerta. Pode ser só um defeito congênito na formação do esterno. Às vezes, quando o esterno não se desenvolve normalmente, o coração pode crescer do lado de fora do peito fetal. Isso exige uma cirurgia intrauterina complicada para abrir o esterno do feto e colocar o coração no lugar certo, para que ele continue a crescer como deveria.

De um modo geral, a faixa de três ossos do esterno é muito útil para a profissão médica, mas não costuma empolgar muitos especialistas forenses — exceto os antropólogos, que estão sempre alertas para ossos do peito de aparência incomum, pois eles podem indicar uma condição particular de desenvolvimento que pode servir de pista importante para a identidade de um indivíduo.

Foi o esterno que nos permitiu limitar significativamente a idade de Jin Hyo Jung, a mulher sul-coreana encontrada em uma mala na investigação contada no Capítulo 2. A chave foram as mudanças muito específicas da idade que ocorrem nesse osso. Em uma criança, o esterno costuma estar em seis pedaços separados, que começam a se fundir no meio conforme a criança cresce, até acabar formando a estrutura de três peças típica dos adultos no final da adolescência. As mudanças nas laterais do osso continuam na puberdade e no começo dos 20 anos, nos lugares em que as cartilagens das costelas se articulam com o esterno: aqui, lascas delicadas de osso aparecem na região das juntas com depressão, se fundindo primeiro nas bordas superiores e depois nas inferiores do esterno.

Nós vimos em raios-x que nossa jovem asiática ainda não identificada tinha essas lascas de osso aninhadas nas depressões das juntas, e com isso calculamos que ela devia ter menos de 25 anos e mais de 20 quando morreu. De fato, ela estava em seu 22º ano.

O esterno também é um bom indicador de sexo. Nos homens, costuma ser mais comprido, maior e mais robusto do que nas mulheres. Se a pessoa tem músculos mais desenvolvidos (particularmente o músculo peitoral maior) na frente do peito, eles vão precisar estar presos a ossos maiores e mais fortes. Claro que ter um esterno maior e mais forte nem sempre significa que a pessoa é do sexo masculino — basta lembrarmos das mulheres levantadoras de peso, arremessadoras de peso ou de dardo.

As barras de cartilagem que juntam os ossos das costelas ao esterno são chamadas cartilagens costais ("costa" vem de costela). As cartilagens são restos dos precursores das costelas que não chegaram a virar osso, mas retêm a capacidade de fazer isso com o avanço da idade — um processo conhecido como ossificação. Os primeiros sinais desse processo podem ser visíveis desde o fim da adolescência ou começo da idade adulta, e ele vai ficando progressivamente mais desenvolvido conforme envelhecemos, ao ponto de quase toda a faixa de cartilagem poder acabar sendo substituída por pedaços ósseos.

Às vezes, as bordas do esterno espalham línguas de osso para as bordas superiores e inferiores das cartilagens costais, o que resulta numa estrutura que parece uma aranha, com o esterno no centro e as cartilagens ósseas se prolongando dos dois lados como pernas. Esse combo esterno-cartilagem-costela é às vezes chamado de aracnídeo por anatomistas mais antigos exatamente por esse motivo. Sua designação oficial é plastrão, uma palavra para peitoral que tem várias outras definições, indo da proteção de peito de um esgrimista e um corpete decorativo feminino do século XIX ao nome da parte inferior de uma tartaruga.

Nós sempre sugerimos um raio-x do plastrão se possível, porque nunca se sabe o que ele pode revelar. E uma coisa é certa: se não olharmos, não vamos encontrar nada.

Essas cartilagens costais foram incrivelmente informativas em um caso em que restos humanos já em forma de esqueleto e parcialmente espalhados foram encontrados em um bosque nos arredores de uma cidadezinha escocesa. A pessoa falecida estava usando um sapato de salto alto de tamanho 40 e era possível que estivesse nua da cintura para baixo, pois não havia sinal de restos de roupas que pudessem estar na parte inferior do corpo, embora houvesse um sutiã e uma blusa associados à parte superior. Outros itens femininos foram encontrados na busca pela região, inclusive uma bolsa de plástico contendo maquiagens e um lenço, mas nenhum dinheiro e nem cartões de crédito.

Existe uma tendência de sermos abalados inicialmente pelas provas circunstanciais quando um corpo é encontrado — sobretudo quando está esqueletizado. A recuperação das roupas femininas e da bolsa sugeria aos investigadores, compreensivelmente, que devia ser o corpo de uma mulher. No entanto, esse tipo de pensamento linear pode levar uma investigação na direção completamente errada, se não tomarmos cuidado. A suposição é a mãe de todos os erros.

Quando comecei a examinar o esqueleto com esse viés em mente, eu fui ficando confusa rapidamente. O crânio parecia ser mais masculino do que feminino, assim como a pélvis.

Ao investigar restos em forma de esqueleto, os antropólogos costumam começar com a determinação do sexo, pois esse costuma ser o aspecto mais fácil da identidade a ser estabelecido com precisão bem razoável, e porque descarta automaticamente pessoas desaparecidas do sexo oposto. Não é incomum que ossos exibam características que não sejam nem fortemente masculinas e nem fortemente femininas, mas quando as informações conflitantes vêm do crânio e da pélvis, é perturbador, pois são esses os ossos que costumam nos dar nossa melhor oportunidade de acertar. Eu deixei a determinação do sexo de lado por um momento e me concentrei na estimativa de idade. Fiquei bem mais satisfeita com a precisão da minha avaliação nesse aspecto. A mulher tinha uma idade entre 35 e 40 anos, mais provável que perto do limite inferior.

Foi quando eu pedi raios-x de rotina do peito que as névoas começaram a se dissipar. O jeito como as cartilagens costais começam a ossificar é ditado pela prevalência da testosterona, o hormônio masculino, ou do estrogênio, o feminino, circulando no sistema vascular. Em homens idosos, o osso nas cartilagens se deposita ao longo das bordas superiores e inferiores da barra de cartilagem e pode acabar se fundindo com a parte da frente da costela, o que resulta em extremidades de costela meio parecidas com garras de caranguejo. Em um raio-x, esse novo osso imita a estrutura da costela, com uma camada exterior grossa e uma aparência de colmeia por dentro. Esse é o efeito da testosterona na ossificação da cartilagem hialina, que forma as cartilagens costais.

Se o hormônio dominante for o estrogênio, o osso se deposita de uma forma bem diferente nas cartilagens costais. Nesse caso, vemos nódulos escleróticos densos, principalmente ao longo do eixo central da cartilagem. Assim, só examinando as cartilagens, é possível dar uma opinião sobre o sexo com uma certa confiança: nós temos garras de caranguejo ou um fio de pérolas ósseas? Conforme a ossificação vai ficando mais progressiva com a idade, nós também conseguimos descobrir uma faixa de idade bem ampla (jovem, meia--idade ou idoso) só de olhar um raio-x do plastrão.

Até aí, tudo bem. Mas é claro que os níveis de hormônio podem ser modificados artificialmente por medicamentos ou por doenças. Portanto, é lógico que, se a pessoa é biologicamente homem mas toma regularmente doses de estrogênio, ou se é biologicamente mulher e toma doses regulares de testosterona, é provável que as cartilagens exibam os dois tipos de formação óssea — garras de caranguejo e pérolas. Mas antes de ficarmos animados demais com isso, vale lembrar que homens produzem naturalmente estrogênio e mulheres, testosterona. Isso quer dizer que é comum que haja uma mistura dos dois tipos de formação óssea nos dois sexos. É a proporção de cada uma em relação à outra que é importante.

Nas cartilagens costais do nosso corpo do bosque, eu vi uma ossificação extensa de garra de caranguejo sobreposta por nódulos escleróticos densos no centro das cartilagens. Ambos eram bem pronunciados. Isso exigiu o tipo de discussão que os antropólogos precisam ter entre si antes de tudo, quando não tem mais ninguém ouvindo. É incrível como uma pequena pausa para ir ao banheiro pode ser útil quando queremos conversar com um colega longe de todo mundo, para ensaiar como dizer com cuidado o que achamos que podemos querer dizer. O que se diz nem sempre é o que se ouve, e o que é oferecido como teoria tem o hábito de virar certeza de repente. Lembre-se do serrote japonês.

Depois de uma conversinha em voz baixa com Lucina, eu reuni coragem a partir da convicção de nós duas e sugeri para a polícia que a vítima podia ser transgênero. Considerando que estava usando roupas femininas e que o crânio e a pélvis eram tão masculinos, eu acreditava que era possível que tivéssemos uma pessoa transicionando de homem para mulher.

Embora, hoje em dia, isso provavelmente não fosse fazer ninguém erguer as sobrancelhas, vinte anos atrás era uma teoria bem radical, e desconfio que a polícia tenha achado que eu não batia muito bem da cabeça. Eu estava sugerindo que aquela pessoa podia ter nascido homem, tomado suplementos de estrogênio e que estivesse vivendo como mulher até a morte. O patologista deu de ombros e disse que era possível, mas ninguém pareceu convencido.

No entanto, depois que os resultados de DNA chegaram, a presença de cromossomo Y confirmou minhas desconfianças, e meu status de antropóloga foi subitamente elevado de lunática a milagreira. A vítima foi identificada como sendo de uma comunidade que mantinha distância da polícia e, consequentemente, ninguém tinha alertado as autoridades que ela havia desaparecido, isso se alguém tivesse notado ou se importasse. O DNA de um parente confirmou a identidade dela. Yvonne, cujo nome de batismo era Martin, era uma prostituta que trabalhava na zona de meretrício com homens gays — uma especialista conhecida pelos clientes daquela época, de forma um tanto cruel e ofensiva, como "garota com pau". Ao que parecia, ela era usuária de heroína, e o uso excessivo da substância tinha sido sugerido pelas provas visíveis nas extremidades das costelas.

Uma das complicações clínicas mais comuns para viciados em heroína são infecções, que podem se manifestar na parede torácica, onde as junções entre as costelas e suas cartilagens ficam inflamadas. O culpado mais comum é *Pseudomonas aeruginosa*. Nós encontramos sinais de infecções anteriores na extremidade frontal das costelas de Yvonne, mas não havia indicação clara do que havia causado a morte dela. Havia parafernália relacionada a drogas em toda a área onde o corpo dela foi descoberto, e aquele era um lugar notório de reunião de viciados para compartilhar agulhas. Ela havia tido uma overdose ou usado heroína de um lote ruim? Talvez tivesse sido isso que aconteceu, e o corpo dela tivesse sido jogado na vegetação e esquecido. Os ossos do peito nos contaram uma parte da história, guiaram a polícia pelo caminho certo para descobrir quem ela era e permitir que ela fosse enterrada com os dois nomes, antigo e novo.

Assim como o esterno, as costelas são suscetíveis a fraturas porque a camada de osso é relativamente fina. Por serem curvas e conectadas na frente e atrás, elas costumam quebrar, ou só na frente do local onde formam uma junção com a vértebra atrás (ângulo posterior) ou mais para a frente (ângulo anterior), logo atrás de onde cartilagem e costela se encontram.

No nascimento, nossas costelas são quase horizontais, e é por isso que, quando vemos um bebê respirar, não é o peito que se move, mas o abdome. Eles usam o diafragma, a camada de músculo que separa a cavidade peitoral da cavidade abdominal, como um fole, para puxar o ar pela boca e o nariz enquanto o diafragma se contrai e sopra de volta para fora quando relaxa. As costelas só começam a assumir o ângulo oblíquo que vemos no adulto por volta dos 2 ou 3 anos. Nessa época, a pélvis cresceu o suficiente para permitir que as vísceras no abdome desçam, e o bebê que foi barrigudinho por dois anos parece virar da noite para o dia uma vagem magrela que agora usa os músculos do peito para respirar.

Verificar se as costelas são horizontais ou oblíquas permite que os antropólogos forenses reduzam a idade possível de uma criança, o que pode ser confirmado por outras partes do esqueleto, porque nossos ossos agem de forma coletiva, raramente em isolamento. Cada parte da nossa anatomia fala com todas as outras partes, para poderem cantarolar uma mesma melodia e ficar em harmonia. Seria muito incomum que um osso ou órgão indicasse que uma pessoa tem 50 anos enquanto outro sugeriria que ela estaria na casa dos 20. Nós não temos peitos velhos e pernas jovens. Se dermos de cara com algo assim, é provável que sejam dois corpos.

Então, nós usamos o que uma parte está dizendo para corroborar o que outras também estão sussurrando. Esse sistema de constantes pesos e contrapesos nos permite estabelecer uma faixa de idade e depois decidir se a pessoa tem mais chance de estar no começo ou no fim dela. A determinação de idade não pode ser definitiva. Se algum antropólogo forense especificasse que um indivíduo tinha 23 anos de idade, a polícia deveria chamar outro antropólogo, porque esse grau de precisão simplesmente não é possível.

Oferecer uma faixa com uma margem de erro também ajuda as famílias a entenderem que um corpo pode ser do seu ente querido desaparecido. Se dissermos 23 anos e o parente desaparecido tiver 25, pode ser muito difícil que a família aceite que você pode ter errado por dois anos. Uma faixa entre 20 e 30, com a sugestão de que a pessoa provavelmente está no meio, engloba todas as possibilidades.

Embora as costelas tenham um certo valor na determinação de sexo e idade, elas oferecem pouca ou nenhuma informação sobre etnia e altura. É só quando foram sujeitadas a algum trauma que se tornam particularmente úteis na hora de estabelecermos um padrão ou sequência de eventos antes, durante ou depois da morte.

A análise de fraturas de costela em crianças é sempre abalada por elementos de controvérsia, principalmente em relação ao tipo de caso muitas vezes chamado de "síndrome do bebê sacudido". Todas as mortes de crianças são delicadas, e os perigos inerentes em distinguir entre smsi (síndrome da morte súbita infantil) e mal intencional são severamente ilustradas pelos casos históricos de Sally Clark, Trupti Patel e Angela Cannings, todos condenados por matarem os filhos e que depois tiveram as condenações anuladas. Erros assim da justiça, junto de casos proeminentes de mortes de bebês sacudidos, fizeram corretamente com que pediatras, patologistas e antropólogos ficassem cautelosos em como interpretam o que veem quando se trata de padrões de fratura de costelas.

As costelas tendem a ser uma primeira parada para os investigadores que desconfiam de abuso infantil. No entanto, a costela de uma criança pode se fraturar com facilidade, e a explicação pode muito bem ser inocente. Até fraturas múltiplas podem ser resultado de uma das várias condições clínicas que podem levar a ossos frágeis. Em casos de smsi, elas também podem ser causadas por tentativas de ressuscitação. É vital que as fraturas sejam vistas sob a luz da saúde geral do restante do esqueleto e das circunstâncias que envolvem a vida e a morte da criança antes de se tirar a conclusão errada.

A lógica para tratar lesões de costela como suspeitas é que a fratura pode ser resultado de uma criança que foi segurada pelo peito e sacudida com violência, no ponto em que as mãos da pessoa que sacode fazem contato com a parede torácica de algum dos lados. As fraturas costumam cicatrizar em poucos meses nas crianças pequenas, muitas vezes sem deixar muitos sinais de terem acontecido. Mas onde há abuso infantil recorrente, um raio-x pode revelar fraturas em diferentes estágios de cicatrização: algumas do passado, que podem estar bem pouco visíveis, outras de poucos meses antes, em estado claro de cicatrização, e lesões recentes com pouca ou nenhuma formação de calo ósseo.

Um calo ósseo é um osso novo que cresce em volta de uma fratura, agindo um pouco como um curativo muito grande que prende as duas pontas e dá a elas a chance de cicatrizar. Em poucas horas, um hematoma, um grande coágulo de sangue, se forma em volta do local da fratura, produzindo um calo de tecido mole (uma ponte). Essa resposta inflamatória induz a formação óssea, pois novas células fluem para a região para começar a consertar o dano. Sete a nove dias depois do trauma, o hematoma será visivelmente convertido em um calo mole, onde o osso pode começar a se regenerar. Em três semanas, um calo ósseo começa a se formar. Com o tempo, vários meses ou anos em alguns casos, o osso vai ser remodelado em uma coisa próxima de sua forma original.

Quando uma criança sofre abuso físico, pode haver outras lesões além das fraturas. Em alguns dos piores casos, resta pouca dúvida de que houve abuso, embora possa ser mais difícil de provar quem é responsável quando há mais de um suspeito em potencial. Em um caso perturbador, não houve falta de provas de nada, mas a ajuda da antropologia forense foi oferecendo uma imagem detalhada do que podia ter acontecido e quando.

Harry tinha 5 anos quando morreu no hospital. O pai chamou a emergência e disse que tinha encontrado o filho na cama, frio e sem reação. Uma equipe de emergência desconfiou na mesma hora quando viu o olho roxo e o que parecia uma marca funda de mordida na bochecha. Ao remover as roupas da criança para fazer RCP, os medos dos atendentes foram confirmados. O corpo estava coberto de hematomas e pequenas marcas circulares que pareciam queimaduras de cigarro. Quando ergueram Harry da cama, eles repararam em uma ferida na cabeça. A polícia foi imediatamente alertada, claro. A extensão do sofrimento prolongado de Harry foi revelada no exame post-mortem, seguido de uma avaliação radiológica das lesões. É apavorante ler a lista e mais ainda tentar imaginar o que ele teve que passar. Só esses fatos já pintam um quadro de uma existência verdadeiramente horrenda para um garotinho assustado.

As imagens do post-mortem e das tomografias computadorizadas do corpo foram levadas para a minha equipe com a esperança de podermos estabelecer uma linha do tempo de algumas das lesões. Começando no alto, ele tinha fraturas recentes no crânio que nos informaram que eram a causa provável da morte. Cabelo e sangue encontrados no gesso da parede do banheiro sugeriam que a cabeça de Harry tinha sido batida nela repetidas vezes. No rosto, havia quatro marcas de mordida e um corte no queixo; o nariz tinha sido quebrado pouco antes de ele morrer, faltava parte do lóbulo da orelha e ele estava com os dois olhos roxos.

Havia cortes e hematomas nas pernas e braços e numerosas queimaduras, algumas provavelmente infligidas por cigarros acesos, outras por um ferro de passar roupa, talvez. O braço direito tinha sido quebrado recentemente, assim como os dois ossos do antebraço direito. O braço esquerdo tinha sido fraturado no passado e agora exibia uma cicatrização bem extensa. Duas fraturas no antebraço esquerdo e fraturas no polegar e nos dedos esquerdos, assim como nos ossos do pé esquerdo, eram lesões recentes.

O tronco exibia hematomas e queimaduras, e ele tinha sido socado repetidas vezes no abdome e nos genitais. No lado direito, havia fraturas nas costelas 7 e 8 — duas na 8, uma mais velha do que a outra, sugeriam abuso recorrente. Na esquerda, ele tinha fraturas nas costelas 7, 8, 10 e 11 e, novamente, dois períodos distintos de fratura e cicatrização podiam ser vistos na costela 11.

Não faz parte da área de conhecimento do antropólogo forense datar lesões de tecido mole. Nós trabalhamos com tecidos duros e, mais especificamente, ossos. Concentrando-nos nos ossos, nós pudemos determinar pelas imagens que a fratura cicatrizada no braço esquerdo devia ter até um ano. Os registros hospitalares confirmaram que Harry tinha ido a um pronto-socorro para a colocação de gesso. Alegaram que ele tinha caído no parquinho. Pelo menos duas das fraturas de costela aconteceram entre dois e quatro meses antes de ele morrer. Todas as outras lesões de esqueleto pareciam ser recentes, coincidindo aproximadamente com a época da morte. Pudemos concluir que tinha havido pelo menos três períodos de trauma repetidos no esqueleto. Foram as fraturas nas costelas que deram a indicação mais clara da natureza persistentes desses eventos.

Harry morava sozinho com o pai desde que a mãe tinha saído do país, talvez para fugir da violência do marido. Mas ela deixou o filhinho para trás, sofrendo esse catálogo horrendo de abusos. O pai alegou distúrbio mental, mas o tribunal não aceitou, e ele foi sentenciado à prisão perpétua e a servir um mínimo de dezenove anos antes de poderem considerar a condicional.

Mortes de crianças são as mais difíceis para todos os membros de qualquer equipe forense. Ao mesmo tempo, inserem uma sensação renovada de determinação e uma motivação para encontrar a verdade por questão de justiça.

As costelas vão da coluna vertebral, na parte de trás do esterno, até a frente, onde os ossos são substituídos por cartilagem. Nós precisamos da caixa torácica para reter o máximo de flexibilidade possível e nos ajudar com a respiração. Os músculos que ficam entre as costelas, os intercostais, são responsáveis por elevar uma costela contra a outra. Como no adulto as costelas não são horizontais em volta do peito, mas em ângulo curvo, quando são erguidas, elas funcionam como alças de balde. É por isso que, quando respiramos fundo, o peito infla não só na frente, mas também nas laterais. Isso é causado pela contração de cada músculo intercostal, que levanta a costela abaixo, alterando assim a pressão torácica interna e puxando ar pelo nariz e pela boca para os pulmões.

Embora o ser humano costume ter doze pares de costelas, isso pode variar. Algumas pessoas têm 26 ou até mais. As costelas cervicais (no pescoço) podem, se crescerem demais, causar problema de circulação, dor e parestesia (perda de sensibilidade) nos membros superiores. Elas podem ser cirurgicamente removidas se causarem problemas demais, sem prejuízo para o paciente.

Essas anomalias podem, naturalmente, ser de ajuda na identificação se a presença delas nos restos esqueléticos puder ser confirmada em algum raio-x anterior, pois sua incidência não é frequente. E qualquer pessoa com costelas adicionais que tenham gerado algum incômodo tem boa chance de ter passado por algum exame em um hospital.

Costelas na região lombar são mais incomuns e são, discutivelmente, de valor limitado para propósitos de identificação, pois costumam ser bem pequenas, quase vestigiais, e geralmente não produzem sintomas. Muitas pessoas que as têm felizmente nem sabem da presença delas.

Costelas adicionais podem criar uma confusão inicial quando os restos são descobertos, principalmente se estiverem totalmente em forma de esqueleto. Nós podemos estar de quatro em um campo lamacento com a chuva horizontal da Escócia congelando até nossas orelhas quando encontramos aquele pedacinho adicional de osso. É preciso prestar muita atenção em onde o encontramos, claro, mas muita chuva pode mover pedacinhos de ossos, de forma que as costelas não vão necessariamente ser encontradas onde esperamos. Também é possível que animais tenham mexido nos ossos, claro. Como as vísceras, ricas em calorias, são um ímã para criaturas necrófagas, partes do tronco podem ser arrastadas para longe do local do corpo para consumo, e as costelas podem muitas vezes exibir dano extenso causado por mordidas ou mastigação.

Às vezes, podemos encontrar só costelas, e pode ser complicado estabelecer se são humanas mesmo, sobretudo se estiverem fragmentadas. Como na anatomia a forma segue a função, se uma parte do corpo faz o mesmo trabalho em um animal e em outro, ela pode ser bem parecida em espécies diferentes de tamanho parecido. Isso é particularmente verdade nas costelas dos seres humanos e dos porcos. Se pensarmos na frequência com que uma busca policial inclui um lixão e na quantidade de costelas de porco vendidas em restaurantes para consumo no local ou entrega, podemos ter uma ideia da frequência com que antropólogos forenses são chamados para distinguir entre elas.

Os leitores de *All That Remains* talvez se lembrem da menção feita a um sujeito que alegou ter dissolvido a sogra em uma mistura de soda cáustica e vinagre. A vítima de 56 anos, Zaina, era uma mãe de seis filhos que levou a filha mais nova para a escola uma manhã e nunca mais foi vista. As investigações da polícia na casa de Zaina encontraram sangue dela no quarto, no patamar da escada e no banheiro. Uma prova crucial foi uma marca de mão com o sangue dela, encontrada no alto da escada, pertencente ao genro dela. Quando interrogado, ele ofereceu muitas explicações bizarras para o desaparecimento dela e para o sangue, inclusive uma história que dizia que ela foi sequestrada por homens mascarados com um pedido de resgate.

Ele acabou admitindo que Zaina estava morta e alegou que eles sempre se deram bem, mas que um dia ela fez avanços sexuais para cima dele. Ele disse que ficou repugnado e a empurrou para longe, com mais força do que pretendia. Ela caiu de costas e bateu com a cabeça na cabeceira da cama; o nariz verteu sangue, ela não se mexeu, e ficou claro que estava morta. Em pânico, ele arrastou o corpo dela pelo patamar até o banheiro e a colocou na banheira enquanto pensava no que fazer. Com medo de não acreditarem nele, decidiu que tinha que se livrar do corpo. Quando foi interrogado sob custódia, ele disse que tinha saído, deixando-a na banheira, e comprado uma quantidade de soda cáustica e vinagre, que jogou em Zaina ao voltar. Ele contou para a polícia que o corpo dela se dissolveu e que ele a jogou pelo ralo com água.

Foi nesse ponto que a polícia veio me perguntar se era possível dissolver um corpo com o método descrito pelo acusado. Era hora de acabar com as fantasias dele. Primeiro de tudo, a soda cáustica doméstica não é forte o suficiente para liquefazer um corpo, sobretudo dentro do espaço de tempo dado — uma questão de horas. E a adição de vinagre teria neutralizado a soda cáustica. O vinagre é um ácido, a soda cáustica é alcalina, e quando juntos, o resultado é uma coisa chamada acetato de sódio e água. Não é uma química boa e pode provocar uma "queimação" inicial na superfície da pele, mas nada muito além disso.

Ele teve que inventar outra história. Evidentemente, o genro não era químico, mas tinha experiência relevante em outra esfera. Ele trabalhava em meio período como açougueiro em uma fábrica de tortas e, também em meio período, em uma lanchonete de kebabs. Dá para ver para onde a polícia estava começando a ir. Usando um objeto como um cutelo e sua habilidade considerável de açougueiro, ele desmembrou o corpo de Zaina na banheira da casa dela, enrolou o corpo em sacos plásticos e os guardou atrás do bar na lanchonete de kebabs. Nós sabemos disso porque encontraram sangue dela lá.

Naquela noite, ele e o irmão cortaram as partes do corpo em pedaços menores. Eles disseram que deram um passeio pela cidade e foram jogando os pedaços em lixeiras em frente a restaurantes com serviço de delivery, onde seriam pegos por caminhões de lixo e levados para um lixão. Como é possível imaginar, isso gerou um alerta amplo relacionado a alimentos. Embora todo o lixo destinado ao lixão, o próprio lixão e a carne à venda na lanchonete e na fábrica de torta tenham sido verificados, nenhuma prova foi encontrada que confirmasse que Zaina tinha tido esse destino. Talvez não seja surpreendente que a lanchonete de kebabs tenha fechado pouco depois — embora tenha aberto novamente com novo dono e, até onde eu saiba, ainda funcione como delivery.

O genro de Zaina foi sentenciado à prisão perpétua, e o irmão dele a sete anos por ajudar no descarte do corpo. Os parentes dela acreditam que o motivo para o homicídio tenha sido dinheiro. Zaina tinha uma casa bonita e dinheiro no banco, e o genro queria as duas coisas. A dor sofrida por uma família numa circunstância assim — tendo que suportar não só a perda arrasadora de uma pessoa amada, mas também a descoberta de que a vida dela foi tirada violentamente por um parente próximo, somadas à aflição de não poder reaver o corpo para levá-lo para um descanso final adequado — deve ser inimaginável.

O corpo não foi encontrado, apesar de uma busca extensa que envolveu identificar cada costela recuperada no lixão. Era humana ou animal? Casos assim ilustram por que é tão importante para um antropólogo forense ter confiança para identificar fragmentos de costela de um porco, ovelha, bode ou outro animal da mesma forma que faria com um osso humano e sua capacidade de diferenciar entre os dois. Os estudantes costumam achar costelas entediantes e odeiam as horas que passamos ensinando como diferenciá-las, mas nós sabemos que essa habilidade pode ser crítica para uma investigação, principalmente uma que envolva desmembramento.

Nós também martelamos com nossos alunos que eles precisam ser capazes de seriar as costelas, o que quer dizer saber distinguir as direitas das esquerdas e até, na ausência de um conjunto completo, de que região do peito elas devem ter vindo: superior, mediana ou inferior. Você consegue identificar, por exemplo, se o que tem é parte da quinta costela direita ou da quarta costela esquerda, mesmo que só haja um fragmento? Isso não é fácil de estabelecer, mas pode ser importante.

Uma vez, fui testemunha de provas em um julgamento relacionado ao desmembramento do corpo de um bebê cujo esqueleto foi encontrado sob um piso de concreto. A defesa bateu com força na certeza que eu podia ter de que a faca usada tinha entrado entre a quinta costela e a sexta. Isso era vital para o caso? Provavelmente não, mas perturbar deliberadamente uma testemunha especialista para introduzir dúvida suficiente nas mentes do júri quanto à validade do testemunho ("O que você quer dizer com 'não pode ter certeza'? Que tipo de especialista você é?") é uma tática de tribunal usada com frequência por advogados de defesa.

Diferenciar as da direita das da esquerda é relativamente simples, desde que você tenha o segmento de costela ao lado da coluna vertebral nas costas. Aqui, onde o corpo da lâmina faz uma curva, começa a aparecer um sulco na borda de baixo da costela. É o sulco subcostal, que abriga vasos sanguíneos e nervos que seguem por todo o comprimento da borda inferior da costela, da parte de trás até a frente.

Se você come carne (e se isso não atrapalhar seu jantar), dá para prestar atenção nisso na próxima vez que você comer costela. Olhe para a área de músculo mais perto do osso. Desde que seja a borda inferior do osso e não a superior, os buracos que abrigam os vasos sanguíneos e uma haste branca, pequena e sólida, o nervo intercostal, devem estar visíveis. Como o sulco subcostal sempre fica na parte inferior do osso e a superfície externa é convexa e a interna é côncava, dá para saber qual é a posição correta, e da frente para trás. Isso nos permite dizer com confiança se uma costela é do lado direito ou esquerdo. Parece lógico e é mesmo, mas precisa ser ensinado.

Nossa primeira tarefa, então, ao seriar costelas, é separar rapidamente as da direita e da esquerda. Se todas as costelas estiverem presentes e corretas, nós esperamos ter doze de um lado e doze do outro, mas é claro que as coisas nem sempre são simples assim. Pode haver costelas adicionais ou algumas desaparecidas por danos ou ação de animais. Agora, o que temos que decidir para cada costela é se vem do ápice do peito, da região média superior, da região média inferior ou da base do peito.

As primeiras duas costelas não se parecem com nenhuma das outras. O ângulo bem fechado que elas fazem em volta dos pulmões lhes dá uma forma distinta de "vírgula" que facilita sua identificação. As próximas quatro (costelas 3 a 6) são o que chamamos de "costelas verdadeiras" ou costelas vertebro-esternais, pois cada uma tem uma cartilagem costal separada que se liga ao esterno na frente e sua forma reflete essa função mediana superior.

As costelas medianas inferiores (7 a 10) são conhecidas como falsas ou vertebrocondrais, porque as pontas anteriores não vão até o esterno e terminam em uma margem costal comum, que dá para ver claramente em indivíduos que não têm muita cobertura de gordura. As duas finais (11 e 12) são chamadas costelas "flutuantes", pois não se prendem na frente nem à margem costal e nem ao esterno e terminam no músculo da parede abdominal. Como resultado, são um tanto vestigiais e bem menores.

Em alguns tipos extremos de cirurgia cosmética, as pessoas podem escolher que seja feito um encurtamento das costelas inferiores ou que elas sejam totalmente removidas. A moda de um corpo violão exagerado, que as vitorianas obtinham com implacáveis espartilhos, hoje pode ser obtida cirurgicamente. O mais importante é que as costelas flutuantes inferiores podem ser tiradas e usadas como autoenxerto para consertar fraturas em outras partes do corpo do paciente, como o rosto ou a mandíbula. Um amigo muito querido que era paramédico dos fuzileiros levou um tiro quando estava de serviço na Irlanda do Norte, tentando recuperar um soldado ferido. Uma das costelas dele foi usada com sucesso para reconstruir a mandíbula estilhaçada. É útil saber que partes do corpo não são essenciais e podem ser usadas como partes sobressalentes se necessário.

Às vezes, não são só as costelas que precisam ser identificadas, mas matéria de outras partes do corpo que fica associada a elas. Uma vez eu encontrei, aninhadas na superfície interna da parte de trás das costelas direitas de uma senhora idosa, um grupo de pedrinhas que estaria dentro da cavidade abdominal. Eram cálculos biliares, formados como resultado de sua dieta rica em colesterol e de seu fígado produzir sais biliares insuficientes para dissolvê-las. Os cálculos biliares podem se acumular na vesícula biliar, que é essencialmente uma bolsa de armazenamento, ou podem se mover e bloquear ou o ducto biliar ou o esfíncter na abertura que conecta a vesícula biliar ao intestino delgado. Essa senhora tinha cálculos bem grandes, do tamanho de nozes, e muitos menores que pareciam grãos de milho, com faces achatadas e ângulos, onde se encaixavam uns nos outros, como um quebra-cabeça. Cálculos também podem aparecer em outras partes do corpo conectadas ao sistema urinário, inclusive nos rins, ureteres e bexiga. Portanto, precisamos prestar atenção nos "cálculos dentro dos ossos".

A organização das costelas em série e sua identificação é relativamente descomplicada quando estão intactas e são adultas. Organizar costelas de crianças em série é outra questão e exige conhecimento de especialista e experiência.

Em 1999, fui chamada pelo Foreign Office para ir até Granada, nas Índias Ocidentais, para ajudar com uma situação de certa sensibilidade política.

Granada tinha conquistado a independência do Reino Unido em 1974, com Sir Eric Gairy se tornando o primeiro primeiro-ministro do país. Cinco anos depois, quando ele estava em uma cúpula da ONU, o controle do país foi tomado por um golpe sem violência de um grupo revolucionário chamado New Jewel Movement, ou NJM ("Jewel" era acrônimo de Joint Endeavour for Welfare, Education and Liberation). O líder, Maurice Bishop, visto como um heroico "homem do povo" por muitos granadinos, dissolveu o parlamento e se nomeou chefe do Governo Revolucionário Popular.

A revolução foi bem-recebida pela maioria da população, e Bishop começou a implementar uma série de medidas para melhorar a vida dos habitantes da ilha, inclusive educação e saúde gratuitas, melhor transporte público e novos projetos de infraestrutura. Mas não demorou para as rachaduras começarem a aparecer no Governo Revolucionário Popular e, em 1983, ele foi deposto e colocado em prisão domiciliar por membros do próprio partido leais ao seu inferior hierárquico imediato. O país virou um caos.

Uma multidão de vários milhares de seguidores libertou Bishop e marchou com ele até o QG do exército. Uma força militar foi enviada de outro forte para sufocar o protesto, e oito pessoas — inclusive Bishop, três ministros do gabinete, entre eles a namorada dele, Jacqueline Creft (que era ministra da educação) e dois líderes sindicais — foram presas. Dizem que elas foram enfileiradas na frente de um paredão e executadas. Não se sabe o que aconteceu com os corpos, mas houve muitos boatos, inclusive alegações de que foram colocados numa vala, onde jogaram gasolina em cima e botaram fogo, com granadas tendo sido jogadas para explodi-los em pedaços irreconhecíveis.

O presidente estadunidense Ronald Reagan ordenou uma invasão a Granada, citando preocupações com a segurança de várias centenas de estudantes de medicina estadunidenses que residiam na ilha. Embora Margaret Thatcher, a primeira-ministra do Reino Unido, não tivesse gostado de não ter sido consultada sobre a invasão de uma antiga colônia britânica, o governo britânico apoiou publicamente a decisão dos Estados Unidos.

A Operação Urgent Fury, uma ofensiva de quatro dias por terra, ar e mar envolvendo 8 mil forças estadunidenses, restaurou rapidamente a paz, mas Bishop continuou sendo um mártir nacional sem túmulo adequado. Várias tentativas de encontrar seus restos foram feitas, e uma investigação militar por parte dos Estados Unidos também não obteve sucesso.

A ligação do Foreign Office foi feita depois que um coveiro encontrou um saco de corpo dos fuzileiros estadunidenses com ossos humanos no que deveria ser um lote vazio em um cemitério na capital granadina, St. George's. O boato de que aqueles restos podiam ser dos mártires do Governo Revolucionário Popular, talvez até do próprio Maurice Bishop, logo se espalhou, e houve preocupação com inquietações políticas. Uma força-tarefa combinada entre militares estadunidenses e o FBI estava se preparando para ir até lá e examinar os restos, e o governo granadino fez contato com o governo do Reino Unido para pedir uma equipe pequena e imparcial de observadores para integrar a investigação.

Nossa equipe era mesmo pequena. Era formada por mim, a antropóloga forense, e o dr. Ian Hill, o patologista forense. O contraste entre os britânicos e os estadunidenses não poderia ter sido mais impressionante. O grande contingente estadunidenses chegou com tudo, cheio de botas e camisas polo, bonés e jaquetas carregadas de logomarcas. Eles se gabavam de terem os mais modernos equipamentos, guardados em malas metálicas reluzentes, e tinham um ar de distância e superioridade que era palpavelmente frio.

Ian parecia o próprio garoto-propaganda da Del Monte, com o chapéu de palha bem inglês, a camisa xadrez de manga curta, o blazer creme e a calça bege. Eu, como sempre, parecia uma mãe (e, para falar a verdade, eu era mesmo). Nós fomos avaliados na mesma hora como "não sendo ameaça imediata", pessoas em excesso a serem toleradas, mas basicamente ignoradas. Sempre uma suposição perigosa, como qualquer fã da série *Columbo* sabe.

Ian, um homem da Força Aérea Real, passou o voo todo até Granada comentando sobre cada gemido e ruído da aeronave, relembrando cada acidente aéreo que tinha visto e me aconselhando sobre o que fazer no caso de um pouso de emergência. Se eu estava calma na decolagem, já estava uma pilha de nervos quando pousamos. Fiquei feliz de chegar ao lindo hotel onde ficamos hospedados. Sempre parece incongruente, em uma missão forense, estar em uma ilha tropical, cercada de piscinas, bares e restaurantes ao ar livre, mas nós nos adaptamos rapidamente.

Nossa primeira reunião com a equipe forense estadunidense os fez reavaliar a primeira impressão que eles tinham tido de nós, no mínimo para acrescentar o adjetivo "irritante" à lista. Nós pedimos uma cópia do relatório anterior de investigação dos Estados Unidos. Disseram com termos incertos que não conseguiram localizar uma cópia, mas a "madame" podia ter certeza de que, assim que a encontrassem, nós a receberíamos. Não houve a menor tentativa de fingir que essa retórica não parecia algo saindo direto da parte posterior de um bovino de grande porte.

Ian e eu decidimos por uma estratégia de atrito. Nós ficamos perguntando todos os dias se eles já tinham conseguido uma cópia do relatório. Todos os dias, nós ouvimos a mesma resposta idiota, dita com paciência e cortesia. Em alguns dias, só para quebrar a monotonia, nós perguntávamos duas vezes, ou nos revezávamos, com Ian perguntando um dia e eu no outro. Ou nós dois perguntávamos, como se não nos comunicássemos um com o outro. Às vezes, nós temos que criar nossa própria diversão.

Nós procuramos o coveiro para perguntar sobre o que ele tinha encontrado, onde tinha encontrado e por que ele achava que todo mundo estava tão tenso. Ele era um homem adorável e ficou feliz de nos levar ao cemitério e nos mostrar o buraco que tinha voltado a preencher assim que percebeu o que tinha encontrado. Ele nos contou a opinião dos habitantes sobre o que estava enterrado lá e compartilhou toda sorte de informações úteis — muitas fofocas, mas alguns detalhes relevantes que não tinham sido relatados em reuniões preliminares. Ele nos contou que era conhecimento de todos que Jacqueline Creft estava grávida de Bishop quando eles foram executados. Como isso era uma pérola crítica que nossos colegas estadunidenses tinham preferido não compartilhar, nós não estávamos contando com a possibilidade de recuperar restos fetais. E isso só prova como é importante falar com todo mundo, por mais periférico que seu envolvimento possa parecer.

Nós começamos a escavação oficial bem cedo, na tentativa de fugir do calor escaldante do meio-dia. Não muito abaixo da superfície, nós encontramos o esperado saco de corpos dos fuzileiros estadunidenses. Estava em condição ruim, mas nós conseguimos removê-lo quase intacto usando a técnica de rolamento aperfeiçoada por enfermeiros para a troca de lençol debaixo de um paciente acamado. Nós aplicamos esse método regularmente quando precisamos transferir restos para sacos de corpos com o mínimo de perturbação.

A equipe estadunidense começou a fazer as malas assim que o saco foi extraído. Mas esse não é nosso protocolo. Nós sempre garantimos que um local de enterro seja revistado completamente, tanto abaixo dos restos recuperados quanto nas laterais. Naquele caso, o saco tinha se rompido, e é possível que ossos se movam dentro da terra em todas as direções como resultado de atividade da fauna e efeitos de cursos de água no solo. Portanto, nós jamais suporíamos que o saco e seu conteúdo eram os únicos itens na cova.

Ao tirar mais um pouco de terra, comecei a encontrar ossos adicionais. Esse tipo de coisa só pode ser esperado em um cemitério que está em uso há muitos anos. Eram costelas humanas pequenas e infantis. Teriam que ser investigadas, naturalmente, mas ficou claro para mim na mesma hora que não eram de um feto, e portanto não havia possibilidade de serem associadas à suposta gravidez de Jacqueline Creft.

No entanto, eu estava com um humor maldoso. Eu olhei para o alto, das profundezas do meu buraco sujo e poeirento no solo, para as botas reluzentes do meu colega estadunidense e perguntei docemente: "Me diz uma coisa, estamos esperando encontrar uma criança?". Ele ficou pálido e, sem uma palavra, virou e correu para um canto isolado do cemitério, gesticulando loucamente e falando no celular. Não vou negar que esse gesto de ficar quites foi infantil, mas não pude evitar um sorrisinho de parabéns para mim mesma.

Quando ele voltou, eu perguntei se ele ficava à vontade para seriar costelas infantis. Em caso positivo, eu as entregaria a ele. Eu achei que ele fosse desmaiar. Ficou claro que ele tinha pouca experiência em lidar com restos de crianças. Eu não mencionei, ao entregar os ossos, que não eram de um feto, porque, claro, eu nem devia saber que a possibilidade de encontrar ossos fetais estava no nosso radar. Ele me perguntou que idade eu achava que a criança devia ter.

"Pouca", falei. Eu talvez estivesse me divertindo um pouco demais, mas os estadunidenses foram tão incrivelmente distantes que eu senti que merecia uma pequena vingança.

No necrotério, eu prolonguei o incômodo dele pelo que agora tinha se tornado um papel reverso, dando a ele o esqueleto infantil parcial para organizar. Ele passou as quatro horas seguintes montando o "equipamento" e usando o celular, pois, ao que parecia, ele estava tendo algumas dificuldades técnicas. Claro que não é preciso um equipamento para se arrumar um esqueleto infantil, apenas experiência. Eu o deixei trabalhando até uma hora antes do fim do dia, quando eu finalmente acabei com o sofrimento dele e organizei os ossos da cabeça aos pés em uns quinze minutos. Quando anunciei que era uma criança de uns 2 anos de idade, ele chegou a abrir um sorriso fraco.

Eu achei que tinha transmitido a mensagem, e ele sabia. Achando que talvez tivesse ultrapassado uma barreira, eu aproveitei a ocasião e pedi de novo o relatório da investigação anterior. Ao que parecia, continuava desaparecido.

Ian e eu nos demos tão bem com o coveiro que ele nos convidou para uma festa no jardim da casa dele naquela noite, e claro que não podíamos deixar de aceitar. Ele fez o mesmo convite aos colegas estadunidenses, que declinaram com educação, mas com firmeza. Azar o deles.

Quando chegamos na casa do coveiro, nosso generoso anfitrião nos levou para o jardim, onde havia uma panela enorme borbulhando sobre uma fogueira. A panela, forrada de pão, estava cheia de frango e legumes cozinhando no meio, de forma que o pão absorvia todos os líquidos. O aroma era divino. Ele abriu um garrafão de rum caseiro com especiarias e a noite ficou ainda mais festiva. Nós sabíamos que haveria consequências no dia seguinte, mas valeu a pena.

Conforme a noite foi passando, nós ficamos sob o luar em volta da fogueira, relaxados por causa do rum e da excelente comida, e jogamos conversa fora. Eu conversei com um homem encantador que era o professor de anatomia da universidade particular da ilha. Claro que tínhamos muito em comum, e nós passamos uma boa parte da noite discutindo questões anatômicas, educacionais e antropológicas. Embora ainda tomando o cuidado exigido pelas sensibilidades políticas ao falar sobre o motivo da minha presença em Granada (se bem que, no fim das contas, eu não precisasse me dar a esse trabalho, pois todo mundo estava falando disso na ilha), eu comentei como era engraçado e irritante que Ian e eu estivéssemos encontrando intransigência da parte dos colegas estadunidenses na questão do elusivo relatório da investigação anterior. Num momento de beleza indescritível, eu ouvi as palavras que nunca esperava ouvir.

"Eu já trabalhava aqui na época e tenho uma cópia desse relatório. Quer que eu faça uma fotocópia para você amanhã?"

É impressionante a magia que pode ser gerada por uma dupla de anatomistas, uma festa de coveiro e rum caseiro com especiarias. As costelas da criança seriam a menor preocupação dos meus colegas de manhã.

No dia seguinte na universidade, a ressaca com força total, Ian e eu fomos até a sala do professor, onde uma cópia do relatório estadunidense estava nos esperando. Na verdade, continha bem pouco que nós já não soubéssemos, fora um tanto mais de informação sobre as teorias sugeridas na época da primeira e malsucedida missão para identificar o paradeiro dos restos de Bishop e, claro, a informação de que Creft estava grávida, que nós já sabíamos, de qualquer modo.

Ian e eu voltamos para o necrotério, onde nossos colegas estadunidenses pareciam ocupados guardando as coisas. Fizemos nossa pergunta matinal rotineira — "Já conseguiram o relatório?" — e recebemos a resposta de sempre: "Desculpe, madame, ainda não. Ainda estamos procurando". Eu tirei o relatório da bolsa e perguntei se eles gostariam de fazer uma cópia do nosso, pois nós ficaríamos muito felizes em ajudar os Estados Unidos a completar seus registros. Bom, eles reagiram na mesma hora. A equipe toda pulou da cadeira, correu para fora da sala, os telefones grudados nos ouvidos, falando como metralhadoras. O estranho é que os estadunidenses não aceitaram a oferta de uma cópia do relatório. Talvez eles tivessem conseguido encontrar o deles.

No fim das contas, não havia nada para ninguém se preocupar. Nenhum dos restos encontrados era de Bishop, da namorada e de nenhum dos membros do gabinete.

Quando os Estados Unidos invadiram Granada em 1983, eles fizeram um ataque aéreo ao quartel-general do exército, erraram o alvo e acertaram um prédio de hospital ali perto. Embora as costelas de criança devessem ser de um enterro anterior no cemitério, os outros ossos no túmulo, inclusive os que estavam no saco de corpo dos fuzileiros estadunidenses, eram de vários pacientes infelizes do hospital que estavam no lugar errado e na hora errada. Nós conseguimos confirmar isso pela natureza fragmentada das partes dos corpos, pela mistura de sexos e idades e por um pedaço do cós de pijama ainda trazendo a amarga etiqueta com o nome do hospital bordado.

É impressionante o quanto dá para se divertir com um conjunto de costelas e algumas folhas de papel, principalmente quando as pessoas se esquecem de tratar umas às outras com o respeito que todos merecemos e quando escolhem se isolar em vez de colaborar. Foi tão desnecessário, todos nós só estávamos tentando descobrir a verdade.

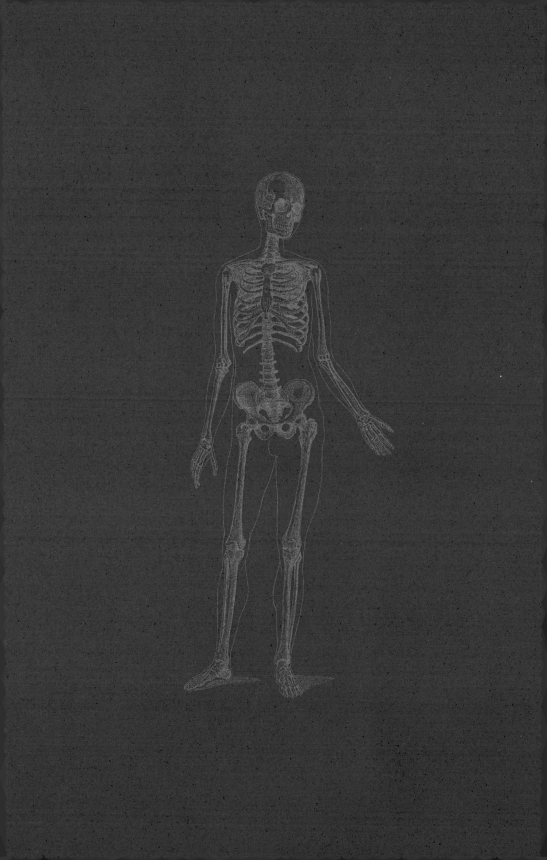

SEVENTH CERVICAL VERTEBRA.

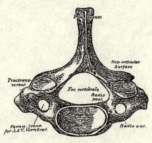

4. (Vertebra Prominens.)

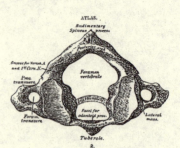

2.

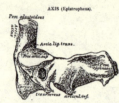

3. Seen from the right side

05

5 Seen from above and behind.

PECULIAR DORSAL VERTEBRÆ

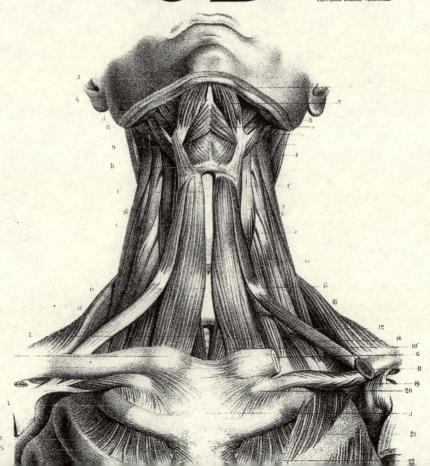

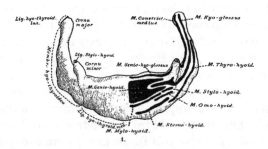

A GARGANTA

HIOIDE E LARINGE

"A voz humana é o órgão da alma."
— HENRY WADSWORTH LONGFELLOW, *Poeta, 1807—1888* —

Se um osso puder ser citado como o favorito dos escritores de romances policiais, esse osso é o hioide. Por causa da sua susceptibilidade a fraturas, muitas vezes a morte por estrangulamento é atribuída a uma lesão assim nos romances.

O osso hioide fica na região superior do pescoço, abaixo da mandíbula, na frente da terceira vértebra cervical. Se você colocar os dedos dos dois lados do pescoço nessa área e apertar (não com muita força), é possível que sinta resistência dos dois lados e uma dor meio desagradável no pescoço. Os ossos embaixo dos seus dedos são as pontas dos grandes cornos (ou asas) do osso hioide, que age como uma espécie de parada para a ligação dos músculos da superfície inferior da mandíbula na área superior do osso e para os músculos que passam da extremidade inferior do osso na direção do esterno e outras estruturas em volta da laringe ou caixa de voz, abaixo.

Em uma criança, o hioide é feito de cinco pedaços separados de osso: um pedaço no meio (o corpo), dois cornos menores, um de cada lado, e, abaixo deles, os dois grandes cornos. É basicamente em forma de c, com a parte aberta do c contornando a traqueia, virada para trás. Os cornos menores se fundem ao corpo no começo da vida, mas os cornos maiores podem começar a fazer isso só lá pela quarta ou até quinta década.

A pressão feita dos lados do pescoço, entre o polegar e os dedos de um agressor, pode quebrar os frágeis grandes cornos, mas a verdade é que nem todo estrangulamento resulta em um hioide fraturado. Estima-se que cerca de dois terços não resultem. Na verdade, esse tipo de fratura não é comum em pessoas jovens e bem raro em crianças. E, mesmo que uma pessoa morta tenha o hioide quebrado, isso não quer dizer que ela tenha sido estrangulada, pois essa fratura pode ter ocorrido durante a vida.

A triste história de Jenny é um bom exemplo. Ela teve uma infância difícil. Os pais morreram e ela foi colocada em um lar de acolhimento, separada do irmão. Ela teve três filhos bem jovem e, depois do fim do casamento, sua vida já confusa começou a pender para o caos. Era conhecida por beber muito e por fazer uso abusivo de drogas. Era comum que desaparecesse por semanas seguidas, quando dormia nos sofás de amigos, em propriedades abandonadas ou se hospedava em um albergue quando tinha um pouco de dinheiro. Jenny tinha 37 anos quando foi registrada como desaparecida por uma pessoa que se deu conta de que não a encontrava havia muito tempo.

Seu último paradeiro conhecido tinha sido uma casa vazia nos arredores de uma cidade do norte. Os vizinhos da propriedade costumavam reclamar ao conselho sobre os mendigos que a ocupavam ou de gente jogando lixo lá. Dezenove meses depois que Jenny tinha sido vista pela última vez, houve uma ordem de saúde pública para a casa e uma empresa foi contratada para limpá-la, para que ela pudesse ser arrumada e vendida. No quintal, debaixo de 1,80 metro de sacos de lixo e detritos, foi um choque encontrar restos humanos esqueletizados, encolhidos em posição fetal. Perto do corpo havia uma lata de aerossol e um saco plástico.

Os ossos foram analisados para verificar o DNA e foram confirmados como sendo de Jenny. Parecia que ela havia morrido no quintal da casa e que, conforme mais gente foi jogando lixo por cima do muro, ela foi ficando enterrada debaixo da pilha de refugo ali acumulada.

A recuperação do corpo foi executada por um arqueólogo forense, para garantir que o máximo dos restos pudesse ser resgatado. As descobertas post-mortem foram inconclusivas quanto à causa da morte, mas várias fraturas cicatrizadas foram encontradas em muitos ossos do corpo. Ficou claro que ela teve uma vida difícil, mas o que não pôde ser estabelecido foi se a morte foi por azar ou por algo mais sinistro.

O arqueólogo recuperou o osso hioide em quatro pedaços e identificou todos — uma aula em profissionalismo. Os cornos menores estavam fundidos ao corpo. O corno maior direito estava separado, e o esquerdo também estava partido em dois pedaços. A pergunta que tínhamos que tentar responder quando a polícia levou o osso para o nosso laboratório foi se a fratura do corno maior esquerdo tinha sido causada antes da morte, na morte ou após a morte.

Um ferimento ocorrido antes da morte provavelmente exibiria sinais de cicatrização, enquanto um ocorrido durante ou após a morte, não. Uma fratura que acontece durante a morte costuma não ser limpa porque o osso ainda está úmido. Imagine tentar quebrar um galho verde. As pontas quebradas vão ficar irregulares, com pedaços de madeira teimosa ainda agarrada nelas. Quando se quebra um galho que está morto e seco, a ruptura tende a ser limpa, assim como dos ossos fraturados após a morte, depois que já secaram.

As lesões antes da morte podem ser resultado de violência e trauma ocorridos algum tempo antes da morte. As fraturas após a morte costumam ser causadas pelo tratamento do corpo depois da morte ou durante a escavação. Uma vai exibir cicatrização, a outra, não. Mas as fraturas que ocorrem durante a morte falam sobre uma possível causa violenta de morte e podem muito bem gerar uma investigação de homicídio. Tentar estabelecer da forma mais precisa possível quando o corno do hioide foi quebrado podia ser a chave para entender um pouco a natureza da morte de Jenny.

A olho nu, as duas superfícies separadas do corno maior esquerdo do hioide de Jenny pareciam limpas, mas vimos algo bem diferente no microscópio. O osso tinha fraturado quando ainda estava úmido, portanto, quando ela estava viva, e a aparência arredondada da superfície irregular mostrava que estava tentando se cicatrizar, sem sucesso. Jenny tinha vivido com o hioide fraturado por um tempo depois do evento que o causou, embora provavelmente por meses e não anos.

Múltiplas fraturas cicatrizadas podem ser indicação de abuso doméstico ou agressão. Também podem ser apenas evidência de um estilo de vida de intoxicação frequente, que resulta em quedas regulares. Não havia prova definitiva de agressão no histórico de Jenny, mas havia registros hospitalares suficientes de idas ao pronto-socorro por causa de quedas, principalmente em tempo ruim.

Nossa filha do meio trabalhou por um tempo na ala ortopédica de um hospital da cidade, onde via muita procura por fraturas obtidas em quedas sob a influência de álcool ou drogas, muitas vezes quando estava chovendo muito ou quando o primeiro gelo do inverno cobria as calçadas e ruas. Ela lembra como era traumático para a equipe de enfermagem tentar lidar com as necessidades complexas desses pacientes enquanto, ao mesmo tempo, ficava vigilante em relação a saúde e segurança, porque não se faz ideia de que tipo de infecção essas pessoas podiam ter. Muitas vezes, a equipe precisava tratar pessoas feridas algemadas ao leito, com escolta policial presente, por causa de suas explosões violentas durante a abstinência. É uma vida caótica não só para as pessoas que, como Jenny, a vivem, mas também para os que tentam ajudar.

No entanto, é bem difícil fraturar o hioide em uma queda, e, no caso de Jenny, a desconfiança de que ela podia ter sofrido uma agressão prévia continuava existindo. Não era possível determinar a causa da morte dela, mas, o que quer que tenha acontecido, era improvável que o hioide quebrado tivesse tido papel crucial nisso.

As maiores partes da caixa de voz abaixo do osso hioide são as cartilagens tireoide e cricoide, que podem começar a virar osso com o avanço da idade. Essa ossificação pode produzir um desenho incrivelmente delicado e estranhamente lindo de formação óssea conforme envelhecemos.

A cartilagem tireoide, mais conhecida como pomo de Adão — uma provável referência à antiga crença de que um pedaço do fruto proibido ficou entalado na garganta de Adão —, costuma ser mais desenvolvida nos homens, como resultado das mudanças na caixa de voz durante a puberdade, quando a cartilagem aumenta de tamanho e a voz fica mais grave. As cordas vocais são presas na parte de trás da cartilagem tireoide, e quanto mais proeminente o pomo de Adão, mais compridas as cordas e mais grave o timbre tende a ser.

O crescimento da laringe não é tão pronunciado em mulheres, mas pode estar presente em algumas mulheres com laringe grande. Em geral, a proeminência da cartilagem tireoide é tão fortemente associada à masculinidade que pode ser causa de preocupação entre as pessoas em transição, principalmente de homem para mulher. É comum que se use lenços, gargantilhas ou roupas de gola alta para disfarçar. É possível que a cartilagem seja "raspada" para reduzir seu tamanho, e algumas pessoas optam por esse procedimento.

O osso pode começar a se formar na cartilagem tireoide desde a terceira década, mas o momento varia muito, e não há diferenças óbvias entre os sexos quando a ossificação da cartilagem começa.

A cartilagem cricoide fica abaixo da cartilagem tireoide, no mesmo nível da sexta vértebra cervical. Tem a forma de um anel de sinete, com uma superfície mais larga perto da parte de trás e uma faixa mais estreita na frente. Abaixo disso há uma série de anéis de cartilagem que mantém a traqueia aberta para podermos respirar, e eles também podem virar delicados anéis ósseos com a idade.

Os ossos hioide, tireoide e cricoide, assim como os anéis traqueais ossificados, estão entre os variados pedacinhos curiosos que podem ser apresentados ao antropólogo forense pelo esqueleto humano e que podemos precisar reconhecer.

As constrições dessa área do pescoço podem ser um perigo ao longo da vida se um corpo estranho entrar na passagem aérea. Eu me lembro de um caso que li quando estava pesquisando para um livro que eu estava escrevendo. O paciente chegou ao pronto-socorro no Natal com extremo incômodo respiratório. Ele achava que tinha engolido um osso de peru. Durante uma esofagoscopia, o corpo estranho foi detectado perto da cartilagem tireoide e extraído.

Não era um osso de peru, mas um pedaço de concha. Quando pediram de novo para ele tentar listar exatamente o que tinha comido, o paciente lembrou que o peru estava recheado de ostras. Portanto, nunca se sabe o que se pode encontrar quando procura.

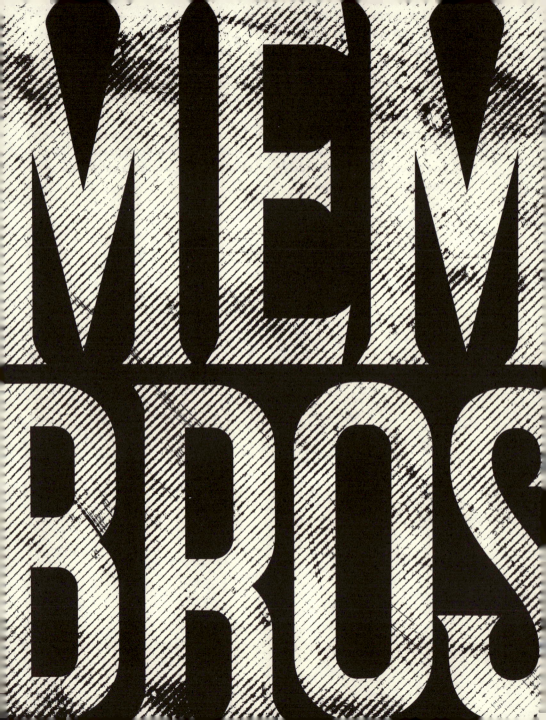

PARTE III

MEMBROS

OSSOS APENDICULARES PÓS-CRANIANOS

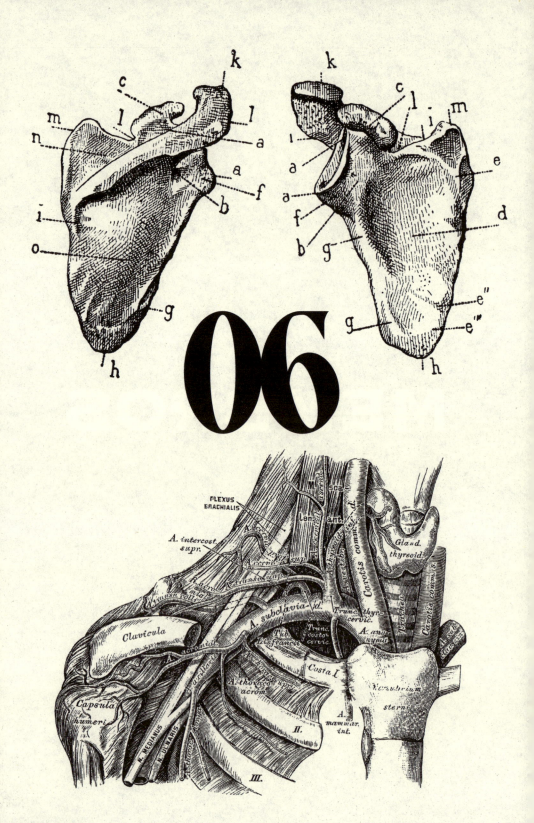

SUE BLACK
OSSOS DO OFÍCIO

CINTURA ESCAPULAR

CONECTANDO OSSOS

"As escápulas estão onde ficavam suas asas quando você era um anjo."
— DAVID ALMOND, *Escritor* —

Há duas "cinturas" no corpo humano. A palavra "cintura" é mais comumente associada a corpetes femininos, mas eu parei de usar analogias assim com meus alunos quando as referências à cinta Playtex e ao sutiã Cross-Your-Heart da minha mãe só geraram olhares de incompreensão. Ao que parecia, minhas referências estavam ficando velhas.

Nossa cintura óssea superior é a cintura escapular, que conecta os ossos do braço (os úmeros) ao tronco e compreende um par de clavículas na frente e as escápulas (ou omoplatas) atrás. A inferior, a pelve, é composta de dois ossos do quadril, que formam uma junção entre o sacro atrás e os fêmures (ossos das coxas) dos membros inferiores nas laterais.

É interessante que a cintura escapular contenha ao mesmo tempo o osso que tem menos probabilidade entre todos os ossos do corpo de sofrer fratura — a escápula — e o que tem mais chance de ser quebrado: a clavícula.

Embora todos os primatas tenham clavícula, ela é rudimentar em muitos mamíferos e totalmente ausente nos ungulados, que incluem uma variedade de animais, de cavalos a porcos e até hipopótamos. Os gatos, por exemplo, têm clavículas muito rudimentares, e é por isso que eles conseguem se espremer por espaços que parecem estreitos demais para eles.

Nos humanos, a clavícula, além de ser uma localização conveniente para fixação muscular, serve como estrutura para manter nossos braços nas laterais do corpo. Na maioria dos animais quadrúpedes, os membros anteriores ficam posicionados embaixo do corpo e são usados apenas para locomoção. Como não há função dupla para a clavícula, ela não precisa ser muito grande. Mas o impressionante é que a clavícula humana não é realmente essencial. Ela pode ser removida desde que os músculos possam ser presos uns nos outros. No passado, alguns jóqueis passavam por remoção cirúrgica da clavícula como medida preventiva. Como era o osso que se quebrava com mais frequência em quedas dos cavalos, havia uma escola de pensamento que alegava que era melhor ficar sem ela do que arriscar o perigo de uma fratura.

E não há dúvida de que uma clavícula quebrada pode ser uma ameaça à vida. O osso tem a forma de um s alongado, e uma fratura ocorreria no ponto mais fraco, a maior curva no terço lateral. Infelizmente, isso fica diretamente sobre a artéria e a veia subclávias, que são bem grandes, e isso as torna suscetíveis a serem rompidas ou perfuradas por estilhaços afiados de osso quebrado.

Sir Robert Peel, que serviu duas vezes como primeiro-ministro britânico entre 1834 e 1846 e é visto como o pai da polícia moderna (por isso os apelidos "peeler", mais antiquado, e "bobby", mais duradouro, para policiais), chegou ao fim da vida como resultado de uma clavícula fraturada. Ele tinha adquirido um cavalo novo que tinha reputação de dar coices. Sir Robert e o cavalo ainda estavam se acostumando um ao outro quando, a caminho de Constitution Hill, perto do Palácio de Buckingham, ele encontrou duas damas que conhecia e o lacaio delas, que estava em um cavalo arredio. O cavalo de Peel se assustou e o jogou longe e, infelizmente, tropeçou e caiu em cima dele. Ele quebrou várias costelas e a clavícula esquerda, que rompeu os vasos sanguíneos subclávios embaixo, e ele morreu de hemorragia.

Como ele levou quase três dias para morrer, e considerando a quantidade de outras lesões por esmagamento que ele pode ter sofrido, eu desconfio que a causa precisa da morte tenha sido por outras complicações, mas a história da clavícula fraturada persistiu ao longo dos anos e é citada até hoje como sendo responsável pelo falecimento dele.

A clavícula é o primeiro osso do corpo humano a começar a se formar, o que acontece na quinta semana de vida intrauterina, possivelmente antes de a mãe saber que está grávida. É um osso muito precioso, que adota a forma de s que vai ter quando adulto bem cedo, no final do segundo mês de gravidez, e cresce no ritmo bem regular de cerca de 1 milímetro por semana a partir daí. Quando o bebê nasce, tem cerca de 44 milímetros de comprimento e é bem reconhecível, e por isso mesmo bem útil como indicador de idade em restos fetais e de recém-nascidos.

Enquanto a perspectiva de uma nova vida chegar à família é para a maioria das pessoas algo a ser comemorado, infelizmente nem todos os bebês são bem-vindos, e não é incomum que restos de fetos ou de bebês recém-nascidos apareçam escondidos em lugares inesperados. Muitas vezes, é quando tábuas de piso são removidas ou painéis de banheiras antigas são soltos, quando chaminés são abertas ou limpas, quando sótãos recebem isolamento térmico ou quando malas velhas são descobertas no fundo de armários esquecidos. Gestações indesejadas podem ser encobertas, e o corpinho de um bebê recém-parido, seja nascido vivo ou morto, pode ser facilmente escondido na crença de que nenhuma prova da existência dele precisa vir à luz.

Mas muitas vezes acaba vindo, às vezes anos após o evento. Muitos dos casos que nos pedem para examinar têm setenta anos ou mais, de uma época em que a vida era bem mais difícil. Abortos eram ilegais e inseguros (como ainda são em muitos lugares do mundo), mas isso não impedia que as mulheres os procurassem, nem atrapalhava a indústria secreta que satisfazia essa procura. Muitas vezes, as mulheres eram levadas a tomar essa decisão por causa da pobreza, pela impossibilidade econômica de alimentar mais uma boca ou pela vergonha e pelo estigma ligados à ilegitimidade.

A descoberta desses restos levanta muitas questões. A primeira que surge em mente, claro, é: quando o bebê morreu e quem era a mãe? Mas muitas vezes as perguntas mais relevantes do ponto de vista legal dizem respeito a como e com que idade o bebê morreu. A questão central aqui é se a criança nasceu viva e, em caso afirmativo, se morreu de causas naturais, talvez como resultado da ausência de intervenção médica, ou se foi morta por alguém. Se morreu prematuramente, foi por causa de um aborto, talvez, ou o bebê foi natimorto?

Um natimorto é definido como um bebê nascido sem sinais vitais após 24 semanas de gestação, enquanto uma criança que nasce antes desse estágio é vista como um aborto espontâneo ou perda fetal tardia. O marco de 24 semanas é importante forensicamente, pois é o limite legal atual para um aborto e, portanto, considerado a idade além da qual o feto tem chance de sobrevivência desde que um nível alto de cuidado médico esteja disponível. Em outras palavras, é quando dizem que o feto se torna tecnicamente "viável".

A clavícula fetal pode oferecer prova confiável para se estabelecer essa distinção legal. Com 24 semanas, o osso tem cerca de 27 milímetros de comprimento, metade do tamanho de um polegar adulto, e pode ser medido com precisão. Em um bebê vivo dentro da mãe, isso é feito usando ultrassom. A imagem pode ser complicada de interpretar, então costuma ser necessário o conhecimento de um radiologista. Em um bebê que não está mais no útero, é possível fazer um raio-x ou uma tomografia computadorizada do osso, ou, se houver exame post-mortem, a clavícula pode, claro, ser removida e medida diretamente.

Encontrar restos de fetos ou de bebês recém-nascidos em casa pode ser traumático, como pôde atestar um casal que comprou um chalé de pedra em uma parte remota das ilhas escocesas. Enquanto faziam uma grande reforma, eles tiraram o piso de madeira da cozinha para colocar uma estrutura de controle de umidade e canos novos. Quando olharam a base de terra embaixo, eles viram o que acharam que podiam ser ossos na superfície do solo. A ilha tinha herança rica de enterros e artefatos antigos, e eles chamaram uns arqueólogos que estavam trabalhando num local próximo para darem uma olhada. Os ossos eram muito pequenos. Alguns eram de animais, mas, infelizmente, nem todos. A polícia foi chamada.

Como a força local não tinha policiais de cena do crime e levaria uns dois dias para alguém do continente chegar lá, eles decidiram convocar a ajuda dos arqueólogos. Os ossos secos foram removidos e transportados por via aérea em duas caixinhas de papelão até o necrotério mais próximo, a quase 250 quilômetros de distância, em Inverness. Recebi o pedido para examinar os restos e dar a minha opinião sobre idade na hora da morte, quanto tempo antes a morte tinha ocorrido e para oferecer qualquer outro indicativo que pudesse ajudar na investigação. A qualidade das fotografias tiradas no local era péssima, ao ponto de eu precisar perguntar o que deveria estar vendo e onde. Esse foi o alarme número um. O alarme número dois tocou quando eu perguntei quem tinha tirado os ossos e ouvi que estava "tudo bem porque eram arqueólogos, e eles só pegaram os restos humanos e jogaram fora os ossos de animais".

Qualquer pessoa com treinamento forense sabe que nunca se joga nada fora e que sempre devemos chamar especialistas com conhecimento relevante. Mesmo assim, isso poderia ter sido ok naquelas circunstâncias se eu pudesse depender da precisão da avaliação dos arqueólogos sobre a origem dos ossos. Se eles tivessem a experiência necessária para identificar de forma competente restos humanos, não deveria haver ossos de animais nas caixas. Mas o que encontrei foram ossos de animais misturados com ossos fetais humanos. Isso me disse que eu não podia ter confiança na capacidade daqueles arqueólogos de distinguirem entre eles.

O local de descarte teria que ser revistado de novo. Quando isso foi feito, acredito que nada tenha sido encontrado, embora eu ache que não tenha havido presença de antropólogo forense mesmo então. As investigações da vida real nunca são como as que vemos na televisão, e não haveria momento de eureca. Eu dei uma bronca no detetive sênior por causa da qualidade das fotografias e da abrangência da recuperação e falei que esperava que não tivesse sido homicídio, porque as provas estavam péssimas. Ele era um amigo meu de longa data e ouviu a bronca sem reclamar. Mas desconfio que a experiência tenha feito aquela força policial apurar seus procedimentos de busca e recuperação a partir daquela ocasião.

Os ossos de animais nas caixas eram pequenos e de pragas, principalmente camundongos e ratos, e portanto parecia provável que o material humano tivesse sido fonte de alimento para eles ao longo do tempo. De fato, marcas de dentes de animais estavam visíveis em alguns ossos humanos. Um bebê recém-nascido tem mais de trezentos ossos, e eu estava vendo apenas uns 2% desse total. Além do mais, ficou claro que os ossos tinham vindo de mais de um bebê. Entre eles havia três clavículas: duas esquerdas e uma direita, e a clavícula direita não era do mesmo tamanho de nenhuma das esquerdas, então, obviamente, não era parte de um par.

Em suma, nós tínhamos os restos de pelo menos três bebês diferentes. Se o três tivessem sido enterrados intactos, eu esperaria um mínimo de novecentos ossos encontrados. O resto devia ter se perdido com o tempo: ou consumido por animais, levado por água (a área era muito úmida) ou simplesmente desintegrado no solo local, ácido e turfoso. Mas, claro, é possível que alguns deles não tenham sido pegos pelos arqueólogos porque eles não os reconheceram como sendo restos fetais. Também era possível que os bebês não tivessem sido descartados intactos, e eu certamente procuraria marcas de desmembramento.

Não havia evidência de trauma nos ossos. Por isso, a causa de morte não pôde ser determinada imediatamente e o desmembramento era improvável. Não dá para saber o sexo de um bebê pelos ossos, mas dá para identificar a idade com precisão, principalmente quando se tem as clavículas. Dois dos bebês, os dois donos das clavículas esquerdas, tinham chegado a termo e tinham umas quarenta semanas quando morreram. Mas o terceiro, o dono da clavícula esquerda, menor, era bem mais novo, com umas 32 semanas — ainda viável pela definição legal válida atualmente, embora potencialmente incapaz de sobreviver se os restos eram de origem histórica. Amostras de DNA foram recolhidas dos ossos, mas nada pôde ser extraído, talvez por causa das condições de preservação ou da idade.

Nós acreditávamos que os corpos deviam ser históricos. A datação por radiocarbono teria confirmado isso, mas eu sempre fico relutante em mandar ossos de bebês para testagem se não for absolutamente necessário, sobretudo porque tão poucos são recuperados. A análise sempre exige que tanto osso seja destruído que há um risco de não sobrar nada para enterrar depois que nossas perguntas forem respondidas. Então, eu pedi à polícia para fazer uma pesquisa local e deixar os testes químicos como último recurso.

A história que descobriram veio principalmente de boatos locais, mas encaixava com as provas e acabariam satisfazendo o procurador. Datava da época logo após a Primeira Guerra Mundial, quando aquela comunidade remota da ilha tinha uma existência isolada, sem telefone, eletricidade, água corrente e transporte público. A vida era difícil e a maioria das famílias subsistia da pouca coleta que conseguiam na terra e no mar. As casas eram pequenas, frias, úmidas e escuras, com paredes grossas de pedra, telhados de palha, janelas pequenas e piso feito direto em cima da terra.

Violet, que não era casada, morava sozinha em uma casebre de pedra típico a apenas 100 metros do chalé onde os ossos foram encontrados. Ela era vista pelas fofocas da época como uma mulher de moral duvidosa e era descrita alternadamente como vagabunda, prostituta e Jezebel, ou, em gaélico, uma *siùrsach* ou *strìopach*.

Diziam que, para se sustentar, Violet vendia favores para os militares de uma base naval próxima e para empresários locais bem-sucedidos. Ela era vista periodicamente usando roupas largas suspeitas e havia ocasiões em que ia morar por um tempo com a mãe dominadora, Tamina, que morava num chalé próximo, para voltar um tempo depois e seguir com a vida normal. O que aconteceu durante esses intervalos no chalé é que deve ser relevante para a descoberta dos restos encontrados debaixo das tábuas do piso.

Em uma era de contracepção longe da perfeição, gestações indesejadas eram um risco ocupacional do suposto trabalho de Violet. Diziam na região que ela havia dado à luz um total de até onze crianças, embora fofocas tenham sempre uma tendência ao exagero. Fosse qual fosse a verdade, quando morreu, nos anos 1950, ela só tinha um filho vivo. As pessoas lembravam que o nascimento dele foi por parto pélvico e precisou de ajuda de um médico da região. Pode ter sido isso que salvou a vida dele.

Diziam que, sem poder interromper as gestações, Violet levava os bebês a termo e se mudava para a casa da mãe quando chegava a hora do parto. Talvez os parentes preferissem fingir que não sabiam quando ela ficava grávida, na esperança de ela sofrer um aborto espontâneo. Talvez até se beneficiassem do dinheiro que ela ganhava. De qualquer modo, naquela época a ilegitimidade era um pecado aos olhos da igreja e uma mancha na reputação da família toda — e o avô de Violet era ministro leigo. Apesar de ser possível fingir não perceber uma gravidez discreta, um filho bastardo não seria tolerado. Mas parece que infanticídio era. A condenação da Igreja era bem mais temida do que o braço longo da lei.

As histórias locais diziam que assim que um bebê nascia, Tamina o pegava e afogava em um balde velho e enferrujado usado para carregar peixes. O corpo era jogado embaixo do piso do chalé, onde, ao longo do tempo, se decomporia até só sobrarem ossos.

O filho de Violet, que não estava mais vivo quando os restos foram encontrados, alegava que, no leito de morte, sua mãe admitiu ter dado à luz cinco bebês e que a avó dele afogou os outros quatro. Ela disse a ele que devia sua vida à presença do médico no dia do nascimento, o que queria dizer que a chegada dele teve que ser reconhecida e perguntas seriam feitas caso ele sumisse subitamente. Não fosse por isso, Tamina o teria afogado também.

Ele nunca conheceu a impressionante avó. Violet tinha tanto medo de Tamina que deixou o filhinho longe dela até ele ter idade de ir à escola, quando não daria para esconder a existência saudável dele.

Não há provas de nada disso, e a maioria deve ser falação maldosa. E, antes de condenarmos Tamina apressadamente como sendo uma assassina em série fria e má, nós temos que considerar as atitudes da época. Os feitos do passado nem sempre batem confortavelmente com nossa moral moderna. Talvez Violet tenha procurado ajuda da mãe; talvez elas tenham trabalhado juntas para manter a renda escassa da família, ignorando as fofocas e descartando o constrangimento social.

A ilegitimidade e o infanticídio eram tão presentes que, em 1809, a lei da Escócia foi alterada para reduzir a sentença pelo crime de esconder uma gravidez e não pedir ajuda no parto. Desde o século XVII, esse crime era tratado como homicídio, mas agora carregava a penalidade menos severa de dois anos na prisão. E, se acusada, uma mulher podia declarar o bebê como natimorto na esperança de ganhar leniência.

Se, como disse o filho de Violet, houve mesmo quatro outros bebês, eu podia confirmar os restos de apenas três debaixo do piso. Mas era possível que alguns daqueles ossos fossem pertencentes a um quarto bebê ou, claro, que seus restos tivessem sido totalmente consumidos por animais ou tivessem sido depositados em outro lugar. Os antropólogos forenses registram um NMI — número mínimo de indivíduos —, o que não significa que não pode haver mais a serem representados. O NMI é calculado estabelecendo-se onde há a duplicação do mesmo osso, ou ossos de tamanhos diferentes que podem indicar estágios diferentes de maturidade. Nós sabíamos que tínhamos três clavículas que não eram do mesmo conjunto, mas não tínhamos como saber se todos os ossos eram dos mesmos três bebês.

Fossem quantos fossem, mais de oitenta anos depois que os bebês tinham perdido a vida, supostamente nas mãos de uma avó assassina, eles foram colocados para descansar ao lado da mulher que se acreditava que fosse mãe deles. Eles não tinham nome, mas cada pequena pilha de ossos foi colocada em um caixãozinho. Nós não podíamos provar nem que eles eram da mesma família, mas as provas relatadas e as circunstâncias pareciam sustentar a probabilidade. O procurador ficou satisfeito e, depois de anos embaixo daquele chalé como dejetos indesejáveis, eles mereciam ser enterrados com respeito.

Por volta da mesma época, nós tivemos um caso parecido no norte da Escócia, relatado por um jovem casal que estava colocando spots no quarto recém-reformado. Eles abriram uma passagem no teto para passar o cabo elétrico pelo espaço acima do teto, mas o cabo ficava prendendo em alguma coisa. Eles cutucaram e empurraram, e um rolo de roupas caiu do teto com uma nuvem de poeira e detritos. Era um vestido dos anos 1950 e, enrolado dentro, havia o restos ressecados de um bebê recém-nascido.

Quase previsivelmente, a criança tinha nascido a termo, como provado pelo comprimento da clavícula, e não havia provas de uma causa de morte. Às vezes, não é do interesse público dar início a uma ampla investigação. Quem investigar? Quem processar? A não ser que a propriedade ainda pertença ou seja ocupada pela mesma família, como se estabelece quem morava lá na época? Encontrar alguém ainda vivo que pudesse ter informações úteis a oferecer, além de encontrar qualquer indivíduo que pudesse admitir responsabilidade, é quase impossível.

Mas há ocasiões em que conseguimos reunir um bebê que morreu no nascimento e seu nome, mesmo muitos anos depois. Foi a clavícula de novo que nos ajudou no caso de um bebê cujo corpo foi encontrado em circunstâncias muito tristes. Uma mulher entrou em uma delegacia de polícia em Midlands certo dia e informou o atendente que, vinte anos antes, ela havia sofrido um aborto espontâneo no final de uma gestação. Ela não era casada e, como tinha escondido a gravidez de todo mundo, ela achava que nunca poderia confessar sobre o bebê natimorto.

Ela contou à polícia que deu à luz a filha sozinha no chão do banheiro. Disse que o bebê nasceu morto e não chorou. Ela cortou o cordão umbilical e enrolou o bebê em jornal.

Quando a placenta foi expulsa, ela a jogou na lata de lixo. Mas ela não soube o que fazer com o bebê. Ela não conseguiu suportar a ideia de se separar da filha. Entretanto, enterrá-la em casa não era opção, porque ela morava em um imóvel alugado, onde sabia que dificilmente ficaria por muito tempo. Ela não queria acabar tendo que se mudar e deixar a criança para trás. Essa reação é bem comum e explica por que restos de bebês abortados espontaneamente ou natimortos costumam ser encontrados em partes inesperadas de cemitérios ou em malas, assim como em recônditos escuros de casas. Desde a época de Violet, a população se tornou mais móvel, e é incomum que alguém passe a vida toda na mesma casa.

Aquela mulher precisava encontrar uma forma de dar à bebê um enterro decente que ao mesmo tempo a escondesse e permitisse que ela fosse transportada quando necessário. Ela contou à polícia que, depois de botar a filhinha ainda enrolada em jornal dentro de uma fronha, ela comprou um vaso de metal bem grande para botar do lado de fora da porta dos fundos da casa. Ela botou compostagem no fundo, acomodou o bebê na mortalha improvisada em cima, plantou um loureiro no vaso e preencheu com terra. Disse que não pareceu certo molhar a planta com a filha lá embaixo e, por isso, deixou a árvore morrer. Mas ela guardou o vaso e o que havia dentro, e se mudou de casa com ela várias vezes. Em cada casa nova, ela guardava o vaso em um barracão ou armário para deixá-la "seca e aquecida".

Por fim, depois de carregar esse segredo por vinte anos e, com ele, sem dúvida uma grande dose de culpa e ansiedade, ela sentiu necessidade de se livrar do fardo contando a verdade para alguém.

Fui chamada para ir ao local para ajudar com a recuperação dos restos, caso houvesse mesmo algum a ser encontrado. O vaso tinha uns 60 centímetros de altura e a circunferência era desse mesmo tamanho. Como era feito de metal, nós não podíamos usar o raio-x, então teríamos que executar uma miniescavação.

O vaso foi levado ao necrotério e colocado em uma mesa onde, camada por camada, a terra seca e poeirenta foi removida com um pincel de tinta e uma pazinha de jardinagem, como uma vassoura e uma pá em miniatura. Nós deixamos a terra de lado, para ser examinada depois e termos certeza de não ter perdido nada. A sala estava em silêncio absoluto, com exceção dos cliques suaves da câmera fotografando cada passo do processo. Todos prendiam a respiração. Alguns centímetros abaixo, eu vi um pedaço de algodão aparecendo e tirei com cuidado a terra ao redor. Era mesmo uma fronha, como a mulher tinha dito à polícia. Estava intacta e eu pude retirá-la inteira. Depois, cortei com cuidado o comprimento da fronha e desdobrei o tecido para revelar o conteúdo.

Se houve jornal, já tinha sumido havia tempo, mas o que estava presente era o esqueleto perfeito de um bebê, o tecido delicado, fino, ressecado, ainda visível onde antes havia músculos, ocupando os espaços entre os ossos. O corpo continuava articulado, pois os tendões e ligamentos tinham secado e mumificado, deixando tudo no lugar.

O bebê ainda estava em posição fetal e os ossos do crânio estavam deformados, o que é consistente com um parto vaginal. Cada ossinho foi recuperado, fotografado e analisado. A clavícula tinha 42 milímetros de comprimento, o que confirmava que era provável que tivesse sido um parto de um bebê a termo. Não havia evidência de causa de morte.

Acho que a mãe não foi acusada de crime nenhum, apesar de o crime de esconder um parto continue existindo na lei. Ela deve ter sido só advertida. A tristeza desse caso não está só na perda de uma nova vida, mas no trauma de uma mãe dando à luz uma criança morta na solidão total e nas cicatrizes psicológicas que ela carregou por duas décadas.

Eu soube que o corpinho foi enterrado em um cemitério local. Apesar de não saber se a mãe compareceu, eu imagino, considerando o laço forte que ela possuía com a filha morta, que deva ter ido, provavelmente com os policiais de assistência familiar que ficaram ao lado dela durante o processo todo. Algumas pessoas veem a polícia como dura e indiferente, mas, na minha experiência, isso costuma estar longe da verdade. Em casos assim, eles dividem a dor que pesa no ar e exibem uma humanidade profunda e solidariedade pelos que estão tentando apoiar.

Como não conseguimos estabelecer uma causa de morte, nós não podíamos afirmar que tinha sido o parto de um bebê natimorto, mas, se não foi, sem dúvida aquela mãe já fora punida o suficiente. Ainda assim, embora os empáticos entre nós possam ver isso como uma história trágica de solidão e sofrimento, os cínicos vão preferir ver uma oportunista que assassinou o bebê indesejado e escondeu a morte e sua própria culpa. É improvável que saibamos qual interpretação mais se aproxima da verdade, mas, se ela fosse culpada de algum crime real, por que teria se apresentado? E eu prefiro viver com esperança a viver com escárnio.

A clavícula é incomum não só por ser um guia confiável para a idade de um feto ou de um bebê, mas continua sendo útil em relação a isso até o fim da terceira década da vida.

Além de ser o primeiro osso a começar a se formar no feto, é um dos últimos no corpo a parar de crescer. Na extremidade medial ou esternal (perto do esterno) fica um plugue de cartilagem que começa a se ossificar gradualmente a partir dos 14 anos de idade, mais ou menos (um pouco mais cedo nas meninas do que nos meninos). Com o tempo, quando a cartilagem vai sendo substituída, o osso no plugue se funde com a estrutura principal.

Isso começa a acontecer por volta dos 16 anos, e a clavícula de uma pessoa de qualquer idade entre uns 16 e 24 anos pode parecer ter um floco fino de osso grudado na extremidade medial da estrutura, meio como uma casca de ferida. (Anatomicamente, "medial" indica a área mais próxima do meio do corpo, enquanto "lateral" descreve a região mais distante da linha do meio.) Como o fim da fusão pode só ocorrer com 30 e muitos anos, nós podemos ter uma margem bem definida de possibilidades: menos de 15, entre 15 e 25 ou mais de 25 anos. Por isso, é um dos primeiros ossos que olhamos quando estamos tentando estabelecer a idade de uma criança ou de um adulto maduro a partir do esqueleto.

Embora a clavícula tenha tendência a fraturas, é um ossinho bem resistente, quer seja sujeitado a enterro, exposição aos elementos ou fogo. Deve sua rigidez ao córtex denso e à junta com o esterno ser apertada, o que dá à extremidade esternal uma certa proteção. Foi essa característica que forneceu uma pista importante para o que pode ter acontecido com Marcella, uma trabalhadora do sexo de 19 anos que sumiu em Midlands.

Marcella era mãe de uma menina de 9 meses. De acordo com as pessoas que a conheciam, ela continuou no arriscado ramo para sustentar a filhinha. Uma noite, Marcella deixou a filha com uma babá para ir trabalhar e pegou um táxi para a zona de meretrício da cidade. Ela ligou várias vezes para a babá para verificar se estava tudo bem. A última ligação foi feita não muito depois das 21h. Como ela não voltou para pegar a filha por volta das 23h, como tinha prometido, a babá ligou para a mãe de Marcella, que procurou a polícia para relatá-la como desaparecida.

Depois de verificar todos os hospitais e não encontrar nada, a polícia considerou quatro explicações possíveis. Primeiro, que Marcella tinha decidido abandonar a filha. Segundo, que ela estava sendo mantida em algum lugar contra sua vontade. Terceiro, que tinha sofrido algum acidente e estava em algum lugar ferida ou coisa pior, ainda sem ter sido descoberta. Quarto, que ela estava morta como resultado de um crime. Como Marcella era uma mãe conscienciosa, ninguém achou que a primeira teoria era muito provável. Isso significava que as outras três alternativas precisavam ser investigadas com uma certa urgência.

Outras pessoas que trabalhavam com Marcella foram entrevistadas. Embora relutantes no começo em dar nomes, descrições e placas de seus clientes regulares ou pedestres desconhecidos, quando se deram conta da seriedade da situação, aquelas pessoas ajudaram a polícia rapidamente, para reduzir a lista de suspeitos prováveis. A polícia ficou com dois nomes a priorizar, um deles de interesse significativo.

Paul Brumfitt já tinha cumprido pena por catorze anos na prisão por dois homicídios: primeiro, ele bateu em um vendedor até a morte com um martelo e, enquanto estava em fuga na Dinamarca, estrangulou um motorista de ônibus. Ele também tinha ferido uma mulher grávida com um castiçal. Ele alegou que uma discussão com a namorada na época tinha deflagrado seu surto de assassinatos. Como os psiquiatras não encontraram evidências de doença mental, ele foi libertado da prisão com saída temporária e estuprou uma trabalhadora do sexo usando uma faca em duas ocasiões diferentes. Ele estava em condicional por esses dois crimes. Marcella teria se tornado outra vítima dele?

Como parte de sua reabilitação, desde a libertação da prisão Brumfitt trabalhava como jardineiro e guardião de parques para o conselho local. A polícia, ciente de que ele alugava um pequeno depósito de madeira, concentrou a investigação no local e no apartamento onde ele estava morando. Na casa dele, foi encontrada uma pequena quantidade de sangue que correspondia ao de Marcella, mas era insuficiente para justificar uma acusação de homicídio. No depósito, foram encontrados os restos de uma fogueira muito grande, em uma área que tinha sido usada para queimar todos os tipos de materiais em um longo período.

Quando camadas claramente definidas são vistas numa fogueira, isso é indicativo de que houve incêndios consecutivos em vez de um só. Se o fogo é alimentado com frequência, ele produz cinzas mais homogêneas. Aquela teria que ser investigada metodicamente, camada por camada, para tentar estabelecer o que tinha sido queimado lá e onde estava localizado no fogo.

O que é encontrado perto da superfície das cinzas têm mais chance de ter sido colocado no fogo depois do material tirado de mais perto da base. Então, era muito importante que aquela fogueira fosse desconstruída com cuidado e que sua história deposicional fosse registrada em detalhes, um trabalho que precisava ser realizado por um arqueólogo forense especializado.

Arqueólogos forenses experientes são uma raça rara no Reino Unido, mas a polícia conseguiu garantir os serviços do melhor, o professor John Hunter. Foi nesse ponto que a polícia também fez contato comigo, e viajei da Escócia para ajudar. Só me disseram que a polícia queria que eu olhasse uns fragmentos do que achavam que podia ser osso que John tinha recuperado da fogueira no depósito de madeira. Eu também sabia que estavam procurando uma mulher desaparecida que desconfiavam ter sofrido um fim violento, e que o principal suspeito estava ligado ao depósito de madeira em questão, mas eu não sabia mais nada sobre a própria Marcella.

John tinha retirado sistematicamente os restos queimados da fogueira, enrolado e etiquetado um por um o material de cada camada e enviado para o necrotério, onde examinei tudo. Cada saco estava aberto e o conteúdo espalhado na mesa mortuária, para ser examinado item a item, boa parte com uma lente de aumento, a fim de tentar determinar o que podia estar presente. Mexer em detritos de fogo é um trabalho sujo. Tudo está preto ou cinza, então é preciso ter boa visão e boa luz, para garantir que nada passe despercebido. No alto da fogueira havia muita madeira, uma parte ainda sem queimar, que tinha sido usada como combustível principal. Perto da seção superior, alguns ossos foram encontrados. Não eram humanos, eram majoritariamente partes de ossos de carne de restos de comida.

Conforme fui progredindo para as camadas mais profundas, fragmentos bem pequenos de osso começaram a surgir. Esses ficaram óbvios que não eram animais e podiam muito bem ser humanos. Estavam de cor cinza, o que significava que tinham sido queimados por um tempo considerável, e tinha sobrado tão pouco que a probabilidade de extrair DNA deles era quase zero. Com várias fogueiras tendo sido feitas no mesmo local, as cinzas mostravam que tinha havido queimas repetidas dos ossos, que o reduziram a pedaços menores e menores, talvez apontando para uma tentativa de destruí-los por completo e garantir que não pudessem ser identificados.

Um conjunto de chaves de casa também foi encontrado em uma camada inferior da fogueira. Quando testadas pela polícia, as chaves abriram a porta da frente e dos fundos da casa de Marcella. Sozinhas, as chaves eram só provas circunstanciais. Se os restos não pudessem ser atribuídos a Marcella, Brumfitt não poderia ser acusado do assassinato dela.

Poucos dos fragmentos de ossos eram maiores do que uma unha — e um era mesmo uma unha. O osso era pequeno, mas percebi que era de adulto porque as áreas de crescimento tinham se fundido. Eu identifiquei outro fragmento como tendo vindo da perna dela, da ponta inferior da fíbula, que forma o calombo externo do tornozelo. Isso revelou que a placa de crescimento, a área de tecido em crescimento no final dos ossos longos, estava fundida, mas que isso tinha ocorrido em ocasião relativamente recente. Nas mulheres, a fusão dessa placa de crescimento costuma ser completada por volta dos 16 a 18 anos. Eu também tinha uma pequena seção de osso alveolar da mandíbula (a área onde ficam os dentes), que passou por raio-x para que um odontologista forense pudesse comparar nossas imagens com qualquer radiografia que pudesse existir dos registros dentários de Marcella.

E havia a confiável clavícula. Um pedaço dela, do tamanho da unha de um polegar, tinha sobrevivido ao calor persistente e intenso do fogo, apenas o suficiente para nos permitir estimar a idade da vítima como estando entre 16 e 21 anos. Dava para ver que o pedaço de osso da extremidade medial tinha começado a se fundir, mas que estava em um estágio muito inicial de desenvolvimento. Também ficou claro a partir de alguns dos fragmentos de ossos que um grau de desmembramento tinha sido executado.

No fim das contas, o que aqueles pequeninos restos de um ser humano puderam revelar encaixava com a descrição de Marcella que a polícia tinha obtido. Marcella tinha 19 anos, na metade da estimativa de idade dos fragmentos de ossos, e era uma mulher pequena, com menos de 1,5 metro. A polícia tinha sido informada que ela costumava usar saltos para parecer mais alta. Ela parecia tão nova para a idade que supostamente tirava vantagem da aparência para obter um tipo desagradável de cliente: um de seus trajes de trabalho era elaborado para atrair homens que fantasiavam com encontros sexuais com crianças.

A polícia acreditava que o que aconteceu podia ter sido mais ou menos assim. Brumfitt pegou Marcella na zona de meretrício e ele a persuadiu a ir para o apartamento dele. Lá, é possível, considerando os crimes anteriores do suspeito, que ele a tenha estuprado enquanto apontava uma faca para ela. Por algum motivo — talvez ela tenha reagido, ou para impedir que ela o identificasse —, ele a esfaqueou. Ele já estava em condicional depois de estupros e, se fosse pego, seria enviado direto para a prisão, e assassinato não era novidade para ele. Isso explicaria a descoberta de sangue dela no apartamento.

Embora nós soubéssemos que tinha havido desmembramento do corpo, o sangue no apartamento era insuficiente para que isso tivesse acontecido lá. Talvez Brumfitt tivesse transportado o corpo de Marcella para o depósito, onde, ao longo de um tempo, os restos foram queimados, um pedaço de cada vez, junto com as roupas e os pertences. Os ossos animais que foram encontrados deviam ser apenas os restos de refeições que foram jogados no fogo, mas podiam ter sido acrescentados numa tentativa deliberada de confundir qualquer um que pudesse remexer nas cinzas.

Brumfitt foi preso. Inicialmente, ele se recusou a responder perguntas, mas acabou cedendo e admitiu o homicídio. No entanto, ele não explicou os detalhes da morte e nem do desmembramento. Ele recebeu três sentenças de prisão perpétua pelos dois estupros e pelo homicídio qualificado de Marcella e foi condenado a uma vida na prisão, onde ele agora reside.

No julgamento, o juiz aceitou a identificação de Marcella com base em três provas: o testemunho do odontologista de que o pedaço de osso alveolar era compatível com um raio-x antigo, as chaves encontradas no fogo e nossa confirmação de idade, feita basicamente com o que o fragmento de clavícula queimada do tamanho de uma unha tinha para nos contar. Não é surpresa que esse seja um osso tão amado pelo antropólogo forense.

Em contraste com a clavícula, a escápula, o segundo osso da cintura escapular, raramente oferece informações úteis na investigação forense. Embora, novamente ao contrário da clavícula, ela seja difícil de quebrar, ela pode ser deslocada com relativa facilidade no ombro porque o membro superior não é ligado ao tronco com firmeza.

Essa é uma característica muito explorada em casos de tortura. O método conhecido como strappado, ou suspensão palestina, envolve amarrar as mãos da vítima nas costas e suspendê-la por uma corda presa aos pulsos. Com os ombros nessa posição, o peso do corpo costuma deslocar o úmero da escápula. Como é uma articulação frouxa, ela pode ser rearticulada, o que a torna ideal do ponto de vista do torturador para agressões repetidas. Às vezes, um peso adicional é colocado nos ombros para aumentar o sofrimento. Dizem que a dor é excruciante, e pode ser fatal se a vítima ficar pendurada por muito tempo. O risco de morte depende da idade e do estado de saúde da vítima, mas a suspensão palestina pode levar a asfixia, falência do coração ou trombose.

Fora o risco à vida e os efeitos psicológicos severos, pode ter consequências físicas de longo termo como perda de sensibilidade (parestesia) na pele do membro superior, provocada por dano aos nervos na região da axila, ou paralisia muscular, basicamente como resultado de lesão do nervo axilar.

O músculo mais importante a ser afetado é o deltoide, que cobre a frente, a parte de cima e a de trás da área do ombro. Como esse músculo é o principal que controla nossa capacidade de levantar os braços para o lado, um legado duradouro da suspensão palestina pode ser a incapacidade de levantar o braço esticado até a altura do ombro. Portanto, isso é usado com frequência por advogados de direitos humanos como teste para determinar se há prova física que apoie o testemunho dos que alegam terem sido vítimas dessa forma de tortura.

Pode ser possível para o antropólogo forense detectar os efeitos da suspensão palestina em um esqueleto, desde que o indivíduo tenha sobrevivido à tortura original. Os danos de longa duração aos nervos levam a atrofia muscular e é provável que, nas regiões onde os músculos se prendem, em particular o músculo deltoide, áreas de reabsorção de osso tenham ocorrido em qualquer pessoa que tenha sido torturada assim na vida. Essas marcas, que são chamadas de entesopatias, são cicatrizes deixadas por pedaços de tendões ou ligamentos que foram lesionados por meio de trauma.

Embora atos tão desumanos possam parecer coisa do passado, infelizmente essas técnicas ainda são empregadas hoje em dia para arrancar informações ou confissões ou para quebrar a determinação da vítima ou de outros prisioneiros obrigados a assisti-la. O corpo humano é uma maravilha da engenharia, mas nós conhecemos seus limites. Nas mãos de quem escolhe usar esse conhecimento para levar o corpo além desses limites, ele se torna uma arma barata e eficiente.

A escápula deve sua durabilidade à sua robustez intrínseca e a ser protegida pelos músculos ao redor. A origem do nome do osso pode ser o grego, *skapto*, que quer dizer cavar ou mergulhar, por causa da aparência de pá. De fato, com modificações mínimas, as escápulas de animais grandes como a vaca, o cavalo ou o cervo foram empregadas por muitas culturas antigas como ferramentas de agricultura e usadas como enxadas ou pás.

Embora a escápula não costume ser essencial em uma investigação forense, isso não quer dizer que não vamos examiná-la detalhadamente. Um esfaqueamento ou uma bala nas costas pode deixar marca no osso, e um trauma de força contundente causado por uma arma como um taco de beisebol ou uma vara de metal pode fraturá-la. Dizem que podem acontecer fraturas por estresse como resultado do uso de muletas axilares. Às vezes, doenças como artrose ou infecções podem ser detectadas a partir da escápula, e anomalias congênitas ou de desenvolvimento, embora raras, são relatadas ocasionalmente.

O osso tem seu papel na confirmação do sexo. Em geral, as escápulas masculinas são maiores do que as femininas e têm áreas maiores para fixação muscular. Alguns dizem que pode ajudar a estabelecer se um indivíduo era destro ou canhoto. No entanto, o valor principal do osso é na determinação da idade, principalmente em pessoas entre 10 e 20 anos de idade, quando todas as partes diferentes que formam o osso adulto começam a se juntar para chegar à formação final.

No feto, a escápula começa a se formar na região do pescoço antes de descer para a posição final, na parte de trás da parede torácica. A condição congênita conhecida como deformidade de Sprengel é causada pela incapacidade da escápula de descer, o que resulta em um ombro estranhamente elevado. Às vezes, os dois ombros podem ser afetados. Isso é mais comum em mulheres do que em homens: cerca de 75% dos casos registrados são de mulheres. Está ligada a várias outras condições, como escoliose congênita. Um osso omovertebral, uma anomalia rara em que a escápula se funde à coluna vertebral por um osso adicional, pode ser criado pela ossificação dos tecidos moles que ficam entre eles.

Na ponta do ombro fica uma apófise da escápula, a apófise acromial, derivado do grego para "o topo de uma formação rochosa" (a mesma fonte da palavra Acrópole). A ponta da apófise acromial começa a se formar no osso quando temos de 14 a 16 anos e acaba se fundindo ao corpo da escápula por volta dos 18 a 20 anos de idade. Isso é importante para a fixação muscular, pois é o ponto de inserção do poderoso músculo deltoide. O deltoide forma o contorno do ombro e controla seu movimento: quando se contrai, as fibras anteriores ajudam a flexionar o ombro (levar o braço para a frente), as fibras laterais levam à abdução (elevar o braço para o lado) e as fibras posteriores sustentam a extensão (puxar o braço para trás).

Esses são movimentos envolvidos em muitos esportes, sobretudo nos que exigem força nos músculos dos membros superiores, como remar, levantar peso e ginástica artística. Se um esforço muito grande for feito pelo deltoide na apófise acromial nos jovens, o acrômio pode não se fundir ao que resta da escápula no final da puberdade e ficar sendo um osso separado — o *os acromiale*. Se isso acontece, não há dor e nem problema na maioria dos casos; na verdade, a pessoa pode nunca saber que o tem.

O corpo humano reage de várias formas aos estresses exercidos nele, principalmente por atividades repetitivas, e os ossos podem reter ecos discerníveis de uma ocupação executada centenas de anos no passado. Quando os destroços do *Mary Rose*, o magnífico navio naufragado do rei Henrique VIII, foram recuperados em 1982, os ossos de cerca de 180 pessoas que faleceram nele foram encontrados. O navio tinha afundado no Solent em uma noite quente de verão de 1545, ainda visível da terra firme, enquanto liderava um ataque a uma frota invasora francesa. Todas exceto 25 pessoas de uma tripulação de 415 se perderam.

Como esperado, a análise dos ossos mostrou que todos eram homens e basicamente jovens — a maioria tinha menos de 30 anos e alguns tinham apenas 12 ou 13. O navio também carregava mais de trezentos arcos e vários milhares de flechas e é provável que houvesse um grande contingente dos temidos arqueiros ingleses a bordo. Um exame dos ossos feito por uma osteoarqueóloga, Ann Stirland, revelou uma incidência desproporcional de *os acromiale*: estava presente em cerca de 12% das escápulas.

As escápulas dos arqueiros dos tempos modernos que começam a atividade jovens costumam exibir *os acromiale* em um lado, particularmente o esquerdo, pois é o braço mais comumente usado como suporte e para aguentar a tensão do arco. Portanto, não é absurdo supor que muitos dos homens no *Mary Rose* aprenderam o uso do arco desce bem cedo e que a presença do ossículo (pequeno osso) do acrômio fosse um resquício visível do treino árduo.

Os restos humanos do *Mary Rose* foram todos levados para a casa de Ann, perto de Portsmouth, para serem guardados e analisados. Não é algo que aconteceria hoje: os ossos seriam guardados em um laboratório por questão de segurança. Mas naquela época menos organizada, eu pude me sentar com Ann na sala de jantar em uma gloriosa tarde de verão com todos os ossos espalhados na mesa, maravilhada com a impressionante preservação daqueles pedaços incríveis de história. O *os acromiale* foi algo que a deixou muito empolgada, e nós passamos horas tentando juntar os pedacinhos de osso com as escápulas das quais se originavam, procurando o melhor encaixe, nem sempre com sucesso. Eu me senti honrada de poder não só olhar, mas manusear aqueles restos, e a lembrança daquela tarde, passada no silêncio tranquilo do estudo científico, é preciosa para mim. Cada vez que vejo um documentário sobre o *Mary Rose*, sou transportada para aquele verão perfeito com o entusiasmo ilimitado de Ann, as infindáveis xícaras de chá e uma quantidade tremenda de risadas e admiração.

07

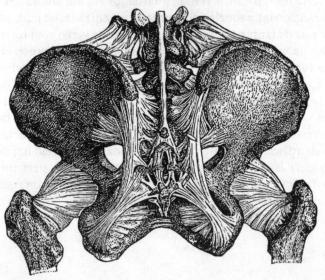

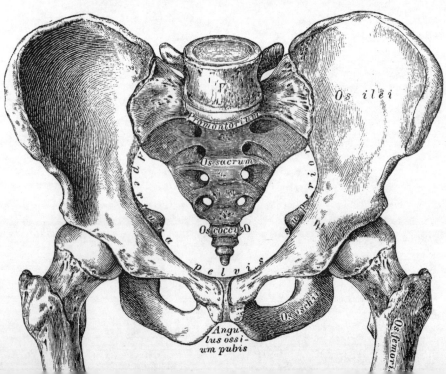

SUE BLACK
OSSOS
DO OFÍCIO

A CINTURA PÉLVICA

FONTE RICA DE INFORMAÇÕES

> "A pelve é um portal literal para a evolução."
> — HOLLY DUNSWORTH, *Antropóloga evolucionista* —

A segunda "cintura" no corpo, a pélvica, ocupa todo o tronco, desde o sacro na parte de trás até os ossos púbicos na frente. É a junção onde o peso da parte superior do nosso corpo é transferido da coluna para os quadris e, de lá, para os membros inferiores e para o chão.

Cada um dos dois ossos pélvicos é feito de três partes: o ílio (na parte de trás e em cima), o ísquio (na parte de baixo) e o púbis (na frente). O ílio é a parte que forma a junta com o sacro, na parte de trás, e tem placas largas e achatadas para a fixação muscular. É o ílio que tem o calombo proeminente que sentimos de cada lado do quadril. O ísquio (principalmente a tuberosidade isquiática) é a parte em que nós nos sentamos. Os ossos púbicos ficam na frente e se articulam com cada um dos outros na linha central, atrás da parte em que nossos pelos pubianos crescem.

O ílio se forma primeiro, no segundo mês de vida fetal, seguido pelo ísquio com quatro meses e, por fim, o púbis, por volta dos cinco ou seis meses. No nascimento, a cintura pélvica é composta de 21 ossos separados (quinze no sacro e três em cada um dos ossos do quadril). Os três ossos de cada lado vão acabar se fundindo perto do fim da puberdade, para formar o osso único do quadril, conhecido como "innominate" em inglês — um nome incongruente, considerando que, literalmente, significa "sem nome". A fusão acontece entre os 5 a 8 anos, entre o ísquio e o púbis, e aos 8 anos os dois ossos do quadril estão em duas partes. Entre 11 e 15 anos, o ílio e a combinação do ísquio e do púbis se juntam no acetábulo côncavo da articulação coxofemoral. Cada osso do quadril vai ficar completo quando temos entre 20 e 23 anos, quando a crista que passa no alto do osso para de crescer.

O osso do quadril é uma fonte rica de informações para o antropólogo forense. Pode não ajudar muito com altura e origem ancestral, mas é útil para estabelecer sexo e idade na morte. Dizem que com um esqueleto inteiro para examinar, é provável que consigamos estabelecer o sexo corretamente 90% das vezes. Mas se fosse necessário fazer a partir de um osso só, o escolhido sempre seria o osso do quadril, que pode nos dizer o que precisamos saber para acertar em 80% das vezes.

O osso do quadril também seria a escolha principal para a determinação de idade, pois pode nos ajudar a chegar a uma decisão sólida desde os primeiros anos de vida até a velhice. Mudanças relativas à idade em adultos entre 20 e 40 anos podem ser vistas nas superfícies das articulações sacro-ilíacas e na sínfise púbica entre os dois ossos púbicos da frente. Aqui, as alterações podem ser desenvolvimentistas e degenerativas. São todas bem documentadas por pesquisa, o que permite que o osso continue a nos dar orientação sobre a idade provável de uma pessoa falecida bem além da terceira década de idade.

A pelve é dividida em falsa pelve (ou maior) acima e verdadeira pelve (ou menor) abaixo por uma linha bem definida. A falsa pelve é chamada assim porque costuma ser considerada parte da cavidade abdominal. Ela oferece pontos grandes e planos para fixação muscular e sustenta parte das vísceras abdominais. A verdadeira pelve, abaixo disso, é um espaço bem mais apertado, que abriga estruturas como a bexiga, o reto e os órgãos reprodutores internos.

A linha que separa a falsa pelve da verdadeira é conhecida como linha inominada ou estreito superior. Do outro lado temos o estreito inferior, limitado pelo cóccix atrás e pelas tuberosidades isquiáticas dos dois lados. Os estreitos superior e inferior são as passagens da cavidade pélvica, pela qual nossos tecidos moles, como nosso intestino, nervos e vasos sanguíneos passam. Também é rota de trânsito para o material que desejamos expelir do corpo: os produtos do trato urinário, do sistema digestório e dos nossos órgãos reprodutores internos (ejaculação nos homens, menstruação e, claro, bebês nas mulheres).

O fato de a pelve feminina ser tão firmemente associada ao parto explica seu valor específico na determinação do sexo em restos esqueletizados. Ela precisa não só manter sua capacidade de executar suas funções integrais — manter nosso intestino dentro do corpo e nos permitir andar sobre duas pernas —, mas estar pronta para acomodar a maior coisa a entrar no estreito superior e sair pelo estreito inferior: a cabeça de um bebê. Quando passa pelo estreito superior, pode acreditar, você vai querer que saia pelo inferior o mais rapidamente possível.

Até os hormônios associados à puberdade chegarem com tudo — especialmente o hormônio feminino principal, o estrogênio —, a pelve é igualmente pedomórfica nos dois sexos, o que quer dizer que não conseguimos determinar o sexo de uma criança pelos ossos pélvicos. Em geral, enquanto níveis crescentes de estrogênio podem mudar a forma da pelve feminina de forma dramática, a pelve masculina mantém a forma mais infantil e só fica maior em reação à massa muscular maior.

A reação da pelve feminina ao efeitos do estrogênio é para preparar a cintura de formas variadas para seu papel como canal de nascimento. Por exemplo, durante o crescimento da puberdade, a parte de trás da pelve e o sacro se erguem, endireitando a incisura ciática maior (pela qual o nervo ciático passa da pelve para os membros inferiores), em forma de gancho, para adotar um ângulo mais obtuso ou aberto. Isso cria uma cavidade pélvica mais espaçosa, com estreitos superior e inferior maiores, auxiliado pelas mudanças no sacro, que se alarga na mulher. Os ossos púbicos dela, que permanecem basicamente triangulares no homem, se tornam mais compridos e quadrados. Isso ajuda a aumentar o tamanho tanto do estreito superior quanto do inferior. As tuberosidades isquiáticas ficarão mais separadas na mulher do que no homem. Se você tiver dúvida, veja o selim de uma bicicleta antiga. Os fabricantes costumavam fazê-los mais largos nas bicicletas femininas, para se adequarem à distância maior entre as tuberosidades isquiáticas das moças.

Essas modificações menores na pelve feminina são elaboradas para trabalharem juntas e permitirem a passagem de uma cabeça fetal. E, na maior parte das vezes, funciona. No entanto, quando o assunto é parto, considerando que a pelve já é lotada com a fiação, o encanamento e as vísceras da mãe, sobra um espaço pequeno e precioso para uma cabeça grande passar por aquela frestinha. Dizem que, em média, o canal pélvico feminino é 2,5 centímetros mais estreito do que a cabeça de um bebê, então algo tem que ceder se a cabeça vai passar pelo canal em segurança. A verdade é que tanto a mãe quanto o bebê cedem um pouco, porque, afinal, são apenas uns 2 centímetros faltando.

Quando a hora do parto se aproxima, o ovários e a placenta da mãe aumentam a produção de um hormônio chamado, adequadamente, relaxina. Ele ajuda a romper as membranas em volta do feto e amolecer o colo do útero. Há uma certa evidência de que também amolece os ligamentos que seguram o normalmente apertado anel pélvico, permitindo assim um pouco de movimento. Ao mesmo tempo, como os ossos do crânio do bebê ainda não estão fundidos, quando a cabeça passa pelo canal pélvico um pouco frouxo, eles podem se sobrepor um pouco, espremendo o cérebro embaixo. É por isso que não é incomum que os bebês nasçam com deformações leves na forma do crânio, que geralmente se ajeita pouco depois do parto.

É comum que encontremos fendas e sulcos nos locais das juntas da pelve, principalmente nas juntas entre o sacro e o ílio e entre os dois ossos púbicos na frente. No passado, os cientistas consideravam isso indicação de parto: eles até chamavam de "cicatrizes de parturição". Alguns até chegavam a relacionar o número de fendas presentes com o número de partos de bebês vivos que uma mulher teve, uma fenda após cada parto. O tempo e a pesquisa demonstraram que isso é besteira. Se os irmãos e irmãs do meu tio Willie tivessem sobrevivido todos, eles seriam 24 no total. A pobre mãe deles passou praticamente toda a vida adulta grávida. Se uma fenda tivesse se formado cada vez que ela deu à luz, a pelve dela pareceria um queijo suíço.

Embora essas fendas estejam presentes com bem mais frequência em mulheres, às vezes elas acontecem em homens também, então, claramente, elas não podem ser explicadas pelo parto. Quando as vemos, elas costumam ser uma boa indicação de sexo feminino mesmo assim, embora haja maior probabilidade de serem cicatrizes causadas pelo alongamento dos ligamentos nas superfícies das articulações do que prova de que uma mulher deu à luz um bebê.

Não é incomum que ossos fetais sejam encontrados dentro da cavidade pélvica de um esqueleto, algo que um antropólogo forense procura rotineiramente. O parto é um momento perigoso para a mãe e para o bebê, e a mortalidade materna e fetal é sempre um risco. Há também um fenômeno raro que merece uma pequena menção. Um litopédio, grego para "bebê de pedra", pode se formar ou por uma gravidez abdominal primária ou por uma implantação abdominal secundária depois de uma gravidez ectópica.

O óvulo costuma ser fertilizado na trompa de Falópio, mas, se isso ocorrer quando ele está atravessando o vão entre o ovário e a trompa, ele pode às vezes ser desviado para a cavidade abdominal. Em uma gravidez ectópica, o óvulo fertilizado não chega ao útero e se implanta na trompa de Falópio. Se a trompa se romper, o embrião pode migrar para a cavidade abdominal. De forma alternativa, se o óvulo for fertilizado antes de entrar na trompa de Falópio, ele pode atravessar o vão entre a superfície do ovário e as fímbrias da trompa e se fixar diretamente na cavidade abdominal.

O embrião é um parasita genuíno, e desde que possa se implantar com sucesso em uma superfície abdominal, ele consegue sobreviver e se desenvolver fora do útero às vezes por até doze a catorze semanas. É nesse estágio que um feto costuma mudar para a implantação na placenta, e se uma placenta não conseguir obter suprimento de sangue suficiente, uma função para a qual o útero é especificamente elaborado, a gravidez abdominal vai fracassar e o feto vai morrer. No entanto, litopédios já sobreviveram além desse ponto. O mais antigo que conhecemos viveu por trinta semanas.

Como o feto não pode ser expelido de forma natural — não tem caminho de saída — e pode em alguns casos ser grande demais para ser absorvido pelo corpo da mãe, ele começa a se calcificar. É provável que a conversão em osso seja uma reação autoimune para proteger a mãe de infecção caso o feto comece a se decompor. E, assim, ele se transforma lentamente em bebê de pedra.

A literatura médica relata menos de trezentos casos autenticados de litopedia e, na maioria, a mãe não estava ciente que o bebê de pedra existia até ser descoberto em um exame pélvico, em geral por algo não relacionado. Algumas mulheres deram à luz outros filhos vivos sem saberem que tinham um passageiro secreto a bordo. Um bebê de pedra pode pesar até dois quilos, mas, em alguns casos, o litopédio ficou no corpo sem ser detectado por quarenta anos ou mais.

A pelve é suscetível a fraturas, principalmente pelo impacto de uma queda, esmagamento ou acidente de carro. É um resultado comum quando pedestres são atropelados por veículos. Colisões em que os joelhos batem no painel de um carro são um perigo particular: os fêmures podem entrar no acetábulo e quebrar a pelve em muitos pedaços. Esse tipo de fratura pode ser muito debilitante, pois há rico de dano ao nervo, que pode resultar em incontinência e impotência. Então, por favor, não se sente em um carro com os joelhos encostados no painel. Chegue o banco para trás e estique as pernas.

Como a pelve é um anel, a ruptura de uma parte da estrutura costuma ser acompanhada de uma segunda fratura ou mais dano em outra: essas são conhecidas como fraturas instáveis, e esse tipo de lesão e suas consequências podem ser complexos. Quando uma pessoa sobrevive a elas, ficam cicatrizes nos ossos para o antropólogo forense encontrar. E como é quase certo que as fraturas tenham necessitado de tratamento hospitalar, costuma haver registros de raio-x ou tomografias computadorizadas ou ressonâncias magnéticas para comparação.

Também não é incomum que lesões de tiro se manifestem na pelve. Fui chamada nos dois casos a seguir para tentar recuperar balas de restos esqueletizados exumados e tentar dar uma certa luz sobre quem poderia ter sido responsável por cada disparo. Os homens estavam mortos havia uns quarenta anos, mas nos dois casos a questão de quem tinha disparado a arma era agora de certa importância para ampliar as investigações. Ambos tinham sido enterrados em exames post-mortem e sem a remoção de provas balísticas. Isso parece inexplicável hoje, mas talvez fosse só sintoma da época e do lugar em que eles moravam.

A primeira vítima era um jovem de 18 anos que estava numa esquina de Belfast conversando com um amigo quando levou um tiro na perna disparado de um carro que estava passando — o clássico tiroteio de carro em movimento. Ele foi levado às presas para o hospital, mas morreu depois na mesa de cirurgia. As anotações médicas identificavam um ferimento de entrada de uma bala, mas sem saída, o que sugeria que a bala ainda devia estar dentro do corpo.

Como parte de investigações de legado, foi tomada a decisão de exumar os restos e examinar o esqueleto em busca de qualquer prova balística. Ele tinha sido o primeiro na família a ser colocado no túmulo, mas três parentes tinham sido enterrados depois em cima dele, e o processo de exumação seria longo e complexo.

A dificuldade dessa tarefa sombria foi exacerbada pelas condições climáticas. Parece que exumações sempre são pedidas quando está frio, escuro e úmido. É uma cena lamentável, com todos encolhidos em barracas para se proteger dos ventos uivantes e da chuva cortante. Nós também sabemos por experiências amargas que o túmulo vai ficar cheio de água e que logo estaremos com lama e água até os joelhos.

O enterro mais recente no túmulo era de uma criança, que tinha sido enterrada em uma mortalha de algodão que era visível bem perto da superfície. Esses restos foram exumados com muito cuidado à mão, usando uma pá, e colocados delicadamente em um saco para cadáver a fim de serem enterrados de novo em outra ocasião. Uma escavadeira mecânica foi usada depois para tirar camadas finas de terra até a tampa do primeiro caixão adulto ser descoberta.

Àquela altura, só era necessário um pulinho dentro do túmulo para verificar o nome na placa, abrir a tampa, transferir os restos esqueletizados para um saco para cadáveres e retirar os pedaços desintegrados de MDF do caixão. Mas quando chegamos na tampa do segundo caixão adulto, foi necessária uma escada. Quando um túmulo é fundo, fica difícil fazer manobras em um espaço apertado. Para uma senhora de idade avançada e com "ancas largas", como meu pai dizia, sempre ajuda ter uma colega mais jovem, mais em forma e mais magra trabalhando junto. Lucina, essa querida, sabe que vai sempre acabar sendo enviada para o buraco.

O segundo conjunto de restos esqueletizados foi retirado do caixão sem incidentes e transferido para um saco para cadáveres. Os sacos e seus conteúdos foram guardados no local, no que é conhecido como caixão de transporte, que na verdade é uma caixa de madeira enorme, para aguardar o novo enterro quando a investigação acabasse.

O caixão da jovem vítima de tiro foi localizado exatamente onde os registros do cemitério diziam que estaria, o que, posso dizer por experiência pessoal, nem sempre acontece. Nós verificamos o nome na placa, removemos a tampa e transferimos os restos para um saco, pois o caixão estava podre demais para tentarmos levantar intacto. Um detector de metais foi passado sobre o caixão e, depois que todos os detritos de metal foram removidos, foi usado de novo para procurar no solo do túmulo, para garantir que nenhuma prova metálica tinha passado. Nada foi encontrado.

O saco foi radiografado usando uma máquina móvel de raio-x que tinha sido levada para o cemitério. Tudo foi feito na presença de familiares e do representante legal, para garantir que todos os aspectos da exumação fossem claros e transparentes. Por motivos compreensíveis, havia desconfiança considerável entre os parentes da vítima e a polícia. A família também tinha acionado seu próprio antropólogo forense para monitorar a operação. A esperança era que essas medidas alimentassem um espírito de cooperação e ajudassem com o processo de cura.

Foi encontrado metal. Cada descoberta foi discutida com os parentes, o advogado e o antropólogo, e cada uma foi descartada como pedaços da mobília funerária ou pregos usados na construção do caixão. Mas um objeto de interesse emitiu uma assinatura metálica, porque foi associado com os ossos: especificamente, a pelve. Nós investigaríamos isso melhor no necrotério na manhã seguinte. O saco para cadáver foi transferido para a segurança do necrotério, acompanhado de escolta policial e de observadores da família.

Quando a polícia nos levou para o hotel em uma viatura, admito que tive um momento de total desorientação mental. Por estar com calor, perguntei por que não dava para abrir as janelas. Eles me olharam como se eu estivesse brincando. Quando perceberam que eu não estava, eles me informaram pacientemente que não existem janelas blindadas que abrem. As duas características não se misturam. Foi um lembrete sensato da instabilidade da história recente da Irlanda do Norte.

A manhã seguinte estava gelada, o que deixou a condição fria do necrotério particularmente inóspita. Não havia sobreposição de meias ou blusas que nos aquecesse. O saco para cadáver foi fotografado e aberto em uma mesa lateral e, com os dedos congelados, nós começamos a primeira etapa de qualquer avaliação de esqueleto: organizar os restos em uma segunda mesa para fazer um inventário do que está presente e o que está ausente. Quando cada osso é colocado na posição anatômica correta, um esqueleto vai se formando aos poucos e, de um saco de ossos bagunçados, a pessoa que eles representam começa a se materializar na frente dos seus olhos. A polícia e os observadores legais sempre se impressionam por uma ordem poder surgir daquele aparente caos.

Enquanto reconstruímos aquele ser humano, nós pensamos nas características que indicam sexo, idade, altura e etnia. Nós procuramos qualquer anomalia, lesão ou evidência de doença em cada osso dos duzentos que vamos manusear. Todos aqueles ossos, principalmente os ossos pélvicos, confirmaram que era o corpo de um jovem que estaria no final da adolescência ou com 20 e poucos anos quando morreu. Nós identificamos fraturas não cicatrizadas na frente das costelas e do esterno, que batiam com os registros hospitalares que diziam que o peito dele tinha sido aberto e massagem cardíaca direta tinha sido feita para tentar mantê-lo vivo. Também havia fraturas não cicatrizadas nos ossos da mão direita. Os registros médicos observavam uma ferida de entrada na região da virilha direita, e realmente o osso do quadril da direita exibia fraturas na parte superior e na inferior da região isquiopúbica — uma fratura dupla que isolava o osso púbico direito do restante da pelve.

O objeto metálico que tínhamos visto no raio-x no dia anterior estava inserido na superfície interna do osso púbico do osso do quadril esquerdo. O padrão de fraturas sugeria que o projétil balístico tinha passado primeiro pela mão direita do homem, quebrando vários ossos lá, depois tinha entrado pela coxa direita e se deslocado para cima até fraturar o lado direito da pelve antes de perder a maior parte do impulso e se alojar no osso púbico esquerdo.

Não era nosso trabalho remover e analisar a bala, só encontrá-la, e foi o que fizemos. A bala foi removida pelo patologista usando uma pinça de plástico e enviada para análise, e nós nunca mais a vimos. Eu não soube como o caso progrediu, isso se progrediu mesmo. Nossa orientação era primeiro de identificar o caixão e remover os restos e depois registrar, recuperar e apresentar provas que estabelecessem a trajetória da bala e seu ponto final. Nossa tarefa estava completa.

O segundo caso foi bem parecido: um homem de 41 anos, na mesma parte do mundo, também levou um tiro na perna direita. Ele tinha sido levado para o hospital, mas a perna não pôde ser salva e teve que ser amputada. Dois dias depois, ele morreu de complicações médicas. Novamente, os registros médicos indicavam que havia entrada de bala, mas nenhum sinal de saída, o que sugeria que um projétil balístico devia ter ficado no corpo.

Uma exumação já tinha acontecido — eu não estava presente na ocasião —, mas houve poucas complicações com essa investigação em que a vítima foi enterrada duas vezes. A família quis transferi-lo do cemitério onde ele tinha sido enterrado originalmente para um mais próximo de onde eles moravam. Com o corpo já tendo sido movido uma vez, a polícia não tinha esperanças de que a bala agora fosse encontrada, mas foi. Foi identificada por um detector de metais na pilha de restos humanos e detritos de caixão e removida pelo patologista para análise.

Minha colega Rene e eu fomos convocadas primeiro para uma cela no quartel-general da Polícia da Irlanda do Norte, onde a madeira do caixão e os artefatos associados tinham sido guardados durante a noite, para procurarmos outras provas que pudessem ser de interesse. Os ossos tinham sido transferidos para o necrotério, onde os examinaríamos mais tarde. De joelhos no piso de concreto da cela, nós mexemos em uma pequena pilha de detritos de cemitério, que incluíam tábuas grandes, iconografia religiosa, pregos de metal, brasões, pedaços de corda, retalhos de pano, terra e pedras.

A única coisa que encontramos foi um osso de dedo, um metacarpo, que tinha passado despercebido. Ele foi ensacado e identificado para levarmos para o necrotério. A probabilidade era de encontrarmos esse osso faltando no esqueleto. Se não fosse assim, haveria perguntas sérias a serem feitas e respondidas.

No necrotério, ficamos aliviadas ao descobrir que o metacarpo estava mesmo faltando no esqueleto e que o que encontramos era do tamanho certo para pertencer à vítima. Também ficou claro que a perna direita tinha sido amputada embaixo da articulação do quadril, o que correspondia com a informação do registro médico. Isso tranquilizou o advogado da família de que estávamos com o corpo certo.

Os dois ossos púbicos tinham sido fraturados e se separados do restante do osso do quadril, provavelmente como resultado do impacto do projétil balístico. A bala em si, claro, já tinha sido removida, mas o osso púbico direito mostrava uma fratura estilhaçada que era consistente com o projétil, àquela altura se deslocando a uma velocidade menor, se alojando no alto do osso. O fato de não haver cicatrização das fraturas apoiava a probabilidade de elas terem ocorrido por volta da hora da morte. Novamente, nosso trabalho estava concluído e nós entregamos o relatório à polícia.

É coincidência que esses dois casos na mesma época eram tão parecidos em tantos aspectos? As duas vítimas eram homens que levaram só um tiro, ambos na perna direita, ambos com balas inseridas nos ossos pélvicos. Os dois morreram das lesões e nenhum dos dois teve exame post-mortem, apesar do relato de haver feridas de entrada e não de saída. Se alguma ou todas essas coisas foram coincidência ou prova de um padrão de comportamento, só outros podiam perguntar e responder.

Todos os tipos de itens podem ser encontrados na região pélvica, que é uma área importante do corpo para ser examinada com cuidado. E não só os restos, mas também os locais de enterro devem ser revistados cuidadosamente com detectores de metal. Piercings genitais são comuns, e uma enorme variedade de pedaços de metal pode ser usada para perfurar ou modificar a genitália de homens e mulheres. É provável que a coisa mais incomum que encontrei tenha sido uma escada escrotal, que envolvia oito anéis inseridos em uma fileira de piercings na linha do meio do saco escrotal, com algo que parecia um alfinete de fralda bem grande passando por dentro deles, todos conectados a um outro anel na ponta do pênis. Só posso imaginar a dor. No entanto, do ponto de vista de uma antropóloga forense, colaborou muito por ser tão distinto.

Outros corpos estranhos que aparecem regularmente incluem cálculos renais, uma variedade de dispositivos intrauterinos contraceptivos e pacotes suspeitos associados a atividades ilegais, tais como tráfico de drogas. Em um caso, nós até tiramos uma escova de dentes de um canal anal. Por mais que nos questionássemos, nós nunca chegamos a uma explicação plausível para essa história.

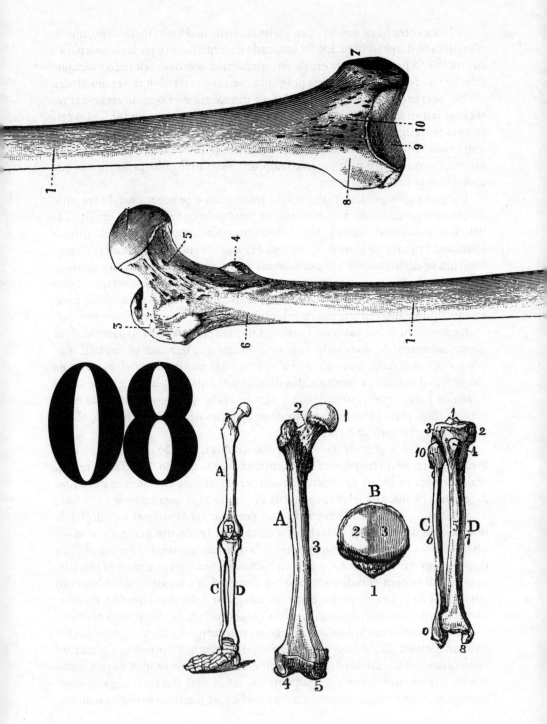

SUE BLACK
OSSOS
DO OFÍCIO

OSSOS LONGOS

SEIS OSSOS DE CADA LADO

> "É, portanto, indiscutível que os membros da arquitetura se derivam dos membros do ser humano."
> — MICHELANGELO, *Artista, 1475—1564* —

Os ossos longos superiores e inferiores do corpo humano são diretamente comparáveis. Em outras palavras, são homólogos. Isso não é surpresa, considerando que nós éramos originalmente animais quadrúpedes. Mas milhões de anos atrás, muitas espécies de tetrápodes descobriram que conseguiam abrir mão da equivalência de força nos quatro membros desde que a mantivesse nos membros de trás. Isso liberou os membros anteriores para fazerem outras coisas. Pense num esquilo segurando uma noz ou subindo em uma árvore.

Em geral, quando há modificação dos membros anteriores em animais terrestres, eles tendem a ser mais curtos do que os posteriores. É por isso que não dá para usar um casaco como calça sem parecer um rapper com o gancho lá embaixo. Todas as crianças já tentaram.

Com base em uma coisa chamada "hipótese de restrição", sugeriram recentemente que os cangurus têm membros anteriores pequenos porque eles nascem num estágio tão inicial de desenvolvimento fetal que os membros anteriores precisam estar bem desenvolvidos para conseguirem fazer a subida perigosa para a bolsa da mãe. Isso é crítico para a sobrevivência, e os membros anteriores ficam "restritos" pela maturidade precoce necessária para garantir que executem a função primária. Os membros posteriores não têm restrições e podem continuar a crescer.

Essa hipótese também foi usada para explicar por que não há marsupiais marinhos ou voadores. Um caldeirão de debates científicos cerca há muito os motivos por trás dos membros superiores "vestigiais" do Theropoda Tiranossauro Rex. Talvez fossem um gancho para o acasalamento ou para prender a presa, ou talvez fossem usados como apoio para ajudá-lo a se levantar da posição pronada. Nós talvez nunca saibamos.

Quando descrevendo nossos membros depois do momento, uns 4 milhões de anos atrás, em que nossa espécie decidiu se levantar e andar sobre duas pernas, nós nos referimos a eles como membros superiores e inferiores em vez de posteriores e anteriores. Nossos membros superiores conectam nosso corpo às nossas mãos, para podermos executar tarefas complexas e interagir com o mundo, enquanto nossos membros inferiores conectam nosso corpo aos nossos pés, para podermos nos mover.

Os anatomistas são bem específicos na hora de nomear as partes do corpo a fim de garantir que não haja ambiguidade sobre de que parte eles estão falando. A parte dos membros superiores mais próxima do tronco é o braço, e seu equivalente nos inferiores é a coxa. Cada um contém um único osso longo: o úmero e o fêmur, respectivamente. A parte do membro mais distante do tronco é o antebraço nos superiores e a perna nos inferiores. Há dois ossos em cada um desses segmentos. No antebraço, esses ossos são o rádio (na direção do polegar) e a ulna (no lado do dedo mindinho), e na perna são a tíbia (no lado do dedão do pé) e a fíbula (no lado do dedinho do pé). O rádio no antebraço corresponde à tíbia na perna, e a ulna corresponde à fíbula. Esses seis ossos de cada lado — úmero, rádio, ulna, fêmur, tíbia e fíbula — são conhecidos coletivamente como os ossos longos.

Nos nossos primeiros anos, nossos ossos longos crescem num ritmo relativamente previsível e nós podemos dizer com precisão razoável que altura uma criança vai ter aos 2 ou 10 anos. Depois disso, nós começamos a perder a confiança. Haverá muitos picos imprevisíveis de crescimento durante a puberdade, um evento imprevisível por si só em termos de quando vai começar e quando vai parar. Quando nossos ossos longos terminaram de crescer (normalmente lá pelos 15 ou 16 anos nas meninas e 18 ou 19 nos meninos), nós vamos ter chegado à altura máxima que teremos.

Nossos ossos dos membros superiores e inferiores aumentam de tamanho em harmonia com cada um dos outros e dos dois lados, para que não fiquemos com um membro direito muito comprido e um esquerdo curto, ou com braços compridos e pernas curtas, ou vice-versa. Desde que tudo se desenvolva normalmente, claro.

Aqueles de nós com uma certa idade vão se lembrar do efeito da talidomida[1], uma droga fabricada no final dos anos 1950 e no começo dos 1960, inicialmente por uma farmacêutica alemã. Foi elaborada para aliviar a ansiedade, a insônia e o enjoo matinal em gestantes. Os testes feitos em animais não poderiam ter previsto os efeitos arrasadores que a droga teria no desenvolvimento fetal humano. As mães só foram desencorajadas a tomarem o remédio no primeiro trimestre quando se descobriu que havia uma correlação direta entre a droga e certos defeitos de nascimento.

A gravidade e a natureza desses defeitos variavam dependendo de quantos dias de gravidez a mãe tinha quando começou a medicação. Se começada no dia 20, por exemplo, a talidomida provocava lesão cerebral no bebê. No caso dos ossos longos, atrapalhava o crescimento dos membros superiores quando tomada por volta do dia 24 e dos membros inferiores quando tomada até o dia 28.

As deformidades incluíam focomelia, que se manifesta como braços, antebraços, coxas e pernas significativamente encurtados, mas com o desenvolvimento das mãos e pés muitas vezes menos severamente afetado. No Reino Unido, a droga foi recolhida em 1961, o ano do meu nascimento. Nessa época, acredita-se que pelo menos 2 mil bebês tinham nascido com defeitos de um ou outro tipo associados à droga, sendo que cerca de metade deles só viveu por alguns meses. Aqueles com deformidades com as quais era possível sobreviver se adaptaram. Eu me lembro de ficar impressionada com a destreza de uma garota da minha turma na escola, capaz de escrever com os pés. Ela me ajudou a aprender logo cedo que com a adversidade vêm a engenhosidade e a determinação. Aquelas crianças também precisaram de muita resiliência, pois as pessoas podem ser muito cruéis com quem tem aparência diferente.

Considerando o ritmo de crescimento dos ossos longos no passar da infância e a correlação próxima entre altura e idade nas crianças, não é surpresa que possamos usar o comprimento dos ossos longos para determinar a idade de uma criança. Em um adulto, nós podemos usar as mesmas medidas para calcular altura, mas não para estimar idade. Isso é exemplificado pelo fato de que podemos comprar uma calça para uma criança com base na idade, mas, para um adulto, nós vamos precisar da medida da perna, assim como da cintura.

Os ossos longos continuam crescendo em comprimento e largura até chegarmos ao fim da puberdade, mas se alguma coisa acontece que desacelera o crescimento, essa interrupção pode ser vista na estrutura interna. Nós

---

[1] Os efeitos ficaram conhecidos como *Síndrome da Talidomida*, e ela faz vítimas até hoje.

acrescentamos osso longitudinalmente. Ossos em crescimento têm cartilagens nas pontas e, quando elas se fecham, o crescimento para. Qualquer evento que atrapalhe esse processo faz com que o osso não se desenvolva normalmente.

O que acontece é que aumentam as linhas ou faixas de densidade aumentada em paralelo à cartilagem de crescimento. Essa "engasgada", que é visível em um raio-x, nos diz que alguma coisa afetou temporariamente o crescimento dos ossos longos, embora não nos diga o que foi. Pode ser uma coisa tão simples quanto uma infecção na infância tipo catapora ou sarampo ou até um período de desnutrição. Essas marcas, conhecidas como linhas de Harris, podem ser vistas mais facilmente no rádio distal ou na tíbia distal, mas podem ser encontradas em muitos outros ossos dentro do esqueleto, onde há um alto volume de osso esponjoso. Quando o incidente acaba, o crescimento normal é retomado e, com o tempo, o corpo reabsorve essas linhas brancas paralelas, como se nunca tivessem existido.

Eu fui a um necrotério um dia para olhar uma mistura de ossos que tinha sido levada para investigação. Ficou bem óbvio que eram todos de animais e, depois de confirmar isso, eu me preparei para fazer uma saída rápida da sala, onde outro exame post-mortem estava em andamento.

O corpo sendo examinado era de um garotinho de no máximo 10 ou 11 anos, que o patologista revelou que quase certamente tinha se enforcado. O suicídio em crianças tão novas assim é, felizmente, muito raro, e a família e os amigos dele estavam tendo uma dificuldade enorme em aceitar essa explicação, pois não houve sinal de doença ou ansiedade que pudesse perturbá-lo. Ele parecia normal, parecia feliz e tinha a vida toda pela frente. A polícia disse que ele era de uma "boa" família e que não havia evidência de nenhum tipo de abuso, fosse psicológico, físico ou sexual.

O patologista colocou um raio-x dos ossos dos membros superiores do garoto na tela e depois a imagem dos membros inferiores. Ele estava procurando fraturas, recentes ou cicatrizadas, para checar se havia histórico de abuso físico. Eu me lembro de ter dito, sem que me perguntassem, "Que interessante" quando reparei em três ou quatro linhas de Harris bem claras nas pontas inferiores do rádio e da tíbia. Os espaços entre essas linhas, que mostravam que o crescimento normal tinha voltado por um tempo antes de ser interrompido de novo, sugeriam que algum tipo de perturbação podia ter se repetido em intervalos.

O patologista perguntou o que eu achava que podiam significar. Eu não pude ajudar, só dizer que talvez alguma coisa como doenças recorrentes pudessem ser uma resposta. Eu nunca imaginei, nem por um momento, que o caso fosse se desdobrar, e, de fato, eu jamais teria sabido se não fosse o patologista me contando a história depois em um bar, num congresso.

A polícia falou com a família, e o médico de família estabeleceu que a criança não sofrera de episódios repetidos óbvios e nem registrados de saúde ruim ou ansiedade. Ele tirara a própria vida antes de sua mãe e seu pai fazerem uma viagem, e perguntas foram feitas caso isso fosse relevante. Os pais explicaram que, como eles tinham um hotel no litoral, era comum que eles não pudessem parar nas férias escolares, então, todos os anos nos cinco anteriores, eles viajaram por alguns dias sozinhos enquanto o avô paterno ficava cuidando do menino. Foi nessa hora que o pai da criança desmoronou e revelou que seu próprio pai tinha abusado dele quando criança. Ele acreditara que aquilo tinha ficado no passado, mas agora temia que a história tivesse se repetido e que talvez o avô estivesse abusando do neto. O avô foi entrevistado pela polícia, e depois que imagens indecentes de abuso sexual infantil foram encontradas na casa dele, ele acabou admitindo que tinha sido isso mesmo que tinha acontecido. As linhas que nós víamos nos raios-x podiam ser o corpo reagindo todos os anos ao medo e ao estresse da expectativa da visita do avô e ao que ele teria que aguentar na ausência dos pais. Na última ocasião, talvez ele tenha ficado tão consternado que tirou a própria vida na ponta de uma corda em vez de enfrentar o trauma de novo ou de contar o segredo sombrio para alguém.

A história horrível do garotinho foi descoberta tarde demais para ajudá-lo e só se desenrolou graças ao testemunho de umas linha brancas nos raios-x de alguns ossos longos. Se eu tivesse envolvida no caso, teria podido dizer em testemunho que o estresse do abuso tinha causado as linhas de Harris? Não, não teria. Mas a presença delas foi suficiente para levar a polícia por um caminho específico de investigação que resultou em uma explicação, uma confissão, uma condenação e a destruição de uma família. Às vezes, a verdade é muito dolorosa, e seu impacto é devastador.

A passagem do tempo e a idade nos dão a perspectiva para refletir de forma menos apaixonada sobre nossas próprias vidas e sobre como, na infância, podemos transferir nossas lembranças traumáticas para os ossos. A cura e a remodelação biológica podem remover as evidências físicas, mas as cicatrizes mentais são bem mais difíceis de apagar.

Muitas vezes, já me perguntei se a minha tíbia ou o meu rádio desenvolveram uma reveladora linha de Harris ou duas quando eu tinha 9 anos. Se aconteceu, eu sei agora que elas devem ter sido erradicadas pelo crescimento e regeneração dos meus ossos quando eu cheguei na adolescência, e todas as provas físicas já terão sumido. Minhas linhas de Harris mentais ficarão comigo pelo resto da minha vida, mas eu aprendi a viver com elas em paz e aceitá-las como parte de quem eu sou.

Era um dia ensolarado, um daqueles dias livres durante as férias escolares, quando uma criança está felizmente alheia de que algo vai acontecer e mudar sua vida para sempre. Minha infância tinha sido protegida e feliz, e eu não conhecia o conceito de que havia gente no mundo com intenções maliciosas no coração.

Na ocasião, meus pais tinham um hotel às margens do Loch Carron, na costa oeste da Escócia. Eu me lembro de andar até os fundos do hotel, passando pela porta que levava ao bar público. Eu estava indo para a cozinha do hotel e atrás da lata de leite que tinha sido entregue pelo trem no dia anterior, que ficava em uma geladeira grande ao lado da porta dos fundos. Naquela época, refrigerantes eram um luxo raro, mas leite fresco gelado, às vezes tão gelado que cristaizinhos se formavam nele, era irresistível — a bebida perfeita em um dia quente e preguiçoso de verão. Eu pegava um copo em uma prateleira e o enchia até o topo, usando a concha de metal que ficava pendurada na borda da lata.

Sempre havia comerciantes entrando e saindo do hotel e, naquele dia, umas caixas de frutas, legumes e verduras estavam sendo entregues. Eu reconheci o motorista do caminhão porque o tinha visto muitas vezes antes, embora nunca tivesse falado com ele. Ele nunca me pareceu particularmente simpático. Com a mente concentrada na bebida gelada que eu ia buscar, eu nem pensei quando passei por ele no caminho — até que ele me segurou pelo braço e me prendeu contra a parede com tanta força que minha cabeça bateu e eu senti as pedrinhas pressionando minhas escápulas.

Ele me disse que, se eu fizesse algum barulho, eu estaria muito encrencada com os meus pais. Se eu fechar os olhos agora, ainda sinto o aperto dele nos meus pulsos. Eu me lembro da dor quente quando tecidos se romperam e me lembro de um grito se formando dentro de mim que subiu pelo meu corpo como uma onda de vapor sem caminho para escapar. Até hoje tenho uma tolerância temerosa à dor e uma tendência a aguentar em silêncio.

Quando terminou, ele levou o rosto até perto do meu. Eu ainda me lembro do fedor do bafo dele. Ele disse que a culpa era minha, que eu era suja, uma desgraça. Disse que eu tinha que guardar o que tinha acontecido entre nós em segredo porque, se eu contasse para alguém, ninguém acreditaria. Magoaria a minha mãe, ela me chamaria de mentirosa e nunca me perdoaria.

Eu me lembro da sensação do sangue quente escorrendo pelas minhas pernas e de um sentimento sufocante de vergonha misturada com medo quando corri pela escada dos fundos até o banheiro no primeiro andar e tranquei a porta. Eu tirei todas as roupas. Eu tinha que me limpar para que ninguém soubesse. Eu tinha que guardar o segredo. Eu tentei lavar o sangue das roupas para que a minha mãe não visse, mas não consegui tirar tudo e entrei em pânico. Eu me dei conta de que teria que "perdê-las" e pensar em uma mentira se minha mãe perguntasse onde estavam. Ele estava certíssimo: eu era uma mentirosa.

Eu tomei um banho quente e me lembro do choque de dor quando me deitei na água. Eu não esperava que o banho de banheira doesse. Fiquei deitada lá, sozinha. Traumatizada, mas sob controle e pensando rápido. Eu não sabia direito o que tinha acontecido, mas o que quer que fosse, eu tinha certeza de que era errado e estava convencida de que era culpada de uma coisa ruim, que eu nunca poderia contar para ninguém porque eu ficaria muito encrencada. Eu não podia chorar. Escolhi controlar a dor física e mental. Eu cresci naquele dia. Posso ter ganhado uma ou duas linhas de Harris, mas, no processo, eu perdi a minha infância.

De muitas formas, foi uma decisão reflexiva deixar os dias de inocência para trás. Com meus amigos, eu assumi o papel de "sensata", a figura materna, a calada, a introvertida e pensadora, e carreguei o segredo por quase dez anos, sem nunca contar nada para ninguém, numa tentativa de me proteger e proteger as pessoas que eu amava do que eu tinha feito de errado. Mas um dia, minha mãe lançou um dos comentários ressentidos dela para cima de mim — "Faça o que quiser, você sempre faz" —, que era a forma dela de me repreender pelo meu distanciamento e pela minha autossuficiência. Eu já era uma jovem mulher. Decidi que estava na hora de contar a verdade para ela.

Aí veio a segunda onda de dor e a aceitação gelada de que ele estava certo o tempo todo: ela não acreditou em mim. E ficou claramente magoada. Ela me acusou de inventar a história toda. Pensando melhor, acho que foi mais o caso de ela não querer acreditar. Era mais fácil ela dizer para ela mesma que eu estava mentindo do que ter que encarar a verdade feia de que eu tinha sido violentada tão nova e que, além disso, tinha escolhido fechar tudo dentro de mim por todos aqueles anos em vez de confiar nela. Para ser sincera, eu também acho que ela não teria lidado bem, pois nunca reconheceu as dores da vida.

O que ela disse depois talvez tenha sido uma dica de que a reação nasceu da defesa. Enquanto ainda se recusava a aceitar que aquilo tinha mesmo acontecido comigo, ela fez uma tentativa oblíqua de descobrir quem foi o responsável. Ela disse um nome e disse que, se fosse verdade, devia ter sido ele. Aquilo me afetou de um jeito ruim. O homem que ela citou sempre tinha sido legal comigo. Um bom homem, gentil, brincalhão e engraçado; gostava de beber, mas nunca tinha me feito mal. Eu fiquei furiosa por ele poder ser acusado tão levianamente do crime hediondo de outra pessoa. Gerou em mim uma percepção precoce, mesmo que eu não tenha percebido as implicações totais na ocasião, de como é fácil acusar alguém erroneamente, gerando uma cadeia de eventos que pode destruir uma vida.

A reação da segunda pessoa para quem eu contei não poderia ter sido mais diferente. Eu era uma mulher jovem e ele era um homem bem mais velho, um policial. Jim me persuadiu a identificar o agressor, para que ele pudesse ser levado à justiça. Eu não consegui. Não havia provas, seria a palavra dele contra a minha, e eu não podia suportar reviver cada detalhe sórdido com estranhos que poderiam me julgar.

Mas meu policial foi o que eu precisava: uma figura paterna gentil, carinhosa, cuidadosa, paciente e compreensiva. Muitos não entenderam nosso relacionamento, e a maioria reprovou a diferença de idade de 25 anos, mas foi Jim que segurou minha mão e meu coração até eu me curar o máximo que conseguiria, e sempre serei grata pelo amor e cuidado genuínos dele. Ele morreu dois anos atrás, na boa idade de 82 anos. Eu queria poder tê-lo visto só mais uma vez, para contar a enorme diferença que ele fez na minha vida.

Eu consegui ser menos cautelosa em reconhecer minha experiência conforme envelheci. O homem responsável já deve estar morto, meus pais já faleceram e não podem mais sofrer, e eu aceitei que a culpa nunca foi minha.

Eu falei sobre isso em público pela primeira vez quando fui entrevistada por Ruth Davidson, a antiga líder do Partido Conservador Escocês, uma mulher imensamente atenciosa e compassiva. Fiquei atônita de perceber que consegui falar abertamente, de forma calma e racional, sobre uma coisa que tinha ficado trancada dentro de uma caixa na minha cabeça por tanto tempo. Eu queria ter tido mais coragem quanto tinha 9 anos.

Meu marido é meu melhor psiquiatra e terapeuta ao longo dos muitos anos em que estamos juntos, mas a cura final está aqui, nestas palavras escritas, quase exatamente meio século depois. Compartilhar minha experiência assim é uma decisão consciente, e faço isso com uma saudação às minhas perdidas, mas nunca esquecidas, linhas de Harris.

Ruth me perguntou se o trabalho que faço com identificação de pedófilos deriva do meu passado. Eu tive que pensar bem sobre isso, mas tenho certeza de que não. Eu apenas me envolvi na área forense depois dos 40 anos, quando já era esposa e mãe de três. As imagens para as quais tenho que olhar são, claro, perturbadoras, mas faço isso com um distanciamento que me confirma que é um trabalho, não uma cruzada pessoal. No meu trabalho, eu já vi os resultados de todos os tipos de sofrimento humano, e, para fazê-lo de forma eficiente, é preciso conseguir compartimentalizar e se concentrar nas histórias de vida que os corpos mortos e vivos têm para contar, o tempo todo mantendo-as separadas da sua própria vida. Como o chefe do Departamento de Investigação Criminal me disse uma vez: "Não se aproprie da culpa. Você não a causou e não é responsável por ela".

A minha experiência pessoal tem participação em me lembrar do mal que pode ser feito por quem acusa erroneamente ou sem provas ou por maldade, e que pode, no processo, destruir a vida e a reputação de uma pessoa inocente. Então, talvez meu senso de justiça tenha raízes naquele lugar escuro e solitário da infância, habitado agora só pela minha memória. Mas eu acredito genuinamente que o etos todo da ciência forense é ser imparcial, e o que lutamos para alcançar é ver as pessoas certas do lado certo das nossas grades de prisão. Todos são inocentes até que se prove a culpa por um júri composto de semelhantes, e é assim que tem que ser.

Os antropólogos forenses sabem que os ossos longos dos membros podem ser importantes na análise dos restos humanos, mas eles são muitas vezes ignorados por outros profissionais. Quando assumem o centro do palco, costuma ser porque não há outra parte da pessoa falecida disponível para exame.

Uma coleção de membros assim foi descoberta, ironicamente, por uma unidade de mergulho da polícia num exercício de treinamento. Os policiais que trabalham em todas as áreas especializadas, inclusive resgate em montanhas e busca e recuperação de corpos, treinam regularmente para manter e aumentar as habilidades, e aquela unidade estava mergulhando a partir de um píer nas margens de Loch Lomond.

No primeiro dia de mergulho, eles recuperaram vários pacotes embrulhados em sacos de lixo pretos que, de forma nada surpreendente, eles acharam que tinham sido deixados no lago pela equipe de treinamento, para eles encontrarem. No entanto, em terra, eles logo se deram conta de que os pacotes não tinham nada a ver com o treinamento.

Dentro havia partes de corpos humanos de verdade. A primeira parte recuperada foi uma mão cortada, seguida de outra mão presa a um pedaço de antebraço, depois um pé e uma parte de perna e, finalmente, uma parte de coxa. Os policiais mudaram na mesma hora de treino para modo operacional.

Mais mergulhos levaram à recuperação de todos os membros, mas nada de cabeça ou tronco. Essas duas áreas do corpo são críticas, pois elas costumam carregar provas da forma e da causa da morte, assim como têm mais chance de ajudar com a identificação. Os mergulhadores continuariam procurando.

Fui chamada ao necrotério para ajudar o patologista a extrair as informações possíveis das partes desmembradas dos membros superiores e inferiores. Identificar a vítima era prioridade, e qualquer prova que pudéssemos encontrar naquele ponto poderia dar vantagem à investigação policial.

As impressões digitais e o DNA não correspondiam a nenhum registro no banco de dados da polícia, o que queria dizer que era improvável que fosse alguém que tivesse tido passagem pela polícia. Como os restos estavam relativamente recentes, eu pude observar que, se fosse alguém no banco de dados de pessoas desaparecidas, tratava-se de um registro recentemente. Isso permitiu à polícia estreitar as buscas por indivíduos cujas descrições pudessem bater com o nosso corpo. E, de fato, os membros tinham ficado na água por apenas um ou dois dias.

Eu pude estabelecer que os restos eram de um homem que tinha cabelo escuro. Isso ficou evidente a partir dos pelos nos antebraços, mãos, coxas, pernas e pés. Eu pude estimar o tamanho dos pés e calcular a altura como sendo de pouco mais de 1,80 metro. Os ossos longos tinham parado de crescer, mas a fusão entre as partes diferentes era relativamente recente, então ele devia estar no final da adolescência ou com 20 e poucos anos. Apesar de as mãos e os pés terem sido cortados, o que apontava para homicídio e desmembramento, nós detectamos marcas de fricção. O jovem teria sido amarrado e teria lutado vigorosamente? Era possível que o motivo para desmembramento fosse, em parte, para tentar esconder essas marcas.

Um resultado do banco de dados de pessoas desaparecidas sugeriu um possível nome para a vítima. Barry, que estava desaparecido havia poucos dias, tinha 18 anos, cabelo escuro e 1,90 metros de altura. Houve extração de DNA dos músculos dos membros, e uma comparação com amostras dos pais dele confirmaram o pior pesadelo que eles podiam ter.

O tronco de Barry foi encontrado em outra parte do lago uns dias depois, mas não ofereceu mais pistas sobre a causa e nem a forma da morte. Vários dias depois disso, uma mulher estava passeando com o cachorro na praia Ayrshire, muitos quilômetros ao sul de Loch Lomond, quando o cachorro demonstrou interesse em um saco plástico abaixo da linha da maré alta. Um chute rápido para verificar o que podia haver dentro revelou o que parecia ser uma cabeça humana. Uma comparação de DNA com os membros confirmou que era de Barry. Todas as partes do corpo haviam sido recuperadas.

Àquela altura, pelo que descobriram do modo de agir do assassino, a polícia tinha um suspeito. Já estava aceito por criminologistas e policiais experientes que William Beggs, um predador sexual que tinha prazer em infligir dor excruciante e tortura, estava se tornando um assassino em série. Ele tinha exibido tanto o padrão de comportamento quanto os apetites associados a assassinos sádicos, e ser capturado e aprisionado não pareceu impedi-lo. É provável que muitas de suas primeiras vítimas não tenham se manifestado para denunciar o que tinham testemunhado ou enfrentado, por medo ou vergonha indevida.

Beggs gostava de pegar homens jovens em bares e boates e levar para o apartamento dele. É possível que os tenha drogado. Uma das vítimas falou em acordar sentindo uma dor agonizante e dar de cara com Beggs fazendo símbolos na pele da perna dele com uma lâmina afiada. Beggs falou para ele não se preocupar, que acabaria em breve. A vítima tinha tanta certeza de que a intenção do agressor era de matá-lo que ele pulou nu de uma janela de primeiro andar. Se ele ia morrer mesmo, seu argumento foi que, se morresse da queda, seu corpo seria encontrado e Beggs seria capturado. Mesmo com toda a improbabilidade, ele sobreviveu, e Beggs foi devidamente preso, condenado e sentenciado a seis anos de prisão.

Beggs cumpriu a pena, mas tinha aprendido com seus erros e assim continuaria, melhorando a técnica e tomando cuidado para reduzir os riscos de ser pego. Em um clássico exemplo do padrão visto em criminosos em série, o comportamento dele aumentou e seus rituais evoluíram. Por exemplo, ele passou a algemar as vítimas nos pulsos e tornozelos, em parte para incrementar o teatro sexual, mas também para impedir que fugissem.

Uma noite, ele pegou um jovem estudante em um bar e o levou para o apartamento, onde o algemou antes de o violentar e, novamente, fazer cortes na pele. Depois, ele cortou a garganta da vítima. Beggs tentou desmembrar o corpo, mas acabou descobrindo que era mais difícil do que ele esperava.

O corpo humano é formado basicamente de seis partes: a cabeça e o tronco a partir de um eixo central e os pares de membros superiores e inferiores nas laterais. Os quatro membros deixam um cadáver terrivelmente desajeitado, pesado de manusear e difícil de esconder. Então, quando alguém decide cortá-lo para facilitar o descarte, separá-lo em cinco das partes que o compõem é a abordagem mais comum. Desmembrar um corpo nas seis seções envolve a remoção da cabeça também, que é um passo grande demais para algumas pessoas.

O desmembrador inexperiente, e vamos admitir que a maioria de nós é, vai tentar cortar os ossos longos primeiro, provavelmente. Quem fizer isso vai descobrir rapidamente que é uma tarefa extremamente difícil. Exige as ferramentas certas, muito tempo, um local adequado e uma boa dose de energia.

Naquela ocasião, Beggs desistiu e abandonou o corpo para se decompor num bosque, onde foi encontrado por uma pessoa. Ele foi preso e considerado culpado de abuso sexual, homicídio qualificado e uma longa lista de outras acusações. Uma pessoa com esse padrão de comportamento no passado deveria ser identificada como perigosa, mas ele cumpriu apenas dois anos de sentença antes de ser libertado porque houve um apelo com base em tecnicalidades legais.

Foi depois da libertação dele nesse período na prisão que ele encontrou Barry, um adolescente popular que trabalhava em um supermercado da região enquanto decidia o que queria fazer da vida. Ele estava considerando carreira na Marinha Real. Estava perto do Natal, e Barry tinha ido à festa do trabalho. Pelos relatos, ele se divertiu e não queria que a noite terminasse, embora já tivesse bebido muito. Um amigo ofereceu carona para casa, mas Barry decidiu ir a uma boate local. Foi a última vez que ele foi visto vivo.

Inicialmente, os pais dele não ficaram muito preocupados pois sabiam que ele tinha ido a uma festa para a qual estava ansioso. Eles acharam que ele devia ter bebido demais e que estaria dormindo na casa de um amigo. Mas como ele não voltou para casa no dia seguinte, os pais começaram a ficar preocupados e, sem conseguir encontrá-lo por meio dos amigos, fizeram o registro de desaparecimento.

Na boate, Barry foi abordado por Beggs e acabou indo para o apartamento dele. Lá, é provável que ele tenha sido drogado, algemado nos pulsos e tornozelos, violentado e assassinado. Desta vez, a técnica de desmembramento de Beggs foi mais bem-sucedida. Ele cortou o corpo de Barry em oito partes e removeu a cabeça. A remoção da cabeça pode ter dificultado a confirmação de garganta cortada, pois as provas podem ter sido obscurecidas pelos cortes da decapitação. É provável que ele tenha cortado as mãos e pés para esconder as marcas das algemas. Beggs embrulhou os membros e o tronco em sacos de lixo e largou no lago. Foi azar dele ter sido o local onde os mergulhadores da polícia fariam o treinamento dias depois.

Ele guardou a cabeça cortada de Barry por mais alguns dias, mas acabou jogando-a no mar quando estava na parte de trás de uma barca para Belfast, o que explicou por que ela foi encontrada tão longe. Pouco depois, ele fugiu para a Holanda. Ele foi extraditado, levado de volta para ser julgado no Reino Unido e encarcerado por um período mínimo de vinte anos. Com essa sentença agora chegando ao fim, não é surpreendente que haja preocupações relacionadas à perspectiva de libertação dele. Alguém que demonstra esse padrão de comportamento pervertido pode ser reabilitado? Eu espero que sim, sinceramente.

Nossa capacidade nesse caso de determinar o sexo, a idade, a altura, o tamanho do pé e a cor do cabelo só a partir dos membros, junto com nossa avaliação do tempo que os restos ficaram na água, deram à polícia informações suficientes para encontrar prováveis correspondências no banco de dados de pessoas desaparecidas e identificar a vítima rapidamente. Isso, por sua vez, levou a uma apreensão rápida do criminoso. As características que podem ser estabelecidas a partir dos membros apenas podem não oferecer provas conclusivas de identidade em um tribunal, mas podem oferecer informações sólidas para orientar a direção de uma investigação. E nem sempre precisam ser os membros de verdade.

Em uma noite escura de novembro, a polícia foi chamada para ir a um apartamento num condomínio no centro por causa de um comunicado de gritos, berros e objetos quebrados que indicava que havia um confronto acalorado em andamento. Quando chegaram, eles encontraram o apartamento bagunçado e um homem deitado no chão da sala. Os paramédicos não conseguiram salvá-lo, e ele foi declarado como morto no local.

Havia muito sangue no tapete, nos móveis e nas paredes e sinais claros de que a vítima tinha recebido vários golpes severos na cabeça. Um exame post-mortem confirmou que a causa da morte foi trauma múltiplo de força contundente no crânio, que resultou em perda de grande quantidade de sangue.

Eu recebi a tarefa de examinar o crânio, reconstruir as partes e tentar estabelecer que tipo de arma podia ter sido usada no ataque. Depois do primeiro exame post-mortem, as partes quebradas do crânio foram extraídas, e a calota craniana foi removida com uma serra Stryker, para permitir o exame do cérebro e da cobertura dele.

Quando o osso está molhado, como fica quando uma lesão ocorre durante a morte, e o trauma foi violento, as peças nem sempre se encaixam perfeitamente, principalmente quando o osso em questão é do crânio e as três camadas de díploe se partiram. Por isso, às vezes podemos levar horas para começar a entender onde fragmentos pequenos, quase impossíveis de identificar, antes se conectavam. Nós usamos um tipo de supercola para juntar os pedaços de osso molhado e, se não tomarmos cuidado, é comum que a luva grude no quebra-cabeça tridimensional que estamos tentando reconstruir.

A pressão para encontrarmos as duas primeiras peças a encaixar é imensa, pois todo mundo na sala fica olhando com expectativa de que você consiga realizar a reconstrução num piscar de olhos. Não é assim que fazem na televisão? Mas lentamente, em geral quando todo mundo perdeu o interesse e saiu em busca de chá e biscoitos, nós começamos a pegar embalo, quando mais e mais peças gradualmente se encaixam. Só então podemos começar a interpretar a análise do trauma que vai permitir que determinemos quantos golpes ocorreram e em que ordem.

Ficou claro que aquele homem tinha levado golpes na cabeça pelo menos três vezes. O primeiro golpe foi na frente da cabeça, e o segundo e o terceiro do lado esquerdo, talvez quando ele já estava no chão. Foram causados por um instrumento contundente, provavelmente feito de metal, pois havia umas beiradas afiadas. Havia uma ponta curva em um dos pontos de impacto que sugeria algo como um pé de cabra, mas também parecia haver um segundo ponto de contato, mais afiado, tipo a ponta de uma faca. Então era possível que tivesse havido duas armas, o que não fez muito sentido para nós na ocasião.

A explicação, que ouvimos da polícia depois que o assassino foi considerado culpado e tinha começado a cumprir a sentença de prisão, foi tão bizarra que acho que podemos ser perdoados por não conseguirmos identificar a arma do crime na ocasião do exame post-mortem.

O falecido, Michael, era um conhecido da polícia. Como ele tinha trabalhado como prostituto gay, eles temiam que rastrear quem poderia ter ido ao apartamento dele naquela noite fosse desafiador. Mas os locais de trabalho regulares de Michael foram visitados e seus colegas trabalhadores do sexo foram interrogados. Dois mencionaram um homem que eles nunca tinham visto. Eles disseram que Michael saiu na companhia dele em determinado momento daquela noite, embora nenhum dos dois soubesse dizer exatamente quando. A descrição do homem foi bem genérica — até que um deles comentou por acaso, quase como uma observação posterior, que eles o apelidaram de "Capitão", porque ele tinha uma prótese no lugar do braço com um gancho na ponta. Aparentemente, o truque de pub dele era tirar a prótese e pendurá-la pelo gancho no balcão do bar.

A polícia não acreditou na sorte que teve. Além de já terem um possível suspeito que era conhecido usuário dos serviços de trabalhadores do sexo e por ter temperamento violento quando bebia, ele não seria difícil de encontrar. O "Capitão" foi localizado rapidamente, detido e levado para interrogatório. Ele atribuiu os ataques de fúria ao início de transtorno de estresse pós-traumático depois que ele foi ferido por uma bomba de estrada durante o serviço militar, que foi o que levou à amputação da mão e de parte do antebraço.

Sua prótese distinta de gancho foi removida para investigação forense, e sangue compatível com o de Michael foi encontrado em volta da área arredondada do membro, onde o gancho encaixava no mecanismo baseado no pulso.

Assim como o gancho de aço inoxidável na extremidade da prótese, havia uma ponta que parecia um dedo na superfície interna, feita aparentemente para aumentar a capacidade de segurar. Os especialistas forenses conseguiram encontrar correspondência entre o gancho e a forma estilo farpa da ponta às lesões no crânio de Michael e confirmar que a prótese era a arma mais provável a tê-las causado. Nas mãos erradas, membros artificiais podem matar.

Às vezes, não são tanto os ossos em si que nos ajudam na identificação, mas as articulações entre eles. Assim como os ossos, as articulações nos nossos membros se espelham: o ombro é homólogo ao quadril (ambos articulados por uma cintura), o cotovelo ao joelho (na junção intersegmentar dos membros, onde o alcance de movimento é limitado) e o pulso ao tornozelo (onde os ossos longos se articulam com as extremidades da mão ou do pé, respectivamente).

Essas são todas articulações livremente móveis (sinoviais), mas há diferenças. Enquanto o quadril e o ombro podem se mover em todas as direções (flexionar, estender, aduzir, abduzir e girar medial e lateralmente), o ombro desenvolveu uma capacidade adicional de exagerar o movimento no que chamamos de circundução. Isso quer dizer que conseguimos mover os membros superiores como um moinho, uma coisa que poucos de nós conseguem fazer com os membros inferiores, independentemente da flexibilidade. Eu te desafio a tentar.

O lado negativo dessa mobilidade aumentada na articulação do ombro é um risco muito maior de deslocamento no ombro do que no quadril. Para nos manter eretos, a articulação do quadril precisa ficar apertada para sustentar nosso peso e precisa ficar estável, quer estejamos parados ou em movimento.

O joelho e o cotovelo são muito restritos no alcance de movimento, principalmente o cotovelo, onde o movimento só ocorre em um único plano de flexão e extensão, que é o motivo para serem conhecidas como articulação do tipo dobradiça. O joelho tem um pouco mais de flexibilidade, o suficiente para permitir ao fêmur e à tíbia uma rotação leve um com o outro para travar o joelho quando estamos de pé. Esse é um mecanismo que ajuda a manter uma postura estável e é o motivo para você ter aquela perda momentânea de equilíbrio quando alguém cutuca inesperadamente a parte de trás do seu joelho.

Os pulsos e tornozelos são amplamente comparáveis, com um alcance de movimentos que permite às nossas mãos e pés adotarem uma variedade de posições, mantendo seus papéis primários respectivos de manipulação e locomoção.

Nossas articulações exigem um esforço temeroso pelo uso repetido ao longo da nossa vida, e atualmente podem ser rotineiramente substituídas ou revestidas. Há mais de um quarto de milhão de substituições de articulações feitas no NHS[2] (Serviço Nacional de Saúde). As substituições do quadril e do joelho continuam sendo as mais comuns, mas as de ombro, tornozelo e cotovelo estão aumentando. Esses procedimentos cirúrgicos deixam uma marca na superfície da pele na forma de padrões bem típicos de cicatrizes em locais específicos. E em partes do mundo onde esse tipo de procedimento são sujeitos a legislações rigorosas, costuma haver uma exigência de que qualquer implante tenha um número de referência único, que precisa ficar registrado com os dados médicos do paciente. Portanto, quando encontramos um assim, deveria ser fácil de rastrear. Mas a vida nunca é tão simples.

Não há registro global desse tipo de informação, e em países em que o turismo médico está em ascendência — sendo os três principais na substituição de articulações a Índia, o Brasil e a Malásia, onde o custo é baixo e a disponibilidade é rápida —, os registros podem estar longe de completos. Uma substituição de quadril executada em instituição particular em outro país pode não aparecer nos registros de saúde de um paciente, e encontrar o hospital onde aconteceu é extremamente difícil. Em cantos menos escrupulosos dessa indústria mundial em explosão, onde o fornecedor pode nem colocar nos implantes o número identificador, muitos carregam o mesmo número, o que torna a identificação praticamente impossível.

A capacidade de identificar partes artificiais e as lesões cicatriciais em quem o porta é uma parte necessária das habilidades do antropólogo forense moderno. As salas de dissecção na maioria dos departamentos de anatomia têm uma caixa com vários implantes ortopédicos retirados de corpos doados para dissecção, que ficam guardados para ensinar os alunos a reconhecerem esses objetos caso eles os encontrem, talvez entre restos decompostos. Outras ferragens associadas a ossos quebrados e intervenções cirúrgicas incluem placas, parafusos, fios, pinos, hastes, pregos e arruelas. Às vezes, catalogar o que encontramos pode ser mais parecido com fazer um inventário de loja de ferragens do que uma avaliação de efeito de cirurgia ortopédica.

É crítico que as partes artificiais introduzidas no corpo sejam entendidas, assim como com seus componentes naturais. Esse material estranho nos diz que tipo de tratamento médico a pessoa pode ter recebido, e isso pode ser a chave para estabelecer quem ela era ou o que pode ter acontecido a ela.

Não é surpreendente que os ossos longos tenham tendência a fratura, pois eles são os meios com os quais interagimos com nosso ambiente. Portanto, é importante verificar históricos médicos sempre que possível. Fraturas prévias cicatrizadas ou a presença de implantes ortopédicos são boas indicações de que vale a pena olhar registros médicos. Acabei de pensar, enquanto escrevo, que a prótese de quadril do meu pai deve ter ido parar numa caixa na sala do diretor funerário, talvez na mesma das próteses das articulações

---

2   Nome utilizado para se referir aos quatro sistemas públicos de saúde do Reino Unido.

dos dedões dos pés da minha mãe. Como é estranho pensar que partes inseridas nos dois podem ter ido parar na mesma caixa de peças. Os dois foram cremados, e, como esses implantes não pegam fogo, eles devem ter sido extraídos em algum momento. Eu nunca pensei em perguntar.

Como vimos, as fraturas podem ter um papel importante nas descobertas e nas provas retiradas de um exame post-mortem. Portanto, um antropólogo forense precisa ser capaz de determinar se ocorreram antes, durante ou depois da morte. Fraturas antes da morte não costumam ter ligação com a morte em si, exceto, em alguns casos, como prova da possibilidade de um passado de abuso. Elas costumam poder ser conectadas a registros médicos, e a época da vida da pessoa em que aconteceram pode ser estimada pelo grau de cicatrização e de formação de calo ósseo. As fraturas após a morte também podem não ter relação com a morte, embora possam nos ajudar a construir uma imagem dos métodos usados para se livrar ou esconder um corpo. Assim, são as fraturas que ocorrem na ocasião da morte e que podem estar relacionadas à forma da morte que costumam ser de maior valor forense intrínseco.

Quais são os tipos de lesões que resultam na quebra dos nossos ossos longos? O úmero não é um osso que se frature com frequência, mas quando acontece costuma ser por queda ou acidente esportivo. Como o rádio e a ulna são ligados por uma membrana (membrana interóssea), se um osso sofre fratura, o outro pode sofrer também. Fraturar o rádio costuma ser resultado de uma queda sobre a mão esticada, quando o impacto do chão na base da mão é transferido para o rádio e pela membrana até a ulna. Isso é conhecido como fratura de Colles, batizada em homenagem a Abraham Colles, um notório professor de anatomia irlandês do século xix que escreveu um tratado sobre o assunto. É particularmente comum em quedas entre os idosos, cujos ossos são mais frágeis e podem ficar enfraquecidos pela osteoporose.

O rádio e a ulna também são locais examinamos em busca de fraturas de defesa. Se alguém estiver dando uma série de golpes na sua cabeça, é provável que você levante um ou os dois antebraços para tentar se proteger da agressão, o que costuma levar a uma fratura do comprimento do rádio, da ulna ou dos dois. Essa era uma das lesões que vimos em Harry, o garotinho que morreu nas mãos do pai, no Capítulo 4. Nessas circunstâncias, a fratura vai ser em um lugar diferente da provocada por uma queda, e por isso pode ser fundamental para distinguir entre uma queda acidental e um ataque criminoso.

As fraturas do rádio e da ulna após a morte costumam ser vistas em quem morreu em incêndio. Como os músculos reagem ao calor intenso, eles se contraem de forma extensiva e o corpo assume uma postura de pugilista, com os membros flexionados e os punho fechados. O esforço nos pontos de fixação muscular pode acabar fraturando os ossos no pulso, principalmente se estiverem ainda mais enfraquecidos pelo fogo. A identificação de fragmentos frágeis e queimados de osso é uma habilidade muito especializada, e eles precisam ser recolhidos antes que se retire os detritos do local.

A tarefa de recuperar os restos de um cavalheiro idoso que morreu num incêndio doméstico foi exemplo típico do que encontramos normalmente. Ele morava sozinho e todos sabiam que gostava de fumar e beber, e a polícia e os bombeiros estavam razoavelmente confiantes de que não havia circunstâncias suspeitas.

Em prédios em que ocorreu um incêndio, a eletricidade costuma ser desligada por questão de segurança, e é provável que tenhamos que trabalhar com iluminação alimentada por pilhas, a não ser que um gerador seja levado até o local. Nós também temos que usar máscara e óculos de proteção e andar por uma paisagem monocromática com vários tons de preto e cinza. É provável que o piso esteja coberto de detritos, principalmente se o teto — e às vezes tudo do andar superior — tenha caído. Nada disso facilita a localização de pequenos fragmentos de osso queimado.

O homem tinha morrido na poltrona da sala de estar, cercado de pilhas de jornais e várias garrafas de uísque, muitas contendo urina. O teto tinha caído em cima dele. Os bombeiros acreditavam que o foco do incêndio foi próximo da poltrona, e é provável que tenha sido um cigarro.

Como os corpos humanos são compostos de muita água, eles não queimam muito bem, e o que mais vemos é queimadura de pele, principalmente onde as roupas pegaram fogo. As áreas do corpo que ficam descobertas tendem a sofrer mais, normalmente a cabeça, as mãos e às vezes os pés. Nesse caso, os pés do homem estavam menos danificados do que poderiam porque os chinelos derreteram em volta, protegendo-os até certo ponto.

Os pulsos e antebraços foram mais afetados. Era o auge do verão, e ele devia estar de camiseta, o que os deixou expostos ao fogo. Nós vimos que o dano do incêndio e o trauma causado pela contração muscular tinham resultado na fratura do rádio e da ulna, e embora partes das mãos ainda estivessem conectadas aos ossos longos, alguns ossos dos dedos tinham sumido. Quais exatamente era algo a ser estabelecido no local, porque era nossa responsabilidade encontrá-los e recolhê-los.

É preciso muito tempo fazendo esse trabalho, além de um conhecimento detalhado de anatomia, para poder reconhecer fragmentos queimados de osso, alguns do tamanho da unha do dedo mindinho, e designá-los corretamente a uma parte específica do corpo. Mas isso precisa ser feito, porque não podemos deixar partes de corpo para trás, para serem encontradas acidentalmente depois ou, pior ainda, para serem jogadas fora junto dos detritos queimados da casa quando chegar a hora da limpeza.

Primeiro de tudo, o corpo precisou ser retirado da poltrona derretida e removido da sala. Isso não é fácil quando o tecido da poltrona está fundido com partes do corpo e precisamos cortar restos de tecido ou de espuma para soltá-lo. As vítimas de incêndio costumam ficar rígidas e fixas na pose de boxeador, o que torna difícil levantá-las e colocá-las em um saco para cadáveres designado para acomodar uma figura inerte com os membros esticados. Depois que a vítima é retirada e colocada em um saco para cadáveres no local, fica mais fácil examinar as extremidades dos membros e determinar onde ocorreram fraturas após a morte e que partes anatômicas continuam desaparecidas.

Feito o inventário, nós ficamos com isso na cabeça enquanto procuramos o que falta no meio dos detritos. Dessa forma meticulosa, nós conseguimos reunir o cavalheiro com todos os dedos e as partes inferiores dos ossos longos dos membros superiores, que foram transferidos para o necrotério com ele no saco para cadáveres.

Os fêmures, como já discutimos, costumam se fraturar em acidentes de carro quando os joelhos estão apoiados no painel do veículo. O osso também costuma ser fraturado em pessoas idosas como resultado de perda óssea do avanço da idade, o que torna as fraturas de bacia outro perigo para os idosos. Essas fraturas podem ser causadas por coisas tão inocentes quanto virar na cama. Algo entre 70 e 75 mil bacias se quebram todos os anos no Reino Unido, 75% delas em mulheres com idade média de quase 80 anos. A ligação entre fraturas de bacia e a morte é forte. A pessoa caiu porque a bacia quebrou ou a bacia quebrou com a queda? Nesses casos, tentar dizer ao certo se a lesão foi antes ou durante a morte pode ser bem difícil.

Meu pai quebrou a bacia depois que foi internado em um hospital psiquiátrico por causa de mal de Alzheimer avançado. Ele não andava com muita firmeza na época, e a equipe de enfermagem foi reconfortantemente sincera quando nos disse que não sabiam se ele tinha tropeçado ou se algum dos outros pacientes esbarrou nele ou o empurrou. Se não dá para saber a diferença entre as duas coisas com a pessoa viva, não é surpresa que seja quase impossível ter certeza com os mortos.

A rótula, ou patela, é o maior osso sesamoide no corpo. O termo "sesamoide", "semente de gergelim" em latim, costuma ser reservado para ossos pequenos e nodulares que se desenvolvem no tendão de um músculo. No caso da patela, que obviamente não se parece nem um pouco com uma semente de gergelim, o termo é meio impróprio.

Há outro osso sesamoide que pode ser encontrado na articulação do joelho: a fabela ("feijãozinho"), que pode se formar no tendão da cabeça lateral do músculo gastrocnêmio na parte superior da panturrilha. Estima-se que está presente em menos de 40% das pessoas e é mais comum em homens idosos do que em qualquer outro grupo. Portanto, quando encontramos uma fabela, vale a pena descobrir se há raios-x de antes da morte para comparação, pois sua presença pode ter uma certa relevância para ajudar a identificar o falecido. A função da fabela não é bem compreendida. Já foi sugerido que é uma característica evolutiva que ressurgiu, talvez devido à combinação de fatores genéticos e ambientais. Essa teoria me parece meio forçada, mas eu não sou geneticista.

A patela, que foi nomeada por causa da palavra latina para um prato ou travessa pequena e rasa, fica no tendão do músculo quadríceps femoral, na parte da frente da coxa, onde começa a se formar no terceiro ano de vida. Seu propósito é aumentar a eficiência biomecânica do joelho. A posição proeminente a coloca em risco de fratura, normalmente por impacto direto do joelho ou como resultado de queda sobre o osso de uma certa altura. Se a patela se estilhaça em muitos pedaços, ela pode ser removida, mas atualmente os cirurgiões têm maior tendência de optar por cirurgias reconstrutivas, geralmente envolvendo fios e uso de bandas de tensão para juntar as partes do osso. Portanto, os antropólogos forenses estão sempre procurando pedaços de fio que podem indicar intervenção ortopédica no local.

Como a patela é um local sensível com muitas terminações nervosas, é um ponto popular para se infligir dor. Kneecapping é uma lesão deliberada no joelho executada como forma de tortura ou punição, normalmente com tiro de arma de fogo e às vezes com um golpe forte demais de um taco de beisebol ou arma similar. Na verdade, em muitos casos o impacto erra a patela completamente, sem querer ou de propósito, e acaba fraturando a parte inferior do fêmur ou a parte superior da tíbia ou da fíbula.

Esse método era usado na Itália nos anos 1970 e 1980 pelo grupo de guerrilha Brigate Rosse e nos Conflitos na Irlanda do Norte, tanto por paramilitares legalistas quanto republicanos, como punição por uma variedade de transgressões. Ao longo do conflito na Irlanda do Norte, dizem que cerca de 2.500 casos foram registrados. A punição maior era o "pacote de seis": tiros em cada cotovelo, cada joelho e cada tornozelo. Mais recentemente, seu uso foi relatado pela organização fundamentalista islâmica Hamas e pela polícia em Bangladesh.

Fraturas acidentais da tíbia e da fíbula costumam ser mais vistas em lesões de esportes de contato ou em colisões de veículos em movimento, às vezes chamadas de fraturas de "batidinha".

As fraturas nos ossos longos dos membros, dos inferiores em particular, precisam ser cuidadas de tal forma que o comprimento dos dois membros permaneça mais ou menos igual. Se um paciente fica com um mais curto do que o outro, uma série de mudanças anatômicas compensatórias começam a se desenvolver no restante do corpo. Se suas pernas tiverem tamanhos diferentes, vai haver efeito na pelve e na coluna vertebral, além de no próprio membro. Quando encontramos provas de uma fratura de membro inferior mal arrumada, podemos dizer com uma certa confiança que é provável que a pessoa mancasse ao menos um pouco em vida.

Nós todos vamos ter variações na simetria dos ossos longos e isso pode servir como evidência da nossa "lateralidade" — a preferência que demonstramos por um lado do corpo ao outro. Isso costuma ser avaliado na vida diária pelo fato de optarmos naturalmente por escrever com a mão direita ou com a esquerda, mas é claro que também se relaciona com que pé escolhemos para chutar uma bola e com a predominância de um lado ao outro em geral. E ser canhota não necessariamente quer dizer que a pessoa vai preferir a mão esquerda em todas as atividades. Por exemplo, a mão direita pode ser a escolhida para se comer, tocar um instrumento musical ou fazer um esporte. Muitos jogadores de críquete preferem bater com a mão que não é a da escrita.

No entanto, cerca de 90% dos humanos são destros, e se seu lado dominante for o direito, é bem provável que seu pé dominante também seja o direito. O grau de lateralidade varia entre indivíduos, mas é altamente incomum que alguém seja verdadeiramente ambidestro, ou seja, que tenha exatamente o mesmo nível de capacidade com as duas mãos. O uso preferencial da mão direita parece ser apoiado pela intensidade do córtex motor e sensorial no lado esquerdo do cérebro. Os que têm os membros direitos como dominante têm o lado esquerdo do cérebro como dominante para funções motoras e sensoriais, pois os nervos são contralaterais, em lados opostos entre origem e destino. A lateralização não se restringe a humanos: é algo comum no reino animal e foi identificada na maioria dos primatas, cachorros, aves e roedores.

Embora o predomínio da mão direita possa ter origem genética, é provável que forçar crianças pequenas a usarem a mão direita, prática comum no passado, e o fato de que quase todos os implementos que usamos na vida diária sejam feitos para pessoas destras resultem em pressão para se adequar à dominância do lado direito.

Historicamente, o lado direito do corpo era considerado o "correto", e os que escolhiam escrever com a mão esquerda eram vistos como indignos de confiança ou até do mal. Essa crença teve raízes nos mitos fundadores de muitas culturas e religiões antigas e se reflete na etimologia das palavras "direita" e "esquerda" na maioria das línguas. Direita reflete o apropriado, o correto, o linear; esquerda reflete o sinistro, o desajeitado ou o fraco.

Já houve uma quantidade considerável de pesquisa científica sobre a predominância do lado direito ou esquerdo, inclusive influências genéticas, indicadores no feto e efeitos no peso ao nascimento, inteligência, renda e muitas outras questões. Os resultados sugerem que, mesmo no nascimento, há evidências de dominância nas dimensões dos ossos dos membros, com os direitos costumando ser mais longos e robustos do que os esquerdos. Conforme um indivíduo se desenvolve, a dependência de um lado provoca um aumento correspondente de massa muscular, e a diferença no tamanho entre ossos correspondentes do lado direito e esquerdo aumenta.

O úmero direito, por exemplo, costuma ser maior, mais largo e mais forte do que o esquerdo por causa do fluxo sanguíneo aumentado e do desenvolvimento muscular. Dá para ver isso nos nossos dedos: é comum que um anel fique mais apertado em um dedo da mão direita do que no mesmo dedo da mão esquerda. Nos que têm dominância do lado esquerdo, os ossos do lado direito do corpo também costumam ser ligeiramente maiores, mais largos e mais robustos, mas a diferença entre os dois lados é reduzida.

Embora costumemos descrever dominância em termos das nossas mãos e dos nossos pés, os verdadeiros músculos de poder que operam os membros superiores e inferiores estão no braço e na coxa e no antebraço e na perna. Assim, as diferenças nas dimensões dos ossos têm mais chance de sofrer influência de massa muscular nos ossos longos dos membros do que nos ossos curtos da mão ou do pé, onde os tendões se fixam.

Apesar de ser possível medir as variações de tamanho dos ossos longos, seria perigoso alegar que podemos determinar a predominância do lado direito ou esquerdo apenas pelos ossos, embora isso não tenha impedido alguns antropólogos nada escrupulosos de fazerem isso no passado. Nas salas post-mortem de tempos antigos, nós poderíamos ter procurado calos nos dedos como indicação de qual poderia ser a mão dominante para a escrita, mas no mundo de hoje, com teclados alfanuméricos, esses sinais estão ficando rapidamente irrelevantes ou obsoletos.

Claro que as chances estão a nosso favor se sugerirmos que um indivíduo tem probabilidade alta de ter sido destro. Na prática, reconhecer os mais incomuns canhotos tem mais valor para a identificação. Mas dar uma opinião assim é arriscado.

Ao lidar com restos em decomposição ou alterados, rastrear a história dos ossos, de o que aconteceu com eles e quando, pode ser um desafio, como já vimos. Os ossos longos são uma fonte excelente de cálcio para animais carniceiros, e o tutano nas cavidades é apetitoso e nutritivo. Como resultado, eles têm boa chance de serem roídos quando expostos à vida selvagem. Nós podemos às vezes sugerir que tipo de animal se alimentou deles, se foram roedores pequenos ou carnívoros grandes, pelas marcas deixadas pelos dentes na superfície dos ossos.

Mas nem todos os corpos sofrerão predação, e há ocasiões em que a ausência de atividade carnívora é tão confusa para os investigadores quanto sua presença, principalmente para os não muito versados em comportamento animal. Para entender a atividade animal, é preciso olhar o ciclo de vida deles holisticamente.

As raposas, por exemplo, não se alimentam de forma indiscriminada. Em certas épocas do ano, elas podem ignorar por completo uma carcaça grande como um corpo humano em favor de refeições menores que sejam mais abundantes, mais fáceis de acessar e talvez mais frescas, se elas puderem caçar.

Elas podem ser frescas com comida, e o restos humanos em estágio de liquefação da decomposição não são palatáveis para elas. Nós podemos achar que, quanto mais putrefatos os restos ficam, mais atraentes eles se tornam para todos os predadores, mas isso apenas não é verdade. As raposas se banqueteiam alegremente de um corpo relativamente fresco e quebram os ossos para chegar ao tutano, rico em calorias. E quando a decomposição passa do ponto de liquefação, elas voltam para roer os ossos e obter o benefício do cálcio. Mas entre esses dois pontos, elas deixam o corpo de lado, a não ser que haja pouca opção de comida.

Um corpo encontrado na extremidade de uma fazenda no cinturão central da Escócia exibia surpreendentes poucas indicações de predação animal, considerando a proliferação de raposas na região e seu estado avançado de decomposição. A polícia especulou que talvez o corpo tivesse sido guardado em outro lugar antes de ser largado na extremidade do campo. Mas não havia evidência de crime.

Nós sabíamos que a atenção das raposas podia ser influenciada por quando o corpo foi depositado. Foi em uma época do ano em que havia abundância de alimentos ou quando não havia filhotes a alimentar? Quando a polícia pediu nossa opinião, nós conseguimos persuadi-los, com o apoio do conhecimento de especialistas em raposas e guarda-caças, de que, assim como com outras carcaças, os restos humanos deixados a céu aberto nem sempre exibem sinais de atividade predadora carnívora e de que a ausência dessas marcas naquele caso não necessariamente apontava para os restos terem sido colocados no local recentemente.

As mãos estavam ausentes, mas isso podia ser explicado pelos hábitos de armazenamento de alimento das raposas. Como não sabem quando vão poder comer de novo, elas preservam alimentos e removem primeiro partes portáteis de um corpo, como as mãos, e as enterram em algum lugar para consumo posterior. Essa atividade é o armazenamento.

Costuma ser possível encontrar partes desaparecidas de corpos seguindo os rastros das raposas e procurando terra remexida. As raposas podem ser protetoras com seus alimentos armazenados e costumam "espalhar" os alimentos por garantia em vez de enterrar todos os alimentos no mesmo lugar, onde há o risco de serem descobertos por outros predadores. Mas é claro que outros animais encontram e furtam alimentos, os texugos sendo os principais culpados.

O corpo acabou sendo identificado como o de um homem idoso itinerante. Era bem possível que ele tivesse entrado embaixo dos arbustos para passar a noite e tenha simplesmente morrido ali. E as mãos desaparecidas? Elas foram recuperadas mais tarde a uma certa distância do corpo, cada uma em um esconderijo diferente. Os ossos exibiam os furos reveladores de dentes caninos vulpinos.

A pele e o tecido mole que cobre os membros, assim como os ossos embaixo, podem ajudar com a identificação. A parte mais comum do corpo escolhida para tatuagens é o antebraço em homens e o ombro ou o quadril em mulheres. Quanto ao desenho, nós gostamos de achar que nossas tatuagens são únicas, mas, na verdade, a maioria das pessoas entra num estúdio e escolhe a partir de um catálogo ou pede ao artista para copiar algo que elas viram em outra pessoa.

Um jovem que desejava provar que tinha as qualidades necessárias para entrar para uma organização paramilitar decidiu fazer um vídeo de si mesmo desmontando e montando uma arma, para demonstrar sua perícia com armas de fogo. Por mais prática que ele tivesse em desmontar e reconstruir uma arma, ele não era um cara muito inteligente em outros aspectos, evidentemente, pois filmou o vídeo na própria cozinha, o que acabou se tornando revelador quando a polícia se envolveu.

Parecia que ele tinha ao menos assistido a séries policiais suficientes na televisão para saber que não devia deixar o rosto e nenhuma peça de roupa reveladora serem vistos, nem deixar as impressões digitais em nenhuma parte da arma. Portanto, ele não usou nada da cintura para cima, filmou o vídeo de um ângulo em que ficou visível só do pescoço para baixo e calçou um par chamativo de luvas de borracha amarelas. Mas com a área acima das luvas e os ombros expostos, o filme exibiu vislumbres suficientes das tatuagens nos antebraços para que ficassem identificáveis.

Eu comparei as tatuagens no vídeo com as exibidas pelo acusado. A sempre popular "Madona com uma rosa" no antebraço esquerdo podia ser vista acima dos malmequeres. No antebraço direito, a tatuagem de cruz celta tinha sido feita ao lado de um nevo (marca de nascença) proeminente, e tanto o topo da cruz quanto a marca estavam visíveis acima da luva direita. Portanto, conseguimos achar correspondência não só das tatuagens do nosso ousado herói, mas também da marca de nascença, o que fez com que ele fosse detido à mercê de Sua Majestade.

Muitos de nós têm suscetibilidade à formação de sinais, sardas ou manchas hepáticas, conhecidos como pigmentação da pele. Todas são manifestações de áreas de aumento de melanina, o pigmento que dá aos nossos olhos, pele e cabelo a cor e é encontrado no estrato basal da pele. Como a melanina absorve a luz ultravioleta, essas áreas escurecem no sol. Elas também aumentam com a idade. Como essas marcas aparecem de forma aleatória, elas são específicas a cada indivíduo, o que as torna úteis quando comparamos a anatomia de um suspeito ou de uma vítima com imagens capturadas em filme de uma pessoa considerada como podendo ser o mesmo suspeito ou vítima.

A maioria dos casos que pegamos que exigem a comparação de feições anatômicas em fotografias ou vídeos se relaciona a abuso sexual, muitas vezes envolvendo crianças. Duas garotinhas acusaram um cuidador de escola primária, Peter Ryal, de enviar mensagens indecentes por celular e de tocar nelas de forma imprópria. A polícia o prendeu e confiscou seus celulares e computador. Entre as muitas imagens que ele tinha, encontraram um vídeo curto feito com o celular que mostrava outra mulher dormindo na cama. O sutiã estava levantado, e o seio exposto tinha sido filmado.

A polícia fez mais investigações e entrevistou uma garota adolescente que era amiga de Ryal e da esposa dele, Gayle. Ela confirmou que tinha ficado na casa do casal e dormido no quarto de hóspedes depois de beber demais uma noite. Ela não sabia que tinha sido filmada, mas disse que a mulher no vídeo era ela. Seu rosto não estava visível, mas ela reconheceu seu sutiã.

Gayle Ryal disse à polícia que estava chocada com as imagens. No entanto, quando o caso foi a tribunal, ela mudou o depoimento e disse que era a mulher no vídeo feito pelo marido, alegando que eles estavam fazendo um teatrinho.

O tribunal se viu num impasse, e o juiz ordenou um novo julgamento. Ele instruiu a polícia para, enquanto isso, arrumar um especialista que pudesse identificar as diferenças entre a anatomia da garota adolescente e de Gayle Ryal.

Eu fui chamada para examinar o vídeo. Era de qualidade razoável e, ao separar o materal em quadros individuais, minha equipe conseguiu mapear o padrão de pintas nos ombros e braços da mulher. Depois fizemos o mesmo com fotografias tiradas de Gayle Ryal e da adolescente, e as comparamos com o mapa que tínhamos criado a partir do material tirado do celular.

A pergunta específica feita a nós na ocasião era clara. Não nos pediram para avaliar a probabilidade de haver compatibilidade com uma das duas mulheres. De forma mais direta: a mulher no vídeo era Gayle Ryal ou a adolescente? Gayle tinha muitas sardas, mas não sinais, e nós não conseguimos encontrar compatibilidade dela com as provas fotográficas. A adolescente tinha sinais (e não sardas), e numa formação replicada perfeitamente naquelas imagens. A resposta à pergunta feita pelo tribunal era simples.

Eu fui chamada para testemunhar no novo julgamento. O juiz foi ficando cada vez mais frustrado com o advogado de Peter Ryal, cuja única linha de defesa, ao que parecia, era tentar provar que eu não era qualificada para estabelecer a diferença entre uma sarda e um sinal porque eu não era dermatologista. O juiz acabou mandando-o calar a boca. A questão era que, com o objetivo forense, não importava o nome dado: era um padrão aleatório de pigmentação que era compatível com a pele de um indivíduo e não de outro.

Depois de uma curta deliberação pelo júri, Ryal foi declarado culpado de abuso sexual de menor e de fazer imagens indecentes de uma criança. Se Gayle Ryal foi acusada depois de perjúrio, eu não sei. Quanto ao marido, ele foi sentenciado a dezoito meses na prisão e colocado no registro de criminosos sexuais por dez anos. Na prisão, ele foi considerado inadequado para o tratamento de criminosos sexuais porque continuou alegando inocência.

Eu me lembro de estar na sala das testemunhas quando a jovem vítima chegou com a família. Ela já tinha testemunhado em um julgamento e estava muito perturbada, tremendo, chorando e insistindo que não podia voltar ao tribunal. É difícil para todo mundo, mas principalmente para alguém tão jovem, ter que reviver o trauma na frente de estranhos, alguns com a intenção de provar que a pessoa é mentirosa. Não é surpresa que tantos casos de estupro ou abuso sexual nunca sejam denunciados e não cheguem aos tribunais.

Mas, para aqueles que chegam, a antropologia forense pode ajudar de muitas formas a levar os criminosos à justiça. Muitas vezes me perguntam se o trabalho que fazemos deixa os criminosos mais cuidadosos, e a resposta é que parece que não. Eu acredito firmemente que não há parte da anatomia humana que não possa ser de algum valor na identificação da vítima, na acusação do culpado ou na exoneração do inocente. Nosso trabalho não se restringe ao que podemos ler nos ossos. E, com o avanço contínuo de técnicas e tecnologias, as provas que nossos corpos se tornam capazes de revelar ainda vão aumentar muito.

09

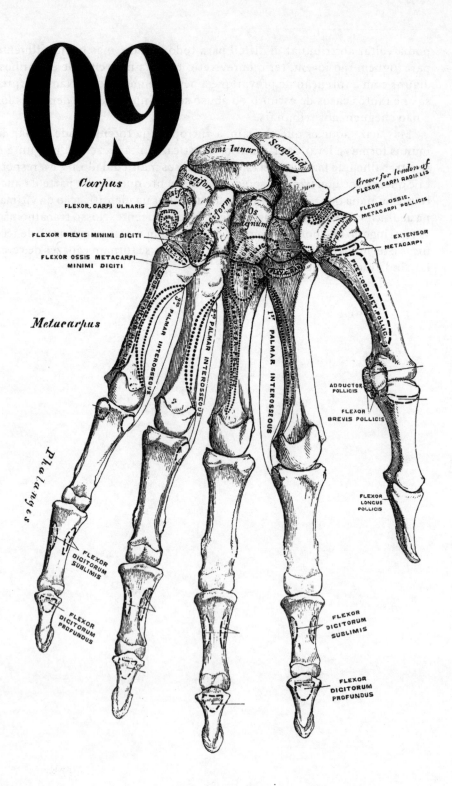

SUE BLACK
OSSOS
DO OFÍCIO

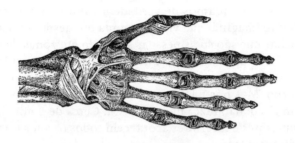

A MÃO

MILAGRE DA EVOLUÇÃO

"Só existe uma ferramenta, nem criada e nem inventada,
que é perfeita: a mão do ser humano."
— JULIO RAMÓN RIBEYRO, *Escritor, 1929—1994* —

Quando eu olho para as minhas mãos, vejo as pás enormes e capazes do meu pai, e não, infelizmente, a versão mais delicada e feminina da minha mãe. Talvez seja melhor descrevê-las como robustas, mas elas nunca seriam escolhidas para um comercial de creme para mãos e nem para agraciar a capa da *Vogue*. Mas são minhas e fizeram tudo que eu sempre pedi a elas. Elas dissecaram centenas de corpos humanos, digitaram meus pensamentos, seguraram meus bebês, secaram lágrimas, limparam traseiros e tiraram cadáveres de uma fossa séptica em um dia gelado de janeiro. Só agora essas servas confiáveis e valorosas estão começando a reclamar, só com uma dorzinha aqui e outra ali.

A mão humana é um milagre da evolução trabalhando em harmonia com a engenharia. O paleontólogo e biólogo estadunidense Stephen J. Gould estava certo quando repreendeu seus colegas cientistas por darem atenção demais às mudanças no crânio humano quando analisando e apresentando provas da evolução. Gould acreditava que eles estavam olhando no lugar errado: deviam estar olhando para as mãos. Foi a inteligência e o cérebro brilhante que nos permitiram nos tornarmos manipuladores tão especialistas do nosso mundo ou foi quando ficamos de pé sobre duas pernas e liberamos as mãos que, enfim, conseguimos desafiar o cérebro a cumprir seu potencial e acompanhar nossa destreza?

Talvez nós só entendamos de verdade o valor de uma coisa quando a perdemos. Tente imaginar sua vida sem uma ou mesmo sem as duas mãos. Você pode achar que são só as pessoas servindo em zonas de combate pelo mundo, onde bombas de beira de estrada e dispositivos explosivos improvisados são ameaça constante, que precisam se preocupar com a perda de partes do corpo. Mas nós não precisamos estar em serviço ativo para nos botarmos em risco: não fazer nada já basta. Cerca de 6 mil amputações de membros superiores e inferiores acontecem todos os anos no NHS como resultado de diabetes tipo 2.

Nós usamos nossas mãos não só para objetivos práticos, mas para segurar, abraçar, acariciar e cumprimentar. A mão é servida por uma variedade de terminações nervosas que levam o toque e a temperatura direto para o cérebro. O fato de quase um quarto da capacidade sensorial do corpo ser dado para as mãos quase justifica elevá-las ao status de um órgão de exploração sensorial.

Próteses de tecnologia moderna podem ser capazes de substituir uma parte da funcionalidade motora da mão, permitindo a amputados fazerem tarefas básicas, mas nós não temos tecnologia que possa recriar a sensibilidade natural dela e nem as conexões humanas feitas por uma mão viva, seja para quem toca ou para quem é tocado. Até mesmo replicar os gestos complexos e subliminares que usamos para comunicação continua fora do escopo de membros substitutos, por mais incríveis que eles sejam no que podem fazer agora em comparação aos predecessores mais primitivos.

A maioria de nós acha um enorme desafio falar sem o envolvimento de movimentos aparentemente involuntários das mãos que transmitem diretamente certos pontos ou os enfatizam. Quando não podemos usar a voz, nós aprendemos a contar com as nossas mãos para produzir gestos e formas para nos expressar. A tecnologia agora oferece novas opções para quem perde a visão, mas a arte de ler Braille, que envolve distinguir e interpretar o mundo de informações contido em um padrão de pontinhos elevados, é a ilustração perfeita do valor do volume de terminações nervosas que temos nas pontas dos dedos.

A anatomia intrincada da mão e o fato de que ela é tão comumente vista em movimento a tornam uma parte desafiadora do corpo para um artista captar com precisão. O detalhe reproduzido por Leonardo da Vinci, por mais maravilhoso que seja, é pouco em comparação aos desenhos de mãos de Albrecht

Dürer, nos quais quase dá para tocar as veias, os tendões e a pele enrugada. Na velhice e com saúde debilitada, Henry Moore desenhou as próprias mãos como representação do corpo envelhecendo. "As mãos transmitem tanto", ele disse. "Elas podem suplicar ou recusar, pegar ou dar, demonstrar contentamento ou ansiedade. Podem ser jovens ou velhas, lindas ou deformadas."

Para ter uma ideia do milagre da engenharia que a mão é, vamos considerar um simples movimento, a ação de pegar e segurar uma caneta, e ver o que nosso corpo alcançou para nos permitir executá-la.

Primeiro de tudo, teve que desenvolver um membro pentadáctilo (com cinco dedos). Elevações em pares, ou botões dos membros, começam a se formar na região do pescoço de um embrião humano com cerca de 26 dias de vida intrauterina. No dia 33, nós temos uma placa de mão reconhecível no fim dos membros superiores. Nesse ponto, parece um pouco um remo, porque ainda não há cinco dedos separados. Cinco dias depois, a borda do remo assume uma aparência crenulada, pois as células nos espaços interdigitais começam a morrer e as pontas dos dedos começam a surgir. Os dedos ficam gradualmente mais distintos conforme as células entre eles continuam a morrer.

Quando essas células não fazem o trabalho até a posição predestinada, nós acabamos com dedos palmados. Às vezes, os dedos não se separam direito, uma condição chamada sindactilia, na qual dois ou mais dedos (mais comumente dedos dos pés) permanecem fundidos. Isso pode ser remediado com uma cirurgia relativamente simples para separá-los, tendo como resultado dois dedos com funcionamento pleno.

No dia 41, as estruturas neurovasculares penetraram profundamente na mão, garantindo que o futuro tecido mole tenha acesso a um suprimento de sangue e nervos e que todos os 34 músculos (mais ou menos) necessários para operar cada mão estejam funcionando. No dia 47, a mão pode girar e, no dia seguinte, a cartilagem, a precursora dos ossos, vai ter começado a se formar. Ao longo dos oito dias seguintes, células morrem em locais pré-programados na massa cartilaginosa, criando espaços de articulações entre os futuros ossos. Isso é vital se a mão for se tornar uma ferramenta flexível multifuncional e não continuar sendo pouco mais do que uma pá estática.

No dia 56, o polegar, conhecido anatomicamente como pólex, já fez a rotação para um plano diferente dos outros dígitos, para produzir nossa capacidade preênsil — a capacidade de botar a almofadinha do polegar em contato com as almofadinhas de todos os outros dedos, conhecida como oposição. Essa é a característica que distingue os primatas do restante do reino animal: animais como cachorros, gatos, cavalos e capivaras não conseguem fazer isso.

A essas alturas, também surgiram inchaços nas almofadinhas nas pontas dos dedos, lotados de terminações nervosas críticas para a sensibilidade da mão como ferramenta exploratória. Também é onde nossas impressões digitais se formam.

E assim, desde que tudo tenha ido bem, com seis semanas de desenvolvimento nós já estaremos equipados com um par de mãos em perfeito funcionamento. Nós aprendemos rapidamente a obter consolo nelas (desde bem cedo, os bebês podem ser vistos em imagens de ultrassom chupando o polegar ou o dedo). Vai demorar um pouco depois do nascimento para aprendermos a usá-los de forma suave e com precisão, mas os reflexos de "pegar" e "agarrar" podem ser fortes em bebês recém-nascidos. Alguns paleontólogos acreditam que isso seja resquício da necessidade de nos agarrarmos com força às nossas mães durante uma existência arbórea prévia.

Assim, nós temos o exigido par de mãos. O que precisamos fazer com elas para pegar aquela caneta? Primeiro, nosso cérebro reconhece que é uma caneta, e nós temos o pensamento que nos motiva a pegá-la. Para pegá-la, nosso cérebro precisa enviar impulsos do nosso córtex motor primário pela medula espinhal e pelo nervos espinhais que servem os membros superiores (localizados na região do pescoço, onde os membros se formam). Esses impulsos passam pelo plexo braquial, um conjunto de nervos na axila, e se espalham pelos músculos que decidimos que precisamos usar para executar a ação. Nós precisamos flexionar o deltoide para erguer um membro superior, o serrátil anterior para movê-lo para a frente e depois contrair pelo menos seis músculos no antebraço para ativar o pulso e as articulações do indicador e do polegar. Para garantir que o movimento seja suave, nosso cerebelo, na base do cérebro, supervisiona a operação e resolve qualquer manobra potencialmente desastrada.

Agora, sentimos a caneta entre o polegar e o dedo indicador por meio desses nervos sensoriais nas pontas dos dedos, que enviaram o sinal até a região do giro pós-central do cérebro para avisar que a caneta está na nossa mão, confirmando o que nossos olhos estão relatando. Apesar de acharmos que estamos sentindo a caneta na ação de pinça entre o polegar e o indicador, isso está acontecendo de verdade no cérebro.

Para segurar a caneta onde queremos, nós viramos o pulso para uma posição meio inclinada, usando dois músculos no antebraço, e posicionamos o polegar para que esteja flexionado nas duas articulações e o nosso indicador para que esteja flexionado em duas articulações, mas esticado na terceira. Todos os outros dígitos da mão adotam uma posição relaxada, mas contraída, para que possamos tirá-los do caminho na palma da mão.

E tudo isso aconteceu antes de termos começado a pensar no que vamos escrever. O corpo humano é simplesmente incrível, e nenhuma das realizações dele é tão incrível quanto os balés delicados realizados pela mão, todos dependentes de um amplo sistema de apoio que ensaia seus respectivos papéis desde bem antes de nascermos. Nós fazemos todos esses movimentos sem nem pensar, só tomando como certo de que tudo estará no lugar certo, preparado de forma correta.

Obviamente, esses feitos exigem uma estrutura básica complexa, e por isso não é surpreendente que, dos 205 ossos no esqueleto humano adulto, pelo menos 54 deles, mais de um quarto, ficam no par de mãos. Os ossos são pequenos, pois a versatilidade e a flexibilidade de movimentos exigem segmentos curtos para acomodar a fixação dos músculos. Costuma haver oito ossos carpais na região do pulso, cinco metacarpais que formam a palma da mão e catorze falanges (três em cada dígito, fora o polegar, que só tem duas) com dois pequeninos ossos sesamoides, por garantia, nos tendões dos músculos associados ao polegar.

O tamanho pequeno dos ossos os torna difíceis de reconhecer fora do contexto do restante do esqueleto. Isso é muito verdadeiro nas mãos de crianças, pois as partes podem ser tão pequenas que poderiam ser confundidas com algo como grãos de lentilha, de arroz ou pedrinhas. E não é incomum que antropólogos forenses precisem procurar ossos de mãos, pois cada uma das partes ósseas pode cair para longe quando o corpo se decompõe. As mãos humanas tendem a estar descobertas e ficam para fora de mangas, o que as torna presa fácil para animais as levarem embora. Portanto, como já vimos, quando um corpo é descoberto sem as mãos, nós não achamos de cara que elas foram removidas num ato criminoso, apesar de sempre verificarmos se há presença de marcas de cortes nos ossos restantes, só por garantia. Na maioria das circunstâncias, o que encontramos são as marcas deixadas pelos dentes caninos de uma raposa e às vezes de um texugo. Gatos e cachorros selvagens também escolhem mãos.

Embora seja bem comum um corpo ser encontrado sem as mãos, é bem menos comum uma mão aparecer sem um corpo. Claro que, se isso acontece, não quer necessariamente dizer que o dono está morto, pois pode ser resultado de uma amputação, tanto acidental quanto deliberada. E nós sabemos que dedos de vítimas de sequestro podem ser removidos para extorquir resgates, mesmo que seja um evento mais raro na vida real do que nos livros e filmes policiais.

Quando uma mão ou dedo isolados são encontrados, como sabemos que é de um ser humano? Meus colegas e eu estamos acostumados a receber ligações de policiais dizendo que encontraram uma mão na praia. Tão acostumados que nossa reação inicial tem a tendência de ser quase blasé. Antes mesmo de olhar as imagens que pedimos para nos enviarem, nós provavelmente vamos dar a opinião de que tem uma boa chance de ser uma barbatana de foca. É incrível como uma barbatana de foca em decomposição pode parecer uma mão humana. Uma barbatana de foca é, assim como a mão humana, um anexo terminal em um membro pentadáctilo (com cinco dígitos). Há um certo debate sobre a evolução do membro pentadáctilo, mas é bem característico de todos os animais de quatro patas, o que inclui anfíbios, répteis, aves e mamíferos.

É provável que esses anexos tenham evoluído de um par de barbatanas de peixes primitivos que se adaptaram à necessidade de se moverem em terra. A forma básica se modificou em espécies diferentes, principalmente pela perda ou fusão de ossos no "pé" ou na "mão". Os ungulados são um bom exemplo disso. Seu membro pentadáctilo tem cascos evoluídos para atender às necessidades específicas de sua forma de locomoção. Alguns são ungulados com número ímpar de dedos (perissodáctilos), como os cavalos, e outro são ungulados com número par de dedos (artiodáctilos), como os camelos; existe também uma ordem de "subungulados" — paenungulata, que significa "quase ungulados" —, que inclui os elefantes.

Certo, dia, nós recebemos uma dessas ligações rotineiras de "mão encontrada na praia" feita por um policial na costa oeste da Escócia. Nós seguimos a rotina de sempre de pedirmos que ele enviasse uma foto, que verificaríamos, claro, mas ao mesmo tempo informando casualmente que era bem provável que fosse uma barbatana de foca e que ele não devia se preocupar. Esse tipo de tranquilização tira a pressão imediata da polícia. Investigar a proveniência de uma mão humana desmembrada significaria preparar uma operação de larga escala envolvendo buscas por ar, terra e mar e legistas e promotores, nada que seja aconselhável iniciar prematuramente.

No entanto, quando as fotos chegaram, ficou claro que era mesmo uma mão, não uma barbatana — e era quase humana. Mas não exatamente. Não havia pele visível devido à decomposição avançada, mas as proporções estavam todas erradas: o polegar era curto demais e os dedos, muito longos. Era a mão de um primata não humano, provavelmente um chimpanzé. Não havia evidência de marcas de corte que sugerissem que tinha sido removida com uma lâmina, além de não haver sinal óbvio de predação. Como uma mão de macaco vai parar numa praia escocesa?

Talvez fosse de um parque de vida selvagem ou de um santuário especializado em resgatar primatas não humanos; talvez do enterro de um animal de estimação. Ou poderia ter sido jogado de um barco transportando partes ilegais de animais para remédios homeopáticos ou práticas de magia. Nós nunca descobrimos, mas nunca mais supusemos que todas as mãos na praia seriam uma barbatana, e isso também nos fez pensar duas vezes sobre dar essa opinião com indiferença antes de dar uma boa olhada.

Como vimos no Capítulo 8, mãos e dedos em particular costumam ser perdidos por quem morre em um incêndio. Como há pouco tecido mole ou gordura cobrindo as mãos, não demora para que elas queimem até o osso e para os ossos virarem cinzas. Portanto, ao recuperar um corpo de um local de incêndio, é importante fazer uma busca detalhada da área em volta da base do antebraço, para garantir que os fragmentos da mão em cinzas sejam recolhidos. Considerando que são tão difíceis de identificar, está sendo cada vez mais visto como essencial incluir um antropólogo forense em qualquer equipe que lide com um incêndio fatal, tanto durante o estágio de recuperação quanto do de investigação subsequente.

Nossas habilidades e conhecimento de anatomia já foram de ajuda genuína a policiais e investigadores de incêndios. Eles sempre ficam impressionados de conseguirmos pegar um fragmento pequenino ou matéria queimada que, aos olhos deles, parecem só um pedaço de madeira queimada ou uma pedrinha, e dizer que é um osso de dedo ou de pulso.

Infelizmente, a colaboração da antropologia forense nem sempre é vista como crucial nessas investigações. É comum que, com frequência até demais, seja preciso haver um erro para serem feitas melhorias nos procedimentos. Foi exatamente isso que aconteceu em um caso trágico, no qual a polícia só procurou a minha opinião porque o patologista forense local por acaso estava de férias.

Tinha havido um incêndio que, infelizmente, resultou na morte de dois garotinhos. Foi gerado por uma falha elétrica em um chalé vitoriano remoto e idílico nas Highlands que pegou fogo como se fosse de papelão por causa das características originais em pinho. Os carros do corpo de bombeiro tiveram que percorrer uma longa distância e uma estrada sinuosa de uma pista só para chegar ao chalé. Sem ninguém para ajudar até a chegada deles, os pais lutaram com as chamas para tentar salvar os filhos, que estavam presos no quarto, mas eles foram rechaçados pela ferocidade do incêndio e pela fumaça densa e preta. Acreditava-se que, misericordiosamente, os meninos deviam ter morrido na cama enquanto dormiam, sufocados com a fumaça. Não consigo imaginar o tormento de ver sua casa pegar fogo com seus filhos dentro, sem você conseguir salvá-los.

Os bombeiros acabaram conseguindo controlar as chamas e, quando a construção foi declarada segura, eles começaram a busca terrível pelos corpos dos dois meninos. O teto tinha desabado e as vigas e telhas tinham caído para dentro do chalé, então tudo teve que ser retirado com as mãos enquanto a casca do chalé era revistada, aposento por aposento. As vigas pesadas foram removidas com cautela e empilhadas do lado de foram na frente da casa. Os garotos, ainda na cama, foram encontrados enterrados embaixo de telhas e madeira. Quando os detritos foram retirados, os corpos queimados foram transferidos para o necrotério, onde seriam examinados.

Uma criança foi encontrada intacta, mas ficou claro que partes significativas do garoto mais velho estavam faltando. Foi explicado para a família que era provável que o resto do corpo tivesse sido completamente incinerado e não seria recuperado. As crianças foram enterradas em caixõezinhos brancos enquanto os presentes se impressionaram com o estoicismo e a dignidade daqueles pais, que tinham perdido tudo.

O casal voltava ao chalé regularmente, enquanto tentava aceitar a perda e recuperar o que pudesse ser retirado das ruínas da casa, talvez como lembranças de uma época mais feliz. Duas semanas depois do incêndio, eles estavam colocando flores como sempre faziam quando repararam em uma pequena pilha de ossos na grama no jardim.

Eles fizeram contato com a polícia. Receberam um policial que foi olhar os ossos e garantiu que provavelmente eram de um animal. Ele era um sujeito local, do interior, e achava que deviam ser ossos de gato. Ele falou para o casal não se preocupar, colocou os ossos num saco de provas e os levou para o necrotério. Como o patologista forense estava de férias, a polícia perguntou se eu podia fazer a gentileza de ir ao necrotério e dar uma olhada naqueles restos de gato, para garantir à família que eram aquilo mesmo.

Quando existe uma expectativa de que esse tipo de exame seja apenas uma formalidade e de que você só vai cumprir o protocolo, ninguém está interessado no que você está fazendo, e o apoio no necrotério foi mínimo. Infelizmente, essa foi uma daquelas ocasiões em que eu ia balançar o barco, porque eu estava prestes a dizer o inimaginável: aqueles ossinhos de "gato" eram, sem sombra de dúvida, humanos, e de uma criança nova com idade entre 4 e 6 anos.

Havia uma variedade de ossos, inclusive partes da coluna vertebral, pequenos fragmentos de costela e alguns ossinhos do pulso. Vários tinham marcas de dentes. Para a polícia, eram só pontinhos da cor de marfim que podiam ser qualquer coisa. O caminho mais fácil em uma situação assim é desafiar a antropóloga, principalmente porque eu estava dizendo uma coisa que eles não ficaram felizes de ouvir.

Quando me perguntaram se eu tinha certeza, eu confirmei minha opinião. Ainda assim, fui rigorosamente questionada sobre como podia ter tanta certeza. Eu respondi que tinha escrito um livro sobre identificação de ossos juvenis. Além de saber dizer de que região do corpo os ossos eram, eu também podia dizer de que lado, nomear todos individualmente e dar uma estimativa de idade.

A temperatura no necrotério caiu uns dez graus. Ao que parecia, era mais aceitável que a especialista estivesse errada do que uma opinião indesejada fosse a certa. Quando a polícia me deixou terminando minhas anotações, eu perguntei se era necessário que eu fizesse um relatório. Surpreendentemente, me disseram que não. Preferiam esperar que o patologista forense voltasse de férias.

Eu fui para casa. Fiquei muito incomodada por uma coisa que eu sabia categoricamente que era verdade estar sendo questionada e por não haver nada que eu pudesse fazer. Eu pensei na criança, na família e no incêndio. Pensei em como aqueles ossos podiam ter ido parar no jardim. Pensei nas implicações do que eu tinha para dizer ficar sem ser dito e decidi escrever um relatório mesmo assim, ainda que apenas para a minha paz de espírito.

A experiência me ensinou que, por mais que nós achemos que vamos lembrar, se nós não escrevermos na hora, acabamos esquecendo os detalhes. Eu também sei que, se uma coisa não está registrada por escrito, não vai haver evidência de que aconteceu.

Duas semanas depois, por coincidência, o advogado da família fez contato comigo. Parecia que o patologista tinha voltado das férias, olhado os ossos e confirmado que eu estava certa, e a polícia fez contato com o casal enlutado para informar que os restos que eles encontraram no jardim correspondiam a algumas das partes que faltavam do filho mais velho. Os pais estavam procurando uma segunda opinião, e o advogado, uma pessoa que por acaso eu conhecia, queria contratar meus serviços. Imagine a surpresa dele quando falei que já tinha escrito um relatório sobre o caso.

Ele não estava ciente de que eu tinha examinado os ossos porque, ao que parecia, a minha presença no necrotério tinha sido apagada dos registros policiais. Isso foi possível porque não havia relatório. Se tivessem me pedido para enviar um, meu exame teria que ser revelado. Eu voltei ao necrotério, desta vez em nome da família, para ter a certeza de que os restos que eu tinha examinado eram os que estavam sendo devolvidos a eles. Os ossos estavam todos em concordância, eram humanos, de uma criança nova, e alguns exibiam sinais de predação. Tudo estava presente e correto, e eu dei meu relatório original para o advogado, junto de um adendo cobrindo minha segunda visita ao necrotério.

E esse foi o fim da história. Até que, um tempo depois, eu recebi uma ligação de outra força policial no sul do país. Ao que parecia, eles tinham sido chamados para investigar a forma como a força original cuidou do caso, para tentar estabelecer o que tinha dado errado e que lições podiam ser aprendidas. O detetive sênior sugeriu que, em vez de ir ao meu escritório, ele talvez pudesse ir falar comigo na minha casa, pois ele não morava longe e a conversa assim seria mais relaxada e menos formal. Ele chegou com um colega e nós nos sentamos na minha cozinha, tomando café e comendo biscoitos pelo que ainda foi considerado um interrogatório longo, menos formal ou não. O detetive sênior fez as perguntas enquanto o policial júnior anotou todas as minhas palavras.

Eu não sabia dizer por que não me pediram para escrever um relatório. Ele teria que perguntar aquilo à polícia local.

Por que eu tinha escrito um mesmo assim? Porque meu conselho profissional tinha sido requisitado e eu tinha feito o trabalho pedido. Quer eu fosse paga ou não para produzir um relatório, era meu dever registrar o que tinha descoberto.

Como eu sabia na ocasião que os restos eram humanos? Pelo menos os ossos já tinham passado por um teste de DNA e tinha sido confirmado que pertenciam ao garotinho. Portanto, não havia ninguém duvidando da minha capacidade de identificar restos juvenis, só alguém tentando entender por que outras pessoas teriam preferido não aceitar.

Como o advogado foi procurar meu conselho? A resposta para essa pergunta era fácil: puro acaso. Embora me conhecesse profissional e pessoalmente, ele não tinha ideia quando me procurou que eu já tinha estado envolvida.

E aí veio a pergunta que eu estava esperando. Como eu achava que os restos da criança tinham sido encontrados, duas semanas depois do incêndio, no meio do jardim? Claro que eu não sabia dizer. Eu nunca tinha ido ao local e não tinha estado presente na recuperação original dos ossos e nem na descoberta subsequente dos outros ossos.

Eu só podia conjecturar, e perguntei ao detetive sênior se ele queria que eu fizesse isso. Ele quis. Eu estava repassando a questão na mente e tinha elaborado uma teoria. Pode ser totalmente distante da realidade, pode ser parcialmente correta ou pode ser verdade. Nós nunca vamos saber. Mas é pelo menos capaz de explicar plausivelmente o que aconteceu.

Durante o incêndio, o teto desabou no quarto dos meninos. Eles foram enterrados embaixo dos detritos, e era sabido que vigas de madeira tinham caído em cima das camas das crianças, e era possível que tivesse havido contato entre o corpo do garoto mais velho e a parte inferior de uma viga em chamas.

Um pedaço de madeira em chamas queima e adere à pele humana, e, ao fazer isso, pode proteger essa parte do corpo de mais danos, até um certo ponto. Desde que a madeira não seja totalmente consumida pelo fogo, o tecido do corpo pode ficar grudado nela mesmo quando ela é erguida.

Quando as chamas foram apagadas e os bombeiros estavam tirando os detritos para procurar os corpos, eles tiraram meticulosamente as vigas caídas do quarto. Talvez eles nunca as tenham virado para inspecionar a parte inferior, e portanto não teriam notado as pequenas partes de um corpo de criança presas em uma delas. As vigas foram empilhadas do lado de fora da casa, junto de todos os outros detritos.

Ali, o tecido em decomposição teria sido detectado por animais. Gatos e raposas em particular têm faro excelente. Eles teriam procurado os restos e levado embora para consumo em outro ponto do jardim, onde os ossos foram encontrados. As marcas de dentes que vi nos ossos corroboravam essa suposição.

O detetive sênior perguntou por que não apresentei isso como possibilidade para a polícia na época. A resposta era simples: ninguém perguntou.

As forças policiais têm memórias boas, e eu não trabalhei para aquela força policial específica por pelo menos uma década. O incêndio aconteceu trinta anos atrás, e os tempos e os procedimentos policiais mudaram muito desde então, o que só pode ser uma coisa boa. Embora o papel da antropologia forense em incêndios domésticos fatais seja agora amplamente reconhecido, às vezes ainda é uma luta que nossas habilidades sejam consideradas.

Quando recuperamos um corpo adulto que foi fragmentado por um incêndio, nós sabemos que estamos procurando 27 ossos da mão ou restos deles no total — 8:5:14 sendo a fórmula mágica: oito carpais, cinco metacarpais e catorze falanges. No entanto, nem todas as mãos têm esse total exato, e embora esperemos ter quatro dedos e um polegar em todos os lugares certos e proporções certas, não é sempre assim. Pode haver variações na estrutura de uma mão, causadas por alterações congênitas ou acidentais.

Como já discutimos, boa parte da futura aparência da mão é determinada entre quatro e seis semanas de crescimento fetal. Qualquer coisa que interrompa o desenvolvimento nessa época pode se manifestar na aparência final da mão, embora a genética também tenha um papel significativo nas variações humanas. É provável que as condições congênitas mais comuns sejam vistas no número de dígitos presente nas mãos.

O nome científico para o arranjo de dedos nas nossas mãos ou pés é a dactilia. Ter dedos em excesso é chamado de polidactilia, que é mais frequentemente representada na mão por um dígito vestigial a mais no lado medial do dedo mindinho. É um procedimento cirúrgico relativamente simples o de remover isso. Normalmente, o dígito é composto apenas de tecido mole, embora às vezes um osso extra terá se formado. A polidactilia é resultado de uma mutação genética não vital e pode ser passada pelas gerações de uma família. Não é incomum e afeta um em cada mil nascimentos.

Em 2016, uma mulher na China exibindo polidactilia (ela possuía seis dedos em cada mão) deu à luz um filho com uma forma mais extrema da condição: ele tinha duas regiões palmares para cada membro, sete dedos na mão direita, oito na esquerda — quinze dedos no total, mas nenhum polegar. Ele também tinha oito dedos em cada pé. Um incrível total de 31 dígitos, onze deles supranumerários. Mas esse nem é o recorde mundial. O maior número de dígitos já registrado foi 34, pertencentes a um garoto indiano nascido em 2010 com dez dedos em cada pé e sete em cada mão. Como depois alguns foram removidos, o recorde mundial oficial de viver com polidactilia é de outro indiano, Devendra Suthar, que tem 28 dígitos, sete em cada mão e pé. Ele é carpinteiro e diz que tem que tomar cuidado adicional quando está cortando madeira para não cortar nenhum dedo junto.

A oligodactilia é a condição oposta: menos dígitos do que normalmente esperaríamos. Isso costuma ser associado a uma variedade de síndromes clínicas. A ectrodactilia, ou síndromes de malformação de mão/pé fendidos (SHFM)[1], é a ausência de um ou mais dígitos centrais. Isso reduz a mão ou o pé a um número par de dígitos (quatro ou dois), dando-lhe a aparência de uma garra. Para os que têm apenas dois dígitos visíveis, é provável que a sindactilia, ou fusão de dedos, também tenha ocorrido.

---

1   Em inglês, *Split-Hand/Foot Malformation* (SHFM).

A macrodactilia, que é rara, é quando os dedos das mãos ou dos pés crescem até um tamanho anormalmente grande. Isso costuma ser visto em apenas uma das mãos, mais comumente no indicador. A causa não é bem compreendida. Por outro lado, a braquidactilia resulta em dígitos bem pequenos, normalmente por causa de ossos encurtados. Uma condição herdada, a braquidactilia costuma estar presente no nascimento, mas só fica evidente quando alguns dos dedos começam a crescer e os outros não acompanham.

Há variações bem incomuns nessas condições, entre elas a polidactilia central, que produz um dedo duplicado. Thomas Harris deu ao seu personagem Hannibal Lecter um dedo do meio duplicado na mão esquerda no livro *O Silêncio dos Inocentes*, embora essa característica singular não tenha chegado à versão cinematográfica. Igualmente raro é um dedo transposto. Eu estava dando uma palestra em um pub uma noite (uma coisa que se faz mesmo... o evento chama-se Um Caneco de Ciência), na qual estava falando da minha pesquisa sobre identificação da mão. Uma jovem me perguntou se depois eu gostaria de tirar uma foto das mãos dela, pois ela havia nascido com os dedos do meio e anelar transpostos. Recentemente, outra senhora me permitiu fotografar suas mãos, que tinham uma fenda transversa adicional nos dedinhos que não se alinhava com uma articulação. Ela considerava estranho; eu achei muito interessante, pois é uma coisa que ocorre com menos de 1% da população. Eu amo mãos. São tão peculiares.

É claro que outras alterações nas mãos podem acontecer durante a vida de um indivíduo. Amputações devido a acidentes, remoção ritualística, cirúrgica ou, em algumas partes do mundo, como punição para um crime, são uma anomalia comum. A autoamputação ou autotomia é raramente vista e costuma ser resultado de uma pessoa ficar presa e ter que remover o próprio membro para se libertar e salvar a própria vida. Também é relatada em pessoas com transtorno de identidade de integridade corporal, na qual a pessoa não consegue reconhecer partes do próprio corpo como sendo dela e se sente compelida a remover o que percebe como um impostor ofensivo.

As amputações também podem acontecer no útero, causadas pela presença de bandas amnióticas constritivas. Isso também é muito raro, mas um choque para os novos pais.

Os antropólogos forenses precisam, então, estar alertas às possíveis manifestações de qualquer uma dessas condições ou eventos. No caso de amputação, nós sempre vamos olhar as pontas dos ossos para ver se houve alguma cicatrização que indique que ocorreu antes de a pessoa morrer. Pontas cortadas indicariam amputação antes ou depois da morte, e nós costumamos conseguir detectar as marcas da ferramenta usada para remover a parte do corpo.

Na época anterior a se prestar atenção à saúde e segurança dos trabalhadores manuais, dedos perdidos eram um risco de trabalho. Recentemente, houve uma exposição com umas novecentas fotografias históricas de presidiários, um terço deles mulheres, fotografados antes da libertação da HM General Prison em Perth, Escócia. Eram basicamente fotografias policiais do século XIX, tiradas para ajudar os agentes da lei e da ordem a acompanharem criminosos se deslocando pelo país. Havia a vista facial frontal de sempre, com um perfil capturado por um espelho cuidadosamente posicionado. Mas o interessante foi que as mãos de muitos deles também foram fotografadas. Aparentemente, era para registrar que eles ainda tinham todos os dedos — ou, em alguns casos, não — na ocasião da libertação, pois amputações em acidentes industriais eram tão comuns que a perda de um dígito se tornava uma característica de identificação tanto quanto um rosto.

Atualmente, há uma moda de "tatuagens de amputação" que manifestam a ausência de um dedo, às vezes de uma mão inteira. Por exemplo, a expressão "boa sorte" nos dedos, sem a letra "s" porque o dedo onde ela ficaria foi amputado. Eu também já vi "amor" tatuado nos dedos da mão direita de um homem enquanto as costas da mão esquerda, na qual todos os dedos tinham sido amputados, carregavam a mensagem "Não há espaço para o ódio".

Nós estamos todos acostumados a pegadinhas que envolvem dedos cortados de mentira, principalmente na época do Halloween. Quando eu era criança, no mês de outubro sempre aparecia um "dedo" no pudim de arroz de alguém na escola. Atualmente, ao que parece, dedos de borracha não bastam para alguns. Joias góticas grotescas feitas de osso arqueológico podem agora ser compradas e vendidas na internet. Quando se olha os comentários dos que estão preparados para pagar 15 dólares em um colar feito de ossos reais de dedos humanos, descobrimos tudo que precisamos saber sobre esse tipo de pessoa.

"Os ossos estavam limpos. Um exibia osteoporose ou artrite. Ótimo presente para a minha amiga."

Ou este, de uma seção de perguntas e respostas: "P: Os três ossos são do mesmo dedo?

R: Os ossos são de pessoas diferentes, mas nos esforçamos para selecionar os que parecem combinar bem".

Mais alguém se pergunta em que planeta é ok comprar partes de gente morta e vender como joias, ou sou só eu?

Eu estava trabalhando no meu escritório um dia quando Viv, minha assistente pessoal, passou mais uma ligação da polícia.

"Nós temos uma coisa incomum que gostaríamos que você olhasse. Podemos levar?"

Desta vez, ficou claro que não seria uma barbatana de foca. Dois policiais chegaram no escritório com um pequeno saco de provas. Como estávamos na Escócia, eles sempre andam em pares e aceitam uma xícara de chá antes de começarmos a trabalhar.

Dentro do saco havia um chaveiro prateado que tinha sido encontrado na vegetação na lateral de um caminho de madeira por um homem passeando com o cachorro (sempre é alguém passeando com o cachorro). Não havia chave nele. Não seria estranho até olharmos o que havia pendurado no chaveiro: três ossos de dedo humano, perfeitamente articulados, pendurados em um fio de prata que ocupava o espaço das articulações. Eu olhei para os policiais e eles olharam para mim. Seus olhares suplicavam para que eu dissesse que era só uma quinquilharia, mas eu estava prestes a estragar o dia deles.

Eram as falanges distal, média e parte da proximal do indicador esquerdo de um jovem adulto. Tinham sido limpos (provavelmente fervidos e branqueados) e não havia cheiro detectável de decomposição, então deviam estar separados do restante da mão havia um tempo. As marcas de corte na extremidade proximal da falange proximal indicavam que o dedo tinha sido removido por uma serra, provavelmente elétrica e não manual, a julgar pelo espaçamento e regularidade das marcas de corte.

Agora a polícia tinha que investigar. Eles começaram indo perguntar de porta em porta na área em que o objeto tinha sido encontrado. Considerando que sabíamos que estávamos procurando um homem jovem (provavelmente ainda vivo) que tinha perdido o indicador esquerdo, se ele morasse na região, não seria difícil de encontrar. E, realmente, a polícia logo o encontrou.

O chaveiro pertencia ao amputado, David, que trabalhou como carpinteiro no negócio do pai desde que era garoto. Um dia, quando precisava cortar madeira correndo, ele pulou as etapas de segurança e proteção necessárias e, na pressa, teve um acidente com a serra circular e cortou o dedo inteiro fora. Ele e o dedo foram levados correndo para o hospital. O dedo não pôde ser reimplantado, mas ele perguntou se podia ficar com ele e teve permissão para isso.

Há regulamentações que controlam o que acontece com partes de corpos amputadas e a maioria, claro, é incinerada como lixo hospitalar. Mas pode haver um espacinho de manobra quando os pacientes pedem para ficar com pedacinhos deles mesmos, como cálculos biliares e dentes. Embora hospitais tenham políticas individuais, não há lei contra as pessoas guardarem tecido corporal próprio, desde que não constitua risco de saúde pública, e pessoas amputadas podem pedir que uma variedade de partes de corpos seja devolvida a elas. A opinião da Human Tissue Authority[2] é que, quando isso é permitido, os registros hospitalares precisam ser guardados para garantir a rastreabilidade.

Alguns amputados querem que o corpo todo seja reunido na morte, por motivos religiosos ou pessoais, e guardar o que foi removido para ser enterrado ou cremado com eles quando morrerem. Historicamente, os membros de

2   Órgão público não departamental executivo do Departamento de Saúde e Assistência Social do Reino Unido.

pessoas que viveram sem eles às vezes ganhavam túmulos próprios. Um caso desses foi da perna de Lorde Uxbridge, estilhaçada por um tiro de canhão na Batalha de Waterloo. Supostamente, foi ele que cunhou a expressão "com um pé na cova". Recentemente, esse costume voltou, com um capelão de hospital muçulmano no norte da Inglaterra organizando um local público de enterro especificamente para membros amputados.

Uma coisa que não se pode fazer com partes amputadas do próprio corpo durante a vida, ironicamente, é mandar cremar, pois o Cremations Act 2008 não permite que tecidos humanos de pessoas vivas sejam aceitos. Mas não tem nada que impeça as pessoas de fazerem isso numa fogueira.

Outros escolhem opções estranhas, muitas vezes depois de seus membros amputados serem rejeitados para pesquisas científicas. Uma mulher nos Estados Unidos teve um pé amputado, que ela pagou para ser esqueletizado e que agora tem sua própria conta de Instagram. Eu nem tenho palavras.

Mas não cabe a nós argumentar sobre o motivo, e pode ser dito que, por mais inexplicável que possa parecer um amputado querer guardar uma parte removida do próprio corpo, eles deviam ter o direito de fazer o que mais os ajudar a lidar com o trauma. Será que devíamos ter direito sobre nosso próprio corpo, estando ainda integrado ao todo ou não? Isso merece ser discutido, mas quando se trata de falta de respeito demonstrada por partes de outras pessoas, como demonstrado pelo comércio de mau gosto de badulaques feitos de osso humano, eu acredito que é preciso haver um limite.

Ainda assim, o que David fez com seu dedo amputado é surpreendente por qualquer padrão. Ele levou o dedo para casa e ferveu numa panela de água quente até todo o tecido mole ter se soltado. Ele falou que tinha visto a mãe fazer aquilo com ossos quando fazia sopa e achou que daria certo. O tecido mole e a unha foram para o lixo e ele colocou os ossos do dedo em um recipiente com água sanitária até ficarem branquinhos. Quando reparou que ainda havia um pouco de gordura vazando, ele decidiu ferver os ossos de novo, desta vez usando um detergente biológico, que era o que sua mãe fazia quando queria tirar manchas de gordura da toalha de mesa. Eu juro que é tudo verdade. Depois, ele botou os ossos em toalhas de papel no parapeito da janela do quarto para secarem ao sol, e quando pararam de feder e vazar, ele os transferiu para um potinho de vidro, que guardou em uma estante no quarto.

Ele queria guardá-los porque achou "maneiro", mas por um tempo não soube o que fazer com eles. De vez em quando, os levava ao pub ali perto para mostrar para os amigos, principalmente no Halloween. Ele costumava comentar que talvez um dia os transformasse em acessório e acabou decidindo fazer isso mesmo.

Ele fez um buraco no sentido do comprimento em cada osso do dedo e os amarrou com um fio prateado com um nó na ponta da falange distal, fez uma capa de prata para cobrir a parte cortada da falange proximal e os colocou num chaveiro. Como se isso já não fosse bizarro o suficiente, ele decidiu, inexplicavelmente, dar o chaveiro para a nova namorada no Dia dos Namorados, como demonstração de amor eterno.

Ela talvez esperasse rosas ou chocolate, quem sabe até um anel de diamantes para botar no dedo. Seja qual for o caso, ela ficou tão repugnada que jogou o chaveiro no mato. Para a consternação de David, ele não conseguiu encontrá-lo, apesar de ficar horas procurando. Basta dizer que o relacionamento não durou. Ele não tinha violado a lei, e seu único crime talvez fosse um péssimo gosto para presentes. Essa pode parecer uma daquelas histórias absurdas que fica mais enfeitada cada vez que é contada, mas chegou a nós pelos policiais que encontraram nosso ousado Romeu de nove dedos.

Como sabíamos que os ossos de dedo vinham de um homem jovem, já adulto? Novamente, é questão do desenvolvimento dos ossos. Nós já vimos que a mão já está formada no feto: no nascimento, vai ter dezenove ossos identificáveis e, com dois meses, ossos vão ter começado a aparecer no carpo. O último, o osso pisiforme (em forma de ervilha), se forma por volta dos 8 anos de idade nas meninas e 10 nos meninos. Durante os sete anos seguintes, a mão vai continuar crescendo até que as cartilagens de crescimento na ponta de cada osso acabem se fundindo e a mão deixe de aumentar de tamanho.

David, nosso infeliz carpinteiro, perdeu o dedo quando tinha 16 anos. Deu para ver no raio-x dos ossos do chaveiro que as bases tanto das falanges média e distal tinham se fundido aos respectivos eixos, mas a fusão não estava completa, pois linhas "fantasma" de crescimento ainda estavam visíveis nos pontos de fusão. Portanto, nós sabíamos que aquilo tinha acontecido em ocasião relativamente recente. Os ossos da mão são sujeitos a níveis flutuantes de esteroides sanguíneos ao longo da puberdade e reagem de acordo com isso. A testosterona produz ossos mais robustos e maiores, e como um garoto é dois anos mais velho do que uma garota quando a mão para de crescer, o efeito desse hormônio em particular resulta em ossos maiores do que seria o normal numa mão de mulher. Isso nos permitiu dar a opinião de que os ossos pertenciam a um homem.

No entanto, o raio-x do dedo de David só pôde nos dizer a idade que ele tinha quando o dedo foi cortado, não quanto tempo antes isso tinha acontecido. O dedo, no pote de vidro e depois preso ao chaveiro, ficou congelado para sempre nos 16 anos, enquanto seu dono agora estava oito anos mais velho — embora, ao que parecia, não muito mais sábio — quando a polícia o encontrou.

Como há muitos ossos na mão e eles crescem e amadurecem em ritmo próprio, é comum usar uma radiografia da mão como forma de determinar a idade de um jovem indivíduo.

Quando um refugiado sem documentos ou alguém pedindo asilo entra no Reino Unido como menor desacompanhado, a idade provável precisa ser avaliada. Muitos não sabem exatamente quantos anos têm porque o país de onde vêm não mantém esse tipo de registro. Outros podem ter fugido sem documentos ou os perdido no caminho e, por isso, não têm prova definitiva de que têm a idade que alegam ter.

Os assistentes sociais costumam designar a essas crianças a idade que eles consideram mais provável com base nas respostas a várias perguntas, na aparência e na maturidade em geral. Se o indivíduo é classificado como tendo menos de 18 anos de idade, ele receberá a nova data de nascimento de 1º de janeiro do ano mais apropriado. Decidir da melhor forma possível se alguém deve ser categorizado como criança ou adulto é importante por questões de proteção infantil. Como o Reino Unido é signatário da Convenção da ONU sobre os Direitos da Criança, se acreditamos que um indivíduo é criança, definido sob o tratado como qualquer pessoa abaixo de 18 anos, nós temos que, entre outras coisas, oferecer abrigo, estudo, alimentação, proteção e cuidado até que a pessoa se torne adulta. A criança vai ser responsabilidade das autoridades locais até chegar à maioridade.

Como em todos os sistemas, isso fica aberto à manipulação, nesse caso, de adultos inescrupulosos que procuram tirar vantagem de parecerem mais novos do que sua idade real para se beneficiarem dos direitos concedidos às crianças e que podem viajar deliberadamente para o Reino Unido sem documentos. Se eles receberem uma data de nascimento aproximada abaixo da maioridade, a verdade pode nunca ser descoberta desde que eles sejam discretos e não violem a lei.

Nosso sistema judiciário tem critérios próprios que envolvem uma série de limites de idade. Uma criança com menos de 10 anos, por exemplo, é considerada abaixo da idade de responsabilidade criminal, e jovens (entre 10 e 17 anos) que cometem um crime estão sujeitos a procedimentos diferentes tanto na polícia quanto nos tribunais. Embora qualquer pessoa com mais de 18 anos seja considerada adulta aos olhos da lei, 21 anos é a idade mínima para alguém ser enviado para a prisão. Quem tem menos de 21 anos e recebe pena de prisão tem que cumpri-la numa instituição para delinquentes juvenis.

Nos casos em que há dúvida sobre a idade do criminoso e que há consequência em como ele é categorizado pelo sistema judiciário criminal, os tribunais exigem, compreensivelmente, provas mais definitivas do que uma idade designada pela assistência social, e é normalmente quando jovens refugiados ou requerentes de asilo caem do lado errado da lei que a antropologia forense se envolve.

Majid era um refugiado do Afeganistão que chegou no Reino Unido como menor desacompanhado, e os assistentes sociais atribuíram a ele a idade de 16 anos. Ele foi colocado aos cuidados de um lar da autoridade local pelos dois anos de infância que lhe restavam. Foi lá que ele começou a rodear garotas novas. Dois anos depois que saiu do lar infantil, ele foi preso pelo estupro e assassinato da melhor amiga da sua namorada e foi parar no tribunal.

Os registros de Majid mostraram que ele agora tinha 20 anos. No entanto, a namorada disse aos investigadores que ele tinha dito que tinha, na verdade, 24 anos e que tinha se gabado de ter enganado as autoridades. Se ele tinha mesmo 24 anos, isso significaria, claro, que ele tinha 20 quando foi para o lar, não 16, e que crianças vulneráveis sob cuidado das autoridades foram expostas a um adulto predatório se fazendo passar por criança.

Naturalmente, o tribunal precisava saber a verdadeira idade daquele homem, ou o mais próximo que pudéssemos chegar, então nos pediram para examiná-lo. Lucina foi responsável pelo caso. Primeiro de tudo, as mãos foram radiografadas, o que mostrou com clareza que todos os ossos estavam totalmente fundidos — prova de que, naquele momento, ele tinha mais de 17 anos, com certeza. Uma tomografia computadorizada da clavícula indicou que ele estava mais próximo dos 25.

Como resultado, quando Majid foi devidamente declarado culpado, ele foi cumprir pena na prisão e não numa instituição para jovens criminosos. Ele não era criança nem quando entrou no país, menos ainda quando começou a cometer crimes. Ele já era adulto quando chegou. Por isso, ele será deportado quando for libertado.

Esse caso é um exemplo, ainda que extremo, de por que é crucial que a avaliação de idade dos vivos seja feita de forma científica. É importante demais, não só para proteger os direitos da pessoa sendo avaliada, mas também o direito dos outros, para que não fique no âmbito do palpite. Nós temos conhecimento para fazer isso, graças, em boa parte, à história que os ossos da mão podem nos contar. Eu sou da firme opinião de que os procedimentos usados na determinação de idade dos vivos precisam de uma revisão detalhada. As imagens clínicas da mão são um indicador confiável de idade e talvez devesse ser usado de forma mais rotineira. As preocupações de que a radiação gerada durante as radiografias pode ser perigosa são fáceis de resolver: é perfeitamente possível usar imagens de ressonância magnética, que não envolvem radiação ionizante. Se os ossos da mão de Majid tivessem sido examinados quando ele entrou no Reino Unido, as autoridades não teriam dúvida de que ele não estava contando a verdade.

A mão tem um valor enorme na identificação. Oferece uma variedade de informações, desde o padrão arborescente das veias superficiais e o padrão das dobras da pele sobre os nós dos dedos à localização, orientação, tamanho e forma das nossas cicatrizes e distribuição de sardas, sinais ou manchas hepáticas. E é na mão, ou na marca que ela deixa, que fica uma biometria que há séculos é aceita como confirmação da nossa identidade. As impressões digitais já foram encontradas em blocos de argila antigos, representando a assinatura da pessoa que as fez, e foram usadas por mercadores chineses para selar contratos.

O padrão visto nas impressões digitais foi descrito pela primeira vez pelo anatomista italiano Marcello Malpighi, por volta de 1686, e foi um anatomista alemão, Johann Christoph Andreas Mayer, que observou quase um século depois que elas podiam ser únicas a cada indivíduo. No século XIX, o médico e missionário escocês Henry Faulds publicou um artigo que sugeria que as impressões digitais podiam ser usadas na investigação de crimes. O bastão foi rapidamente passado para o explorador e antropólogo Francis Galton, que publicou seu texto seminal sobre identificação de impressões digitais em 1892. E o resto é história, como dizem.

Nós todos sabemos das aulas de biologia na escola que todas as marcas de mão e de impressão digital são diferentes, mesmo as de gêmeos idênticos, e acredita-se que cada uma é única. No entanto, como isso é impossível de provar, por questões de evidências, nós temos que expressar a proposição de que quaisquer duas marcas podem ter vindo da mesma pessoa ou de duas diferentes, como probabilidade estatística e não como certeza absoluta. O mundo quase chegou ao ponto de supor que a identificação por impressões digitais era incontestável até que, em 1997, DC Shirley McKie, uma policial escocesa da ativa, foi acusada de estar presente em uma casa em que um homicídio tinha ocorrido.

Como todos os policiais e especialistas científicos têm suas impressões digitais e seu DNA registrados por questões de exclusão, as da DC McKie estavam em arquivo. Quando uma digital de polegar encontrada na moldura da porta do banheiro foi verificada no sistema, o resultado foi correspondente com a dela. Ela negou ter estado lá, foi suspensa e demitida, presa, julgada e acabou sendo declarada inocente de todas as acusações porque ela não esteve na cena do crime.

Em meio às alegações de má conduta da parte do Scottish Criminal Records Office e da polícia, o que ficou conhecido como Inquérito das Digitais foi criado pelo governo escocês em 2008. Isso abalou o mundo da identificação forense, que passou a reconhecer que, embora as digitais em si possam mesmo ser únicas, a metodologia usada para compará-las pode às vezes ser insuficientemente robusta. O relatório do inquérito avisava que, embora não haja motivo para sugerir que a comparação de digitais seja inerentemente duvidosa, os profissionais e investigadores precisam considerar suas limitações.

Foi um lembrete sensato de que todas as técnicas de identificação são falíveis. A identificação não é uma questão de certeza, mas de probabilidade. E é por isso que todos os cientistas precisam entender os princípios que sustentam a estatística.

A mão também é uma área que examinamos com atenção quando estamos tentando estabelecer como uma pessoa morreu, porque é muitas vezes a parte do corpo utilizada para se proteger de um ataque. A presença de lesões de defesa pode levantar suspeitas sobre o que aconteceu à pessoa, como no caso de uma mulher cuja identidade permaneceu sendo um mistério por alguns anos.

Seu corpo seminu, encontrado por trilheiros, estava de bruços num riacho em um ponto isolado em Yorkshire Dales. Ela ainda estava de calça jeans e meias e o sutiã estava aberto, mas ainda enfiado em um braço. Uma camiseta foi encontrada perto, mas não havia sinal de sapatos, bolsa e nenhum outro bem. Ela estava morta havia no máximo uma ou duas semanas e a água fria e corrente tinha desacelerado a decomposição.

Depois que um exame post-mortem não conseguiu identificar nenhuma causa de morte óbvia, o corpo foi congelado para impedir mais decomposição e atividade de insetos enquanto a polícia continuava a investigação. Algumas semanas depois, eles procuraram ajuda da antropologia forense. Um segundo exame post-mortem foi requerido e nós fizemos a viagem para o sul, para ver se o corpo tinha mais alguma coisa a nos contar. Nós poderíamos encontrar algo que deixaram passar ou que foi registrado de forma incorreta; mesmo que isso não acontecesse, nós poderíamos pelo menos confirmar para a polícia as descobertas do primeiro exame.

A mulher tinha entre 25 e 35 anos de idade e cerca de 1,5 metro de altura. Sua aparência facial, cor e tipo de cabelo e dentição nos disseram que era provável que ela fosse de origem ancestral do sudeste asiático (talvez da Coreia do Sul, de Taiwan, do Vietnã, do Camboja, da Malásia, da Tailândia, das Filipinas ou da Indonésia). Ela usava calça jeans tamanho 40 e camiseta P. O pé devia ser de tamanho 33 ou 34. Ela possuía duas orelhas furadas e uma aliança na mão esquerda, feita de ouro que pode ter vindo do sudeste da Ásia.

Nós só encontramos duas lesões, ambas na mão direita. A primeira era uma fratura em espiral no quinto metacarpo. Os metacarpos estão entre os ossos mais comuns a serem quebrados e constituem entre 5 e 10% das idas à emergência, a maioria por homens jovens. Costumam ser resultado de queda, acidente de carro, trauma por objeto contundente ou agressão — tanto no agressor quanto no agredido. As fraturas na cabeça e no pescoço do osso costumam ser causadas por dar um soco, enquanto fraturas na base do metacarpo, mais raras, costumam ser resultado de impacto de grande força. Pode ser impossível diferenciar se uma fratura se deve a algo ter batido na mão ou à mão ter batido em algo.

A segunda lesão era o deslocamento da articulação interfalangeana proximal (IFP) do dedo do meio da mão direita, que pode ter acontecido no mesmo incidente responsável pelo dano ao dedo mindinho. Isso também podia ser explicado por uma queda, mas poderia facilmente ser uma lesão de defesa.

Nenhuma pessoa com a mesma descrição da mulher tinha sido listada como desaparecida, e seu DNA e suas impressões digitais não correspondiam a ninguém nos registros criminais. A análise de isótopos dos ossos, que nos deu informações sobre a dieta dela, confirmou que era provável que ela morasse perto do local onde foi encontrada, e já por um bom tempo. O rosto dela foi desenhado por um artista forense e publicado nos jornais da região, mas ninguém se manifestou.

Ela acabou sendo enterrada em um pequeno cemitério rural como pessoa desconhecida. O dinheiro para pagar pelo enterro foi arrecadado na comunidade local, que cuidou dela como parte do seus cidadãos até o dia em que ela pudesse ter seu nome de volta e ser entregue a quem a amava. Enquanto isso, ela foi descrita na lápide como "Dama da Colina".

Quando um corpo fica sem identificação, investigar a morte é extremamente difícil, porque a polícia não tem meio de rastrear os últimos movimentos da pessoa falecida. Não é possível verificar contas bancárias, registros de telefone celular e de computador e nem localizar parentes, amigos ou colegas para responderem perguntas. Mesmo depois que todas as pistas acabam, casos assim não são esquecidos. Há revisões de casos encerrados regularmente. Com a probabilidade de resolvê-los dependendo muito da análise científica, a discussão costuma se concentrar em desenvolvimentos científicos ou tecnológicos recentes que não estavam disponíveis na investigação original e que podem agora abrir um novo caminho de investigação.

Quando aquela jovem foi encontrada, no começo do novo milênio, as redes sociais estavam começando a nascer. Com a expansão dessas redes por todo o mundo, os investigadores acharam que valia a pena tentar espalhar nas redes sociais do sudeste da Ásia a descrição e o retrato facial do artista forense, para ver se produziria alguma nova pista. Incrivelmente, foi o que aconteceu. Quinze anos depois da morte dela, a polícia do Reino Unido foi contactada por uma pessoa na Tailândia que acreditava que a Dama da Colina era parente dela.

Uma nova pista assim acende um caso encerrado. Agora que a polícia tinha um nome com o qual trabalhar, um novo time de investigação foi criado. Eles foram para a Tailândia conversar com possíveis parentes, colher DNA da família e obter impressões digitais com as autoridades locais, que tinham emitido a identidade da mulher. Tanto o DNA quanto as impressões digitais bateram. Finalmente, a jovem tinha um nome.

Lamduan tinha se mudado para o Reino Unido para se casar com um professor inglês. Além dos dois filhos que eles tiveram juntos, Lamduan tinha um filho mais velho de outro pai, que tinha ido para a Inglaterra com ela. Pouco antes do corpo dela ser encontrado, ele tinha ido procurar a mãe, e o padrasto disse que ela havia abandonado ele e os dois filhos mais novos e voltado para a Tailândia.

O casal sempre foi reservado e tinha poucos amigos. A família de Lamduan na Tailândia tinha perdido contato com ela na época da morte, mas como eles também ouviram que ela havia abandonado o marido e o filho e pensaram mal dela por isso, não houve muita surpresa. Significava que o desaparecimento dela não despertou nenhum sinal de alerta neles. Todo mundo apenas acreditou na história do marido e supôs que Lamduan havia fugido com outra pessoa, o que queria dizer que ninguém, nem na Inglaterra e nem na Tailândia, tinha registrado o desaparecimento dela e nem levantado desconfianças.

A morte de Lamduan continua inexplicada e o caso ainda está aberto. A única coisa que temos anatomicamente para seguir são as duas lesões na mão direita. Mas, de alguma forma, ela acabou morta, com a cara enfiada num riacho de charneca, só parcialmente vestida e sem sapatos e sem bolsa. As lesões podem ter acontecido numa queda ou foram de defesa? Se sim, ela foi empurrada? Quem estava lá com ela? Nós não podemos abrir mão da esperança de um dia conseguir responder essas perguntas.

Como adornamos nossas mãos pode ajudar a levar uma investigação em uma determinada direção quando precisamos identificar um corpo, como demonstrado pela aliança de Lamduan e o anel Claddagh encontrado com a moça irlandesa no caso discutido no Capítulo 2. Por isso, nós sempre verificamos as mãos em busca de joias ou de algum sinal de que houve a presença de uma.

As mãos também são um local comum de tatuagem; não tanto de piercings, embora estejam começando a entrar na moda. Em geral são piercings transversais, com uma haste inserida entre o polegar e o indicador ou entre quaisquer dois dedos adjacentes, mas às vezes vemos piercings microdermais no pulso ou em qualquer dedo, ou mesmo em qualquer parte da mão.

No futuro, os antropólogos forenses talvez tenham mais itens nas listas. Há registros de que microchips contendo informações pessoais estejam agora sendo inseridos em mãos para permitir que as pessoas sigam a vida sem a necessidade de procurar um documento de identificação, cartão de banco ou cartão magnético para ter acesso ao local de trabalho. Alguns até carregam informações sobre saúde.

Um dia, nós talvez nem precisemos carregar passaportes, pois toda nossa identidade pode estar implantada nas mãos ou em qualquer outra parte do corpo. Esse tipo de tecnologia pode parecer a sentença de morte para alguns aspectos do trabalho do antropólogo forense. Mas não enquanto eu ainda estiver viva.

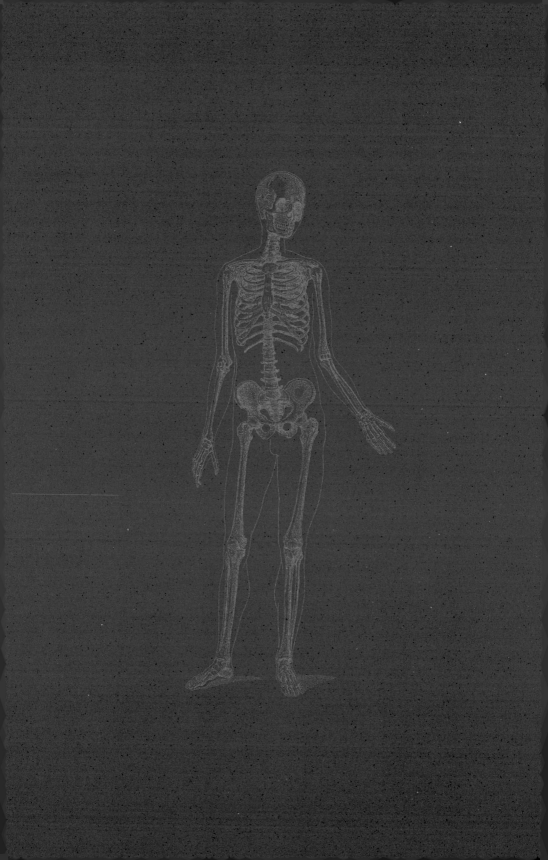

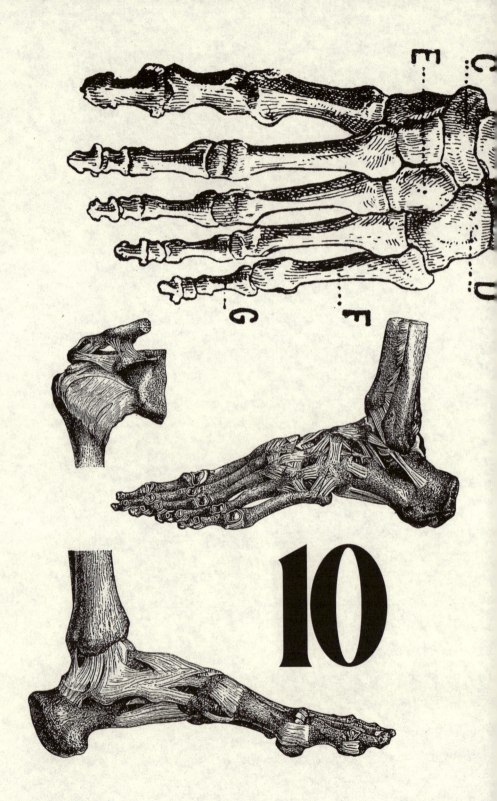

SUE BLACK
OSSOS
DO OFÍCIO

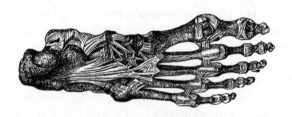

O PÉ

SUSTENTAÇÃO E PROPULSÃO

"É um fato que o mundo todo sabe
que Pobbles são mais felizes sem os dedos do pé."
— EDWARD LEAR, *Poeta, 1812–1888* —

Eu sempre odiei pés, vivos ou mortos. Odiava dissecá-los e odiava ter que tentar identificar todas aquelas pequenas excrescências deformadas e nodulares que formam nossos ossos dos dedos dos pés. Pés têm joanetes, ressecamento, calos, verrugas, caroços, gota. Eles podem produzir até 250 mililitros de suor por dia e podem até fazer queijo próprio. Eu odeio quando temos que fazer um exame post-mortem em um corpo em decomposição e sabemos que, quando virarmos uma meia do avesso, vamos ter que mexer em gosma amarelo-amarronzada e nojenta para procurar os pedacinhos de osso. É possível até encontrar unhas flutuando nessa sopa de pé, e isso gera uma arrepio na espinha. Placas grossas deformadas, retorcidas e cheias de fungos que têm a pachorra de encravar: Eu as odeio mais do que tudo.

Na verdade, os pés costumam ser deixados de lado em exames forenses post-mortem, o que é irônico quando se considera que eles têm um papel tão importante na iconografia do mundo forense fictício de CSI, se projetando de forma ousada debaixo de um lençol branco, normalmente exibindo uma elegante etiqueta pendurada no dedão. É um erro, porque eles guardam mesmo muitas informações escondidas sob seus arcos. E isso gera um certo respeito ressentido da minha parte.

Para apreciar o pé, nós temos que entender seu propósito. O pé moderno tem duas funções principais: sustentar o peso do nosso corpo quando estamos de pé e agir como mecanismo de propulsão quando queremos nos deslocar. Basicamente, é só isso.

Frederic Wood Jones, naturalista e anatomista do começo do século XX, fez um registro lírico sobre o pé: "O pé do homem é único. É diferente de qualquer outro pé. É a parte humana mais distinta da formação anatômica. É uma especialização humana, e quer ele sinta orgulho ou não, é sua marca registrada, e desde que o Homem é Homem e enquanto continuar sendo Homem, é pelos pés que ele será destacado de todos os outros integrantes do reino animal".

Ele estava certo: não há outro pé no reino animal que se pareça com o nosso, e é por isso que os paleontólogos ficam tão animados quando ossos de pés de humanos pré-históricos são encontrados. Um exemplo fossilizado da região de Hadar, na Etiópia, mostrou que cerca de 3,2 milhões de anos atrás nossos ancestrais humanos eram bípedes e andavam com pés de aparência moderna, uma descoberta sustentada por várias outras, a mais importante sendo o osso de pé de um membro do gênero de hominídeo *Australopithecus*, do qual acredita-se que descendemos: *Australopithecus afarensis* AL 333160. O exemplar é um quarto metatarso esquerdo e é arqueado — uma característica que é específica do humano moderno.

No embrião humano, os membros inferiores começam a se formar por volta de 28 dias depois da fertilização, dois dias depois que os membros superiores começaram a se desenvolver. No dia 37, uma placa do pé parecendo um remo aparece na ponta do membro, e em mais quatro dias os dígitos ficam visíveis. Os ossos vão começar a se formar perto do fim do segundo mês. No nascimento, dezenove dos ossos das partes da frente e do meio do pé estarão formados, além do calcâneo, nosso osso do calcanhar, e do tálus, que fica acima e forma o tornozelo. Quando o crescimento termina, cada pé adulto vai ter cerca de 26 ossos no total.

O calcâneo é o primeiro osso do pé a ficar visível em um raio-x, entre o quinto e sexto mês de gestação, e o tálus pode ser visto no sexto ou sétimo mês. O cuboide, o mais lateral dos ossos do tarso, pode só exibir formação óssea logo antes de nascermos ou nos dois primeiros meses seguintes. No passado, olhar para o estágio de desenvolvimento desses três ossos era o jeito mais direto de avaliar a idade de um feto e era usado pelos primeiros patologistas para estabelecer se um bebê falecido que tinha sofrido parto prematuro ou aborto teria sobrevivido sem assistência médica. Hoje em dia, claro, os bebês são viáveis desde bem mais cedo, mas essa informação costumava ser a base no passado para decidir se uma ação legal deveria ser tomada contra a mãe.

Assim como nossos pés, nossas pegadas são inquestionavelmente humanas, e não há outro animal que faça marcas similares. Uma parte ou todo o calcanhar, a borda lateral (externa) do pé, a frente do pé e os dedos podem ser visíveis nas impressões ou marcas que deixamos quando nossos pés descalços fazem contato com um substrato, dependendo da natureza da superfície ou do material em que pisamos. A parte medial (interna) não deixa marcas porque a estrutura interna do pé eleva essa região em uma série de arcos que dão ao nosso pé sua elasticidade e estabilidade — a marca registrada do pé humano.

Como um pé de bebê deixa uma marca mais completa, há uma crença popular de que os arcos só se desenvolvem aos 2 anos de idade. Na verdade, eles começam a se formar bem cedo: é a presença de uma camada de tecido mole que dá ao pé de uma criança pequena a aparência mais achatada.

Pegadas antigas preservadas no tempo ajudaram a confirmar as datas mais antigas estabelecidas por arqueólogos e paleontólogos para a habitual propulsão humana com duas pernas. Foi outro trio de australopitecíneos que deixou para trás algumas das evidências mais incríveis de sua caminhada pela superfície do nosso planeta milhões de anos atrás. As pegadas de Laetoli na Tanzânia, uma trilha de umas setenta marcas feitas em cinzas vulcânicas, foram cobertas por outra erupção vulcânica e permaneceram escondidas por 3,6 milhões de anos, até serem encontradas pela celebrada paleoantropóloga britânica Mary Leakey em 1976.

Os australopitecíneos andavam de um jeito moderno pisando com o calcanhar primeiro e erguendo os dedos por último, com uma passada curta que sugere uma estatura mais diminuta do que a do humano moderno, uma suposição confirmada por outros ossos. As pegadas de australopitecíneo eram inegavelmente "humanas" e nos ofereceram a primeira data que temos para a emergência da bipedalidade competente como modo preferido de locomoção. O que essas marcas também determinaram foi o argumento sobre o que veio primeiro: o cérebro grande ou a locomoção bípede. Ao serem estudadas junto a pesquisas dos crânios e membros dos australopitecíneos, elas confirmaram que foi indisputavelmente andar sobre duas pernas, junto da liberdade que isso nos deu para usar os membros superiores para explorar, que nos caracterizou primeiro como humanos. Talvez só então nós tenhamos começado a trabalhar nos nossos cérebros grandes. Ficar de pé foi a ação crucial que mudou o futuro da nossa espécie, das outras espécies e do nosso planeta. Como Wood Jones insistiu em dizer, nós devemos tudo ao humilde pé.

Outros países podem não conseguir alcançar as riquezas de tesouros paleontológicos da África, mas um dos conjuntos mais antigos de pegadas de hominídeos até agora fora desse continente foi descoberto no Reino Unido.

As pegadas de Happisburgh, feitas por um grupo de adultos e crianças, foram reveladas em 2013 em Norfolk, no lamaçal de um antigo estuário, e datadas de entre 850 mil e 950 mil anos atrás. Elas foram encontradas acidentalmente por um grupo de cientistas que estava trabalhando em outro projeto depois que a camada protetora de areia que as escondia foi levada com a gigantesca tempestade St. Jude naquele outono.

O sedimento ficava abaixo da marca da maré alta e os cientistas souberam que estavam numa corrida contra o tempo — e contra a maré — para registrá-las antes que o mar as erodisse de forma permanente. O pensamento rápido do grupo os fez ganhar um prêmio Rescue Dig of the Year depois que as fotos foram expostas no Museu de História Natural. Duas semanas depois de ressurgirem, as pegadas se foram.

Tanto as pegadas quanto o que podemos descobrir a partir delas fascinam os cientistas de muitas especialidades diferentes. Embora médicos olhem para eles para ver se há alguma anormalidade que eles possam consertar, os podólogos forenses os estudam para compilar evidências para o tribunal. Talvez uma pegada tenha sido deixada em sangue em uma cena de crime ou em terra embaixo de uma janela, e pode ser que dê para fazer a correspondência com um suspeito. Obviamente, essa abordagem investigativa tem maior valor em situações em que as pessoas costumam andar descalças. Em climas mais frios e fora de casa, é bem mais provável de encontrarmos marcas de sapatos.

Mas elas também podem ser úteis. Sapatos podem ser ligados à pessoa a quem eles pertencem, principalmente quando são usados sem meias. Se você olhar dentro de um dos seus sapatos, vai ver uma espécie de réplica da sua pegada. Um podólogo poderia comparar essa marca, ou pelo menos uma versão dela, com seu pé para determinar a probabilidade de o sapato e a marca serem seus.

Pegadas podem nos dar muitas informações sobre a pessoa ou as pessoas que as deixaram. Por exemplo, nós podemos estimar o comprimento da passada e, com isso, a altura, assim como foi possível fazer com as marcas de australopitecíneo. Nós podemos descobrir o tamanho do sapato que as pessoas usam. Podemos dizer quantas pessoas estavam presentes em uma cena e se elas estavam paradas, andando ou correndo.

Se a marca de um pé descalço estiver suficientemente clara, nós talvez possamos detectar impressões digitais dos dedos dos pés da mesma forma que fazemos com os das mãos. Foi isso que ajudou a identificar os corpos de crianças depois do tsunami na Ásia em 2004. As impressões digitais dos dedos dos pés puderam ser comparadas com marcas de pés descalços em volta da casa da família onde, digamos, a criança podia ter subido em móveis. Mais recentemente, o Japão está considerando montar um registro de marcas de pés junto com o banco de dados de impressões digitais de mãos. Pode parecer uma ideia estranha, mas tem uma lógica. Como os pés costumam ser protegidos por sapatos, eles costumam sobreviver melhor em situações de fatalidade coletiva do que outras partes do corpo. Por esse motivo, os registros de alguns militares de aviação podem incluir marcas de pés descalços como meio potencial de identificação para o caso de haver um acidente de avião.

Nos anos recentes, o caso mais famoso envolvendo provas em forma de marcas de pés provavelmente foi o assassinato de Meredith Kercher em Perugia, na Itália, em 2007. O corpo de Meredith, uma aluna britânica de intercâmbio de 21 anos, foi encontrado no chão do quarto do apartamento que ela dividia com três colegas estudantes. Uma das colegas dela, Amanda Knox, e o namorado, Raffaele Sollecito, foram acusados do assassinato de Meredith, e uma terceira pessoa, Rudy Guede, visitante regular de um apartamento vizinho, também foi preso em ligação com o crime.

Com três réus, sempre seria difícil separar verdade de especulação, e no centro de tanta confusão havia evidências forenses nada confiáveis, inclusive uma pegada parcial em sangue em um tapete de banheiro do local. O sangue foi confirmado por análise de DNA como sendo de Meredith; o dono da pegada não foi tão fácil de determinar.

A acusação alegou que a pegada era uma correspondência "quase perfeita" com o pé direito de Sollecito, mas não de Knox e nem de Guede. No entanto, testemunhas especializadas chamadas pela defesa observaram erros fundamentais no testemunho do especialista da acusação e ofereceram provas de que a pegada tinha mais chance de ser de Guede. A testemunha da acusação era um médico, não um anatomista, e é sempre perturbador quando evidências científicas relacionadas a características anatômicas são interpretadas por um profissional cuja especialidade é em outra área.

A pegada tirada para comparação com a pegada da cena do crime era estática e tinha sido registrada com tinta em papel — dois materiais bem diferentes do sangue e tecido grosso envolvidos na formação da pegada original. Nenhuma tentativa foi feita de replicar os efeitos da absorção bem maior do tapete de banheiro ou da consistência de sangue.

Guede optou por um julgamento rápido e foi considerado culpado de abuso sexual e assassinato de Meredith. Ele foi sentenciado a trinta anos de prisão, que foram reduzidos depois a dezesseis. Knox e Sollecito foram condenados por homicídio e ambos serviram quase quatro anos de prisão antes de serem absolvidos numa apelação. As apelações foram anuladas e ambos foram considerados culpados uma segunda vez, só para essas condenações serem anuladas novamente, pela Court of Cassation, a corte mais alta no país, com base em dúvida razoável. Essa decisão encerrou o caso definitivamente, e Knox e Sollecito ficaram livres.

As marcas de pegadas podem nos dizer se a pessoa que as deixou estava parada ou se movendo. Nós todos podemos reconhecer pessoas pela forma como elas andam, apesar de normalmente estarmos processando outras pistas ao mesmo tempo. Apesar da minha visão ruim, eu consigo identificar meu marido de longe pela forma como ele fica parado e como ele anda, mas também avalio tamanho, forma e as roupas que ele está usando e, com certa frequência, identifico apenas porque ele está onde espero que ele esteja, mesmo que a figura para a qual estou olhando esteja meio borrada.

A análise da marcha, o estudo da forma como nos movemos, é bem distinta desse tipo de reconhecimento no dia a dia. Os especialistas nessa técnica forense alegam poder encontrar correspondência entre o padrão de movimento de um criminoso — muitas vezes só por imagens muito ruins de circuitos internos de segurança feitas de ângulos estranhos — com a de um suspeito na frente deles em uma sala de delegacia. Tanto o criminoso quanto o suspeito, se forem mesmo duas pessoas diferentes, costumam ser desconhecidas do especialista e devem estar usando roupas diferentes, para que, pela lógica, essa comparação seja feita apenas pelo padrão de locomoção. Mas o fato é que esses ambientes bem diferentes podem ter influência na forma como um suspeito se move. No primeiro, ele não está ciente de que está sendo observado; no segundo, ele sabe que seu jeito de andar está sendo observado.

Dizem que nosso jeito de andar é único, mas não existe evidência concreta que apoie essa teoria. Claro que, se alguém tem uma locomoção particularmente incomum, há mais chance de essa análise ser mais confiável, mas o jeito como nos movemos não necessariamente vai ser sempre o mesmo. Nós andamos de jeitos diferentes se estamos de saltos altos e de sapatos baixos; se estamos usando sapatos confortáveis ou desconfortáveis; se estamos carregando uma bolsa pesada em um dos ombros ou uma sacola em cada mão ou se estamos subindo uma ladeira de paralelepípedos ou descendo uma ladeira de asfalto regular. Nós ainda não temos informações válidas suficientes sobre como nossa locomoção pode ser afetada por qualquer uma dessas condições.

A análise da marcha já foi apresentada em tribunais para condenar réus, mas, como a metodologia é relativamente nova, é preciso tomar cuidado com a segurança da prova. O Muito Honorável Sir Brian Leveson mencionou a necessidade de cautela quando descreveu a análise forense da marcha como "uma área muito jovem e pouco cientificamente robusta". Uma "cartilha judicial" foi dada a todos os juízes do Reino Unido para esclarecer para eles em que pontos a ciência da análise da marcha foi experimentada e testada de forma razoável e em quais ainda há muita pesquisa a se fazer.

Em 2013, evidências de especialistas apresentadas por um podólogo forense foram usadas pela defesa como base de uma apelação contra uma condenação por homicídio. Depois de um desentendimento em frente a um McDonald's em Wythenshawe em 2006, um homem de 25 anos foi morto com tiros. O caso contra o suposto atirador foi destruído e ele foi absolvido. Mas quem participa de um crime não precisa ser quem puxou o gatilho para ser acusado do crime, e Elroy Otway, o homem acusado de ser o motorista do carro de fuga no qual o atirador foi passageiro, foi julgado em 2009 com base em "articulação", considerado culpado e sentenciado a um mínimo de 27 anos na prisão.

O carro tinha sido identificado e imagens de circuito fechado de segurança de um posto de gasolina mostravam um homem enchendo o tanque pouco antes do assassinato. O podólogo forense chamado para compartilhar conhecimento tinha comparado o jeito de andar do sr. Otway na sala da delegacia com a do indivíduo das imagens das câmeras de segurança.

Na apelação, o advogado de defesa alegou que a análise da marcha não era suficientemente avançada como metodologia para ser aceita como prova e que eles não aceitavam o podólogo como especialista forense competente. Eles alegavam que as provas eram circunstanciais. No entanto, os três juízes da apelação em Londres consideraram a prova como válida e invalidaram o argumento da apelação. Eles disseram que o juiz do julgamento podia considerar a prova como admissível e permitir que o tribunal ouvisse a opinião do podólogo, deixando a validade da análise forense da marcha aberta para debate. Mas eles acrescentaram que não endossavam o uso de evidência de podiatria em geral. É importante que os cientistas e o judiciário trabalhem juntos para garantir que o que chega ao tribunal para ser ouvido pelo júri tenha como base ciência verificável, o que atende aos padrões exigidos de repetibilidade, confiabilidade e precisão, e que seja probatório.

Correr produz uma pegada e uma locomoção humana característica diferente de andar ou ficar parado. Ficar parado exige que os dois pés estejam em contato com o chão. Quando andamos, um pé de cada vez sai do chão. No auge de uma corrida rápida, há uma fase em que não há contato com o chão e o corredor está tecnicamente no ar. A distinção entre andar e correr é fundamental para as regras da marcha atlética, na qual correr é proibido. Por isso chamamos esse tipo de caminhada com o mesmo nome do esporte, que permite aos competidores andarem extremamente rápido, mas sempre mantendo um pé no chão.

A caminhada humana tem uma ação pendular dupla chamada ciclo da marcha, que envolve uma fase de apoio e uma de balanço de cada perna em momentos diferentes. A fase da apoio ocupa cerca de 60% do ciclo e a fase de balanço, os 40% restantes. A marcha envolve uma combinação de movimentos em uma corrente pelas duas fases. Em qualquer momento, o membro está em uma das seguintes posições: toque do calcanhar, apoio completo do pé, apoio médio, elevação do calcanhar, saída dos dedos e balanço. Experimente. Ande em câmera lenta e repare onde cada membro fica durante as diferentes fases do ciclo.

A fase de apoio começa com o toque do calcanhar, e a fase de balanço inicia com a saída dos dedos. O pé todo se envolve no movimento de caminhar, do calcanhar atrás ao dedão na frente. É por isso que, numa pegada de caminhada, as impressões mais fundas são feitas pelo calcanhar quando bate no chão e pelo dedão quando dá o impulso. Em uma pegada parada, não há "afundamento" associado ao calcanhar e nem ao dedão.

Embora nossos pés tenham apenas duas funções principais, nos manter de pé e nos deslocar, nós podemos treiná-los para ficarem incrivelmente habilidosos quando necessário. De fato, Luther Holden, um cirurgião anatomista de Birmigham do século XIX, descreveu o pé como "pes altera manus", traduzido como "a outra mão". Os ossos são homólogos ao das mãos, com os sete tarsais em cada pé equivalentes aos oito carpais nas mãos, e os cinco metatarsos aos cinco metacarpos. E as falanges, das quais temos catorze em cada mão e em cada pé, têm o mesmo nome e posição nos dedos dos pés e nos das mãos: distal, média e proximal. Fora nosso dedão, o hálux, e o dedinho do pé, nós apenas numeramos os dedos do um (o dedão) ao cinco (dedinho), sem dar nome a eles.

É verdade que o pé não tem a agilidade total da mão. Como o pé não tem nenhum equivalente comparável ao músculo oponente do polegar, as almofadinhas dos dedos menores não podem ser unidas em ação de pinça com o dedão como os dedos podem fazer com o polegar, e o dedão, portanto, ocupa uma posição bem diferente da do polegar. Fora isso, todos os outros músculos e ossos equivalentes estão presentes para nos oferecer a capacidade técnica de usar o pé como substituto da mão se a necessidade surgir.

A história está salpicada de nomes de pessoas que demonstraram que a perda das mãos como resultado de doença, acidente ou deficiência congênita não precisa ser barreira para a arte criativa. O celebrado artista e calígrafo alemão do século XIV Thomas Schweicker perdeu os dois braços em um duelo pelo direito de cortejar uma dama. As habilidades que ele desenvolveu acabaram atraindo a atenção de Maximiliano II do Sacro Império Romano-Germânico, que o levou para a corte real. Um dos trabalhos dele, um autorretrato que foi reproduzido na lápide dele quando ele morreu em 1602, mostra Schweicker escrevendo com um pincel preso entre o primeiro e o segundo dedo do pé direito enquanto usava o pé esquerdo como guia.

Em 1957, Associação Britânica dos Pintores com a Boca e os Pés (MFPA, na sigla em inglês) foi criada por um pequeno grupo de artistas da Grã-Bretanha e outros oito países europeus que pintavam sem o uso das mãos. A associação continua forte até hoje. Christy Brown, famoso pelo livro *My Left Foot*, que depois virou o filme vencedor do Oscar *Meu Pé Esquerdo* (1989), foi um dos primeiros integrantes do grupo. É provável que o pintor com a boca e os pés mais conhecido no Reino Unido agora seja Tom Yendell, que nasceu um "bebê da talidomida", sem os braços. Ele diz apenas que: "Eu aprendi a me adaptar" — um resumo lindamente sucinto da capacidade extraordinária do corpo humano de se reinventar, quase de recomeçar. O fato de, como espécie, nós conseguirmos encontrar capacidade nos nossos corpos de nos adaptar a esse ponto é uma coisa milagrosa.

Mas o dedão vai, claro, sempre ficar em segundo lugar em comparação ao polegar na maioria de nós que tem a sorte de ter os dois. Como a perda de um polegar tem impacto bem maior na nossa vida diária do que a perda de um dedão do pé, o transplante do hálux para substituir um pólex já se tornou um procedimento cirúrgico reconhecido.

O primeiro transplante de pé para a mão foi executado no Reino Unido em 1968. O paciente era um carpinteiro cujo polegar e dois primeiros dedos foram cortados em um acidente com uma serra circular. A substituição do polegar pelo dedão do pé restaurou com sucesso um pouco da destreza da mão. Os cirurgiões costumam conectar pelo menos dois nervos, junto dos correspondentes vasos, músculos, tendões e pele, e o dígito transplantado, às vezes chamado de "polegar do pé", já se mostrou bem eficiente em comparação à prótese artificial, que, ainda que boa, não tem a sutileza de movimento e a sensibilidade de pele e osso de verdade.

Esses pacientes aprendem a viver sem o dedão do pé, mas, para alguns, ao que parece, é uma perda que não pode ser tolerada. A primeira prótese que conhecemos foi feita de três pedaços de madeira e couro articulado, com uma unha entalhada e funda. Com o apelido de "Dedo do Cairo", é datado de algum momento entre 1069 e 664 ac. Foi encontrado em uma necrópole a oeste de Luxor, com os restos da múmia egípcia Tabaketenmut. Articulado em três pontos e construído para encaixar perfeitamente na dona, é provável que tenha sido reajustado várias vezes com o crescimento dela.

Tabaketenmut, filha de um sacerdote, devia ter entre 50 e 60 anos quando morreu. Evidentemente, ela havia sofrido uma amputação do dedão do pé direito em algum momento anterior da vida, talvez, como já foi sugerido, por gangrena ou diabetes. O pé dela havia cicatrizado, mas ela quis esconder a deformidade. Foi simples vaidade? Foi sugerido que era para ajudar no equilíbrio, mas a ausência de um dedão não causa problema significativo nesse departamento. Até uma amputação "Pobble" (a desarticulação de todas as articulações metatarsofalangeanas, que remove todos os dedos dos pés) tem impacto limitado no equilíbrio, tanto em movimento quanto parado. São só os movimentos rápidos, como correr, que ficam difíceis. E, como filha de sacerdote, é improvável que Tabaketenmut fosse uma maratonista.

Claro que todo o tipo de coisa era enterrado com múmias nas tumbas egípcias para uso no outro mundo, e é possível que a prótese tenha sido criada apenas para propósito de enterro ou ritual, para garantir que Tabaketenmut não fosse para a vida após a morte incompleta. No entanto, evidências de uso e desgaste, junto da probabilidade de que tenha sido alterado mais de uma vez, sugerem que não era simplesmente um adorno funerário. Talvez ela só o usasse para as sandálias caberem direito.

Outra prótese de dedão do pé direito do Egito, mais recente, chamada de dedo Greville Chester em homenagem ao colecionador que a adquiriu para o Museu Britânico em 1881, é de 600 ac. Esse foi feito de cartonagem — múltiplas camadas de linho ou papiro impregnadas de cola animal —, um composto mais comumente usado para a construção de um invólucro para as múmias. Como o dedo Greville Chester não se dobra, é provável que fosse meramente cosmético. Tem uma cavidade onde a unha deveria ficar, que devia ser coberto de um material diferente, ou para fazer com que parecesse mais uma unha autêntica ou talvez para exibir um exemplo precursor de decoração de unha.

O comprimento médio de um pé de bebê no nascimento é de cerca de 7,6 centímetros. Vai crescer rapidamente nos primeiros cinco anos de vida, pois precisa amadurecer logo para assumir seu papel funcional. No fim do primeiro ano já vai estar com quase metade do comprimento de um pé adulto, e no fim do quinto vai medir cerca de 15,2 centímetros.

A maioria das crianças terá adotado uma bipedalidade oscilante entre 10 e 16 meses, mas uma marcha totalmente madura só será dominada por volta dos 6 anos de idade. O pé vai continuar crescendo até uns 13 anos nas meninas e uns 15 nos meninos. O interessante é que, embora os membros superiores e as mãos apareçam no embrião antes dos membros inferiores e dos pés, são os pés que chegam ao tamanho adulto na frente das mãos. Isso porque a necessidade de desenvolver um pé estável assume a prioridade.

Os pais costumam comprar aquele importantíssimo primeiro par de sapatos com seis a oito semanas dos primeiros passos independentes do filho. Mas sabemos que, para ajudar o desenvolvimento saudável, quanto mais o pé ficar descalço e descoberto, melhor. Cerca de 5% da população visita um podólogo ou quiropodista todos os anos com alguma reclamação relacionada ao pé, sendo que na raiz da maioria deles está sapatos que não cabem direito. As mulheres são as piores nisso. Muitas vezes, elas compram sapatos pelo apelo estético ou para compor um visual e não por conforto ou saúde. Plataforma, anabela, saltos-agulha, bico fino, sapatilhas, chinelos e muitos outros estilos da moda são basicamente câmaras de tortura para os pés.

Os efeitos no longo prazo de sapatos que não cabem direito ou são inadequados e de atividades para as quais o pé não foi criado podem ser impressionantes. Minha filha uma vez perguntou a um quiropodista quais eram os piores pés que ele já tinha visto e ele respondeu sem hesitar que eram os pés de uma bailarina idosa, que pareciam dois pratos de arroz doce. Palavras dele, não minhas.

Há uma correlação entre altura e tamanho do pé, com as pessoas mais altas tendo a tendência de terem pés maiores. Portanto, não é surpresa que os maiores pés de adulto vivo no mundo pertençam a um jogador de basquete, Jeison Hernandez, da Venezuela, que tem 2,20 metros. Em 2018, quando tinha 32 anos, o pé esquerdo dele media 40,47 centímetros de comprimento e o direito 40,55. Ele usa sapato tamanho 59. O menor pé adulto pode pertencer a Jyoti Amge, uma jovem indiana que só tem 62,8 centímetros de altura. Os pés dela têm 9 centímetros de comprimento, o mesmo tamanho dos pés de uma criança de 1 ano.

A noção de que pequeno é bonito no que diz respeito a pés era levada ao extremo máximo pelo hábito chinês de amarrar os pés das mulheres, que persistiu do século x até os primeiros anos do século xx. Pés amarrados foram considerados símbolo de status, além de um ideal de beleza. Conhecidos como "pés de lótus" e enrolados com ataduras e pequenos "sapatos de lótus", eles eram vistos por alguns como a parte mais íntima e erótica do corpo de uma mulher.

As mulheres da classe alta, para aumentar a atração, botavam os pés de molho, cortavam as unhas e amarravam bem os dedos na sola do pé. Com os dedos curvados para baixo, o pé era pressionado com grande força até que o dedos e os arcos se quebrassem. Os ossos acabavam cicatrizando naquela posição anormal.

O efeito era unir a base da frente e o calcanhar, para que a parte do meio do pé ficasse elevada. Os pés eram desamarrados e reamarrados diariamente para retirar tecido necrosado, os ossos às vezes precisavam ser quebrados de novo se não estivessem cicatrizando de um jeito esteticamente agradável. A amarração apertada resultava em circulação ruim, infecção e dores constantes. Às vezes, as unhas dos pés eram completamente removidas. E se os dedos caíssem de gangrena, isso era visto como bônus. Os pés de lótus perfeitos não tinham mais de 10 centímetros, o tamanho de pé de uma criancinha pequena.

Nem é preciso dizer que qualquer forma de locomoção era um desafio para essas mulheres. Ficar de pé também. Nós já temos dificuldade de ficar de pé em posição ereta por períodos longos, com nossos pés de tamanho normal. Isso porque é preciso uma coordenação incrível do nosso sistema musculoesquelético para nos impedir de cair. O Workplace Advice reconhece que ficar de pé exige cerca de 20% mais energia do que ficar sentado e recomenda que não fiquemos parados no mesmo lugar por mais de oito minutos seguidos.

Se tentarmos ficar de pé com uma perna só por qualquer período, fica bem claro como o ato equilibrado de ficar de pé é precário. E se acrescentarmos algum inebriante à mistura, nós perdemos nosso equilíbrio facilmente, porque isso afeta nossa capacidade de controlar a intrincada coordenação necessária para manter nosso equilíbrio. Quando estamos equilibrados, nossa linha de gravidade passa na frente da nossa coluna até atrás dos quadris, depois pela frente dos joelhos e tornozelos até uma base de apoio entre os pés que tem só alguns centímetros quadrados em tamanho.

Cobrir os pés de meias e sapatos para proteção e calor é uma característica muito humana. Para o antropólogo, essas coberturas podem ser muito úteis. Materiais naturais tradicionais como lã, couro e pele agora foram suplementados pelos equivalentes sintéticos da era moderna. Todos ajudam a manter as partes componentes do pé unidas, mesmo quando o restante do corpo começa a se desintegrar, assim como às vezes a preservá-los melhor. Um sapato também dificulta para que um predador remova um pé. E se um corpo acabar na água, ele pode atuar como dispositivo de flutuação.

Uma série de eventos estranhos aconteceu entre 2007 e 2012 no Estreito de Georgia, que separa o Canadá dos Estados Unidos. Durante esses cinco ou seis anos, vinte pés separados, dentro dos sapatos, foram parar em terra. Um pé calçado pode flutuar por 1.500 quilômetros e a temperatura fria da água vai transformar a gordura do pé em adipocere, a substância estilo cera formada por hidrólise anaeróbica, dando mais flutuabilidade ao pé e ajudando a preservar o tecido mole. Alguns dos pés foram pareados com indivíduos desaparecidos, mas é claro que as histórias loucas e mitos criativos que cresceram em volta do fenômeno tomaram conta da internet.

No auge do frenesi, um grupo de estudantes decidiu enfiar um pé de animal em decomposição numa meia, botar em um tênis cheio de alga e deixar na margem para ser encontrado. Mas, como todos sabemos, o pé humano não é igual a nenhum outro, e não demorou para os antropólogos descobrirem a farsa.

Pessoas se perdem no mar o tempo todo — em acidentes de barco, acidentes de avião ou outros eventos fatais — ou podem ser deliberadamente sepultadas no mar. Conforme o corpo se decompõe na água, ele pode se separar naturalmente nas partes que o constituem. Quando um pé tem seu próprio veículo flutuante para mantê-lo na superfície, não é surpreendente que se mova com as marés e acabe indo parar na margem.

O Reino Unido tem cerca de 12.500 quilômetros de costa (se não contarmos as ilhas), metade pertencente a propriedades da Coroa. Portanto, encontrar um pé isolado em praias do Reino Unido e em margens de rio, de lagos, lochs ou canais, não é uma coisa incomum.

Um pé direito calçando tênis foi descoberto em um rio na costa leste da Inglaterra, seguido por um pé esquerdo pouco tempo depois correnteza acima no mesmo rio. Só que esse estava de bota marrom. O pé de bota foi identificado como sendo de um homem que tinha desaparecido naquele mesmo ano, enquanto o pé direito de tênis pertencia a um cavalheiro totalmente diferente que tinha desaparecido dois anos antes. O pé esquerdo dele acabou sendo também identificado depois de aparecer em uma praia em Terschelling, uma das ilhas Frísias ocidentais na costa norte da Holanda, depois de ter atravessado o Mar do Norte.

A partir de pés únicos como esses, os antropólogos forenses podem determinar o sexo (pelo tamanho, pela presença de pelos e outras coisas), idade, altura e tamanho de sapato dos indivíduos dos quais vieram e às vezes essas informações podem ser suficientes para criar um perfil de identidade amplo que ajuda a reduzir as possibilidades. Mas sozinhos não vão ser suficientes para identificar uma identidade.

O interessante é que encontrar um pé sozinho e isolado costuma ser considerado base insuficiente para abrir uma investigação, pois não pode ser considerado indicativo de morte. Embora o corte de um pé tenha boa chance de um evento que acaba com a vida, claro que é possível alguém sobreviver a uma amputação dessas.

É raro que ossos do pé sejam a única prova em uma investigação, mas eu me lembro de uma, muito tempo atrás, quando eu ainda trabalhava em Londres. A ligação veio de um policial em Cambridge, que estava com um caso nos pântanos relacionado aos restos de um piloto polonês da Segunda Guerra Mundial e sua aeronave. O piloto estava voltando para o Reino Unido depois de um ataque do outro lado do Mar do Norte em 1944, se não me falha a memória, quando seu Spitfire levou um disparo direto nos motores, que acabaram falhando depois que ele passou pela costa leste. Ele não teve tempo de ejetar. O avião mergulhou no pântano, as asas arrancadas, e ele ficou reduzido a um tubo de metal, como um charuto enfiado em terreno úmido.

Os locais desses incidentes estão bem documentados e as autoridade sabem onde a maioria fica. Ocasionalmente, pedaços de avião ou mesmo de piloto aparecem na superfície quando os terrenos de fazenda são arados ano após ano. Esse pedido veio perto do final de fevereiro ou começo de março, pelo que me lembro, uma época do ano em que os fazendeiros estão começando a pensar em preparar os campos para plantar novas safras.

Há comércio intenso na recuperação de destroços e muito dinheiro ganho com artefatos de aeronaves da Segunda Guerra Mundial. A polícia estava ciente de que caçadores de destroços tinham feito buscas naquela região por alguns anos e os militares sabiam que houve várias pequenas descobertas. Mas a perspectiva de encontrar uma fuselagem de Spitfire intacta, preservada no solo do pântano, teria tornado aqueles campos um alvo principal dos mais interessados no valor monetário do que na importância histórica ou no caráter sagrado de um túmulo de guerra.

Foi uma dessas equipes de busca que fez contato com a polícia. Eles disseram que, quando estavam andando pelo campo em que acreditavam que o Spitfire tinha caído, eles encontraram um osso que eles achavam que podia ser humano. Eles o deixaram no campo em que o tinham encontrado, sinalizado com uma bandeira. Eles perceberam que podia ser importante e acharam que não devia ser retirado.

A polícia ficou desconfiada. Eles já tinham tido contato com aquele grupo e sabiam que eles já tinham encontrado uma bota de aviador com ossos dentro. Eles me disseram que não ficariam surpresos se aquele osso (se fosse osso mesmo) tivesse vindo da mesma fonte e não tivesse relação com a fuselagem que eles estavam procurando. Os caçadores de destroços estavam perfeitamente cientes de que, se restos humanos fossem encontrados, teria que haver uma busca arqueológica e antropológica e uma avaliação do local, o que poderia levar a uma escavação em larga escala e uma oportunidade para eles reivindicarem os destroços.

Era uma manhã fria quando eu cheguei em uma viatura da polícia na lateral do campo recém-arado, para caminhar pela área com os oficiais da busca. Uma bandeira laranja de acampamento tinha sido deixada no campo para nós, marcando o local em que esse osso tinha supostamente sido encontrado. Nós fomos para lá primeiro, para que, antes de fazermos qualquer outra coisa, nós pudéssemos determinar se era mesmo humano.

Não houve nenhuma dúvida. Era um quinto metatarso esquerdo humano, o osso da base do dedinho do pé. O que me deixou incomodada era que estava em cima da terra, não parcialmente enterrado; nem mesmo aderido à terra molhada embaixo. Estava limpo, sem sinal de terra, sujeira ou lama. Parecia que alguém o tinha deixado lá deliberadamente. Nós fotografamos o osso, o pegamos e ensacamos como prova. Depois, começando na extremidade do campo, fomos entrando e caminhando por todos os sulcos da área arada. Nós não encontramos sinal de bota ou sapato, nenhum sinal de destroços. Nem mesmo ossos animais.

O que encontramos num raio de menos de 2,5 metros de onde o quinto metatarso tinha sido supostamente descoberto foram quatro outros pequenos ossos humanos, todos de um pé esquerdo. Quando comparados ao metatarso, todos pareciam, pelo tamanho, cor e aparência, terem vindo do mesmo indivíduo. Mas todos estavam empilhados em cima de uma crista de sulco. Como o metatarso, nenhum estava enterrado e não havia terra grudada neles. Na minha opinião, eles tinham sido simplesmente colocados ali para chamar nossa atenção.

A equipe de busca alegou não saber nada sobre aquilo, claro, nem sobre de onde os ossos podiam ter vindo. Mas se a intenção deles foi nos coagir a escavar, eles fracassaram. A polícia e as autoridades militares aceitaram minha opinião de que os ossos deviam ter sido deixados lá de propósito, para nós encontrarmos, e minha recomendação foi de que não era um motivo justificável para escavação.

Eu sugeri que eles tentassem obter DNA dos ossos, para o caso de ser possível estabelecer ligação com algum dos parentes do piloto. Mas naquela época a obtenção de DNA não era tão sofisticada quanto é hoje, os ossos estavam gastos, e o laboratório não conseguiu obter material genético suficiente. Acho que os restos foram enterrados como não identificados. E o que sobrou do Spitfire e do piloto continuaram, ao menos por enquanto, em seu tranquilo túmulo pantanoso.

Não são só os ossos dos pés, mas meu pior pesadelo pessoal — as deploráveis unhas dos pés — que podem nos dizer algo sobre a vida vivida. As unhas dos pés crescem cerca de um milímetro por mês (bem mais lentamente do que as unhas das mãos) e levam aproximadamente doze a dezoito meses para voltar a crescer completamente. A unha média de dedo do pé, então, representa um registro de talvez os dois últimos anos da vida de uma pessoa, com o leito ungueal guardando as informações mais recentes, e a ponta da unha, as mais antigas. Se soubermos o que estamos procurando, há uma quantidade tremenda de coisas que a ciência pode saber a partir da unha em termos de onde uma pessoa vivia e o que comia e bebia.

O trabalho do professor Wolfram Meier-Augenstein e a equipe dele sobre o papel da análise dos isótopos estáveis na identificação humana e sua aplicação forense é revolucionário. Foi o conhecimento dele em um caso de morte de um garoto novo que ajudou a condenar o pai da criança.

Os paramédicos foram chamados a um endereço em que um garotinho terrivelmente magro não reagia. Ao notar manchas de sangue no corrimão da escada e uma marca esférica no gesso, eles chamaram a polícia. A criança morreu no hospital, e o exame post-mortem identificou múltiplas lesões no cérebro e nos órgãos internos. Havia também uma lista de lesões antigas. O pai negou ter batido no filho ou estar envolvido de qualquer forma com a morte dele. Ele alegou ser um pai amoroso.

Amostras de tecido foram enviadas para análise, inclusive alguns pedaços de osso, uma unha do dedão do pé, uma unha de polegar e pedaços de músculo. A unha do dedão do pé ofereceu um perfil cronológico da nutrição da criança no ano anterior.

O professor Meier-Augenstein conseguiu identificar três períodos de história de vida alimentar e duas mudanças em estilo alimentar. O período mais distante da morte, de quatro a doze meses antes, foi nutricionalmente estável, e o garotinho estava consumindo uma dieta onívora normal. Quatro meses antes de ele morrer, houve uma mudança para uma dieta diferente, baseada em plantas da categoria c3 (como trigo, centeio, aveia e arroz) e não c4 (milho, cana de açúcar e painço). Uma explicação para esse tipo de alteração seria a mudança de clima quente e árido para um mais temperado. Nos dois últimos meses da vida, houve um afastamento pronunciado de uma dieta onívora para uma que não continha nenhuma proteína animal.

A polícia descobriu pela investigação que, até cerca de quatro meses antes da morte, o garoto morava no Paquistão com a mãe, sem nenhum contato físico com o pai. A criança foi para o Reino Unido nessa época, onde ficou sob custódia parental do pai, embora inicialmente tivesse vivido na maior parte do tempo com os avós. Mas nos dois últimos meses de vida o pai foi o único cuidador. Os avós foram informados de que os hematomas e ferimentos foram acidentais e não desconfiaram do que estava se passando com o neto. O pai do garoto acabou admitindo homicídio involuntário e recebeu uma sentença de dezenove anos de prisão.

Nossos corpos não mentem, mas às vezes é preciso um especialista para descobrir a verdade neles. Mesmo nas nossas unhas dos pés.

Os pés podem guardar outras informações sobre o nosso estilo de vida. Por exemplo, pequenas picadas podem alertar o antropólogo forense de uso de drogas intravenosas. Obviamente, o pé não é o local preferido para se injetar drogas — costumam ser os membros superiores —, mas depois de uns quatro anos de uso intensivo de drogas, as veias podem começar a ficar inacessíveis, e o usuário habitual muitas vezes passa a injetar na perna ou no pé. Como há pouco tecido mole cobrindo a superfície superior do pé, as veias costumam ser bem visíveis e, portanto, fáceis de localizar. Provas desse hábito também podem ser escondidas de forma conveniente debaixo de meias e sapatos.

Muitos usuários de drogas intravenosas escolhem a veia entre o primeiro e o segundo dedo do pé, mas injetar lá leva a um risco aumentado de complicações como cicatrização lenta, abcesso, infecção, colapso da veia, trombose e úlcera da perna. As veias dos pés são finas e tendem a estourar sob a pressão de uma injeção. Os viciados em heroína muitas vezes usam tatuagens para disfarçar os locais onde injetam, e, quando vemos tatuagens nos pés, principalmente entre o dedão e o segundo dedo, vemos como um sinal de que o pé precisa de inspeção mais detalhada.

Por causa da quantidade de terminações nervosas no pé (pense só no quanto sentimos cócegas neles), a dor que sentimos nele pode ser aguda e debilitante. E isso o torna um alvo para qualquer um querendo infligi-la. A falanga ou açoite dos pés, uma prática antiga agora reconhecida como forma de tortura pelo Tribunal Europeu de Direitos Humanos, foi documentada em várias partes do mundo, principalmente nas nações do Oriente Médio e do Extremo Oriente. Pode resultar em deficiência de locomoção e às vezes em fraturas nos ossos dos pés.

Em janeiro de 2014, uma firma internacional de advocacia baseada em Londres fez contato comigo do nada. Eles estavam montando uma equipe investigativa independente que incluía litigantes e médicos forenses. Eu poderia ir até o Catar para examinar algumas imagens? Eu ficaria fora por no máximo uma semana e todos os gastos seriam cobertos. Uma passagem de avião seria deixada para mim no aeroporto de Heathrow na data indicada. Não me disseram o que havia nas imagens e nem quem mais estaria na equipe.

Por ser uma pessoa cautelosa, eu verifiquei a firma. Pareceu ser legítima, e o cavalheiro que fez contato comigo era um advogado internacional claramente bem-visto. Eu também verifiquei com meus contatos no Foreign & Commonwealth Office, que me garantiram que não viam nada relacionado a eles na abordagem da firma.

Mas isso era tudo que eu sabia. Fora isso, eu estava por minha conta e podia estar me botando numa situação complicada. Como não tive mais contato da firma de advocacia, eu decidi deixar nas mãos do destino. Como eu estava em Londres mesmo, eu iria para Heathrow e, se não houvesse uma passagem me esperando, tudo bem. Se a passagem estivesse lá... bem, talvez fosse hora de uma nova aventura.

Minha passagem estava me esperando — e era de primeira classe. Eu não sabia se devia ficar tranquilizada ou preocupada. Mas tenho que admitir que é ótimo poder virar para a esquerda ao entrar no avião, e embora eu já tenha tido o luxo de viajar de classe executiva algumas vezes, eu descobriria que a primeira classe é outro nível.

Infelizmente, eu ainda estava me recuperando de uma crise de labirintite debilitante que durou um mês, uma infecção no ouvido, e estava nervosa com a perspectiva de andar de avião. Além disso, eu não estava bebendo bebidas alcoólicas para não ter risco de interferir com a medicação e estava tomando muito cuidado com o que comia, por medo de que o enjoo sufocante associado ao problema pudesse voltar. Portanto, me sentei no meu lugar espaçoso de primeira classe, pela primeira e desconfio que única vez na vida (eu sou uma garota econômica), rejeitando champanhe, vinho, vieiras, filé e chocolate e aceitando apenas pão e água. Mas foi uma experiência maravilhosa mesmo assim. As camas eram muito confortáveis, os comissários eram atenciosos e os brindes eram todos Dior. Ainda assim, não consegui fugir da sensação de que era uma impostora que seria identificada a qualquer momento.

Quando pousamos no Aeroporto Internacional de Hamad, em Doha, pediram que todos os passageiros da primeira classe ficassem a bordo. Parecia que havia uma limusine designada para cada um de nós, para nos levar até o terminal. Eu poderia me acostumar com esse tipo de viagem, pensei comigo mesma. Meu nome foi chamado e me pediram para ficar até o final. Eu sabia: descoberta no último minuto, e agora eu teria que encarar a solitária caminhada da vergonha até o terminal.

Mas, não, no fim das contas eu tinha uma limusine especial com um político experiente para me acompanhar pelo aeroporto e até o meu hotel. Ele pegou meu passaporte, falou com a imigração, fez com que fosse carimbado e pegou minha bagagem enquanto eu só relaxava no carro. Mas havia um arrepio de inquietação na minha nuca. Quando um governo chega a um extremo assim, pode haver um preço a pagar, então temos que ficar alertas. Não há almoço grátis, como dizem, e aquele tipo de tratamento era altamente incomum, para dizer o mínimo.

Eu fui levada para um hotel incrível e me alojaram em uma suíte particular. Um andar inteiro tinha sido separado para nossa equipe, para podermos trabalhar lá com privacidade. Ficou claro agora que o que faríamos ali tinha o apoio total do governo do Catar. Nós éramos seis. Três de nós estavam entre os advogados criminais internacionais mais renomados do mundo. Havia também o advogado que me abordou, que era um cavalheiro muito encantador. Eu também fiquei mais tranquila de encontrar um patologista do Reino Unido que era meu amigo. E havia eu. Nós fomos orientados por uma autoridade do governo.

Os protestos da Primavera Árabe de 2011 levaram a uma inquietação significativa na Síria contra o governo do presidente Bashar al-Assad. Uma quantidade de manifestantes foi reprimida violentamente e muitos homens desapareceram ou foram detidos. O *The Financial Times* tinha relatado que o Catar financiou a rebelião síria com "até 3 bilhões de dólares" nos primeiros dois anos da guerra civil subsequente e que o país estava oferecendo pacotes para refugiados de cerca de 50 mil dólares por ano para desertores e suas famílias. Um desses desertores era um homem conhecido por nós apenas pelo codinome "Caesar".

Caesar contou aos investigadores de crimes de guerra que, antes da Primavera Árabe, ele era investigador forense. Quando o levante sírio começou, ele estava empregado como fotógrafo na polícia militar síria. O trabalho dele era "tirar fotos de detidos mortos" em dois hospitais militares de Damasco, para documentar os cadáveres dos que tinham morrido nas prisões militares sírias. Ele não alegou ter testemunhado execuções e nem tortura, mas descreveu um sistema altamente organizado de registro de mortes.

Ele alegou que todo mundo levado para o hospital era marcado com dois números: um que supostamente os ligava à admissão no hospital e o outro ao número de campo de detenção. Ele teve que fotografar cada rosto junto de um número de hospital, uma imagem que poderia ser enviada à família do homem com uma mensagem lamentando informar que o filho/marido/pai tinha morrido no hospital de causas naturais e que a foto era a prova exigida para que uma certidão de óbito fosse emitida.

Ele nunca viu evidência de tortura nos rostos. Todas as evidências de tortura ficavam abaixo da mandíbula. Essas lesões também tinham que ser fotografadas — desta vez com o número de detenção, como prova de que as ordens dadas para a tortura do prisioneiro tinham sido executadas.

Caesar ficou cada vez mais abalado pela escala da operação se desdobrando à frente dele e, ao ver um jeito de sair no tentador pacote a refugiados sendo oferecido pelo Catar, começou a conversar com um grupo rebelde. Ele foi persuadido, com grande risco pessoal, a copiar as provas fotográficas. Todos os dias, ele levava um pen-drive escondido nos dedos dos pés dentro da meia, e entregava ao grupo.

Eles conseguiram contrabandear esses pen-drives para fora do país e, em agosto de 2013, Caesar "morreu" em um trágico acidente de estrada. Na verdade, enquanto sua família ia ao enterro, ele também foi transportado secretamente para fora da Síria. Quando conhecemos Caesar em Doha em janeiro de 2014, a família dele também tinha sido retirada para um lugar seguro e se reunido a ele.

Ele tinha copiado mais de 55 mil imagens do que se alegava serem mais de 11 mil corpos, todos com sinais de fome, surras brutais, estrangulamento e outras formas de tortura e morte. A tarefa dos advogados da nossa equipe era entrevistar Caesar para determinar se ele era uma testemunha crível, enquanto o patologista forense e eu tínhamos que examinar o máximo das 55 mil imagens que pudéssemos a fim de estabelecer se eram falsas, se alguma era duplicada ou se eram legítimas.

A equipe de investigação abordou a tarefa de avaliação de provas com cautela. Nós estávamos todos alertas à necessidade de nos proteger para não sermos usados como veículo para o avanço de nenhuma visão política específica. Era vital que a equipe chegasse a uma conclusão própria, que trabalhássemos sem interferência de outros grupos e que nossas descobertas fossem justificáveis e sem viés.

O patologista e eu saímos do hotel em um carro que fez um caminho bem complexo para um prédio de apartamentos no centro de Doha. Nós visitaríamos aquele apartamento em três ocasiões diferentes, mas nunca fomos pelo mesmo caminho duas vezes. Nós sabíamos que estávamos sendo seguidos pelas forças especiais do Catar, para garantir que o segredo da localização de Caesar ficasse guardado.

Nós ficamos no carro até recebermos autorização para entrar no prédio. Na porta do apartamento, fomos recebidos por seguranças, que verificaram se estávamos mesmo desarmados antes de sermos levados para uma sala com mobília esparsa e deixados lá sozinhos por um bom tempo. Finalmente, Caesar entrou na sala e fomos apresentados. Ele era um homem calado e amável. Um laptop foi levado até lá. Nós pudemos abri-lo e observar o conteúdo das pastas, que continham milhares de imagens, todas de homens mortos. Nós passamos a primeira hora só olhando essas fotos, para nos acostumarmos ao que estávamos vendo e também para procurar sinais de qualquer duplicidade de prova ou encenação.

Caesar ficou muito cauteloso conosco no começo, o que não foi nada surpreendente, mas, conforme fomos passando tempo com ele e ele percebeu que não havia intenção suspeita por trás das nossas perguntas, ele relaxou. Nós perguntamos se ele tinha feito todas as imagens. Ele disse que não. Nós perguntamos se ele tinha testemunhado alguma morte e ele confirmou que não. Pelas respostas dele, parecia que ele não estava tentando exagerar nenhuma das alegações.

Em uma das peças do material, havia uma imagem clara do polegar do fotógrafo. Embora eu soubesse que não era o polegar de Caesar, porque eu tinha feito uma avaliação da anatomia da mão dele enquanto fiquei sentada ao lado, eu perguntei se era. Ele disse que não. Por mais que fizéssemos nossas perguntas por ângulos diferentes, as respostas dele eram sempre consistentes e nada ambíguas, e, se não sabia a resposta, ele ficava satisfeito de dizer que não sabia.

Nós conversamos sobre o relatório que escreveríamos, embora na ocasião eu não estivesse ciente do propósito final dele. Os homens em volta de Caesar insistiram que não podíamos usar nenhuma fotografia no relatório, mas pedi que eles repensassem, argumentando que o efeito visual do que estávamos vendo era particularmente importante. Eu mostrei a eles como podíamos anonimizar qualquer imagens que tivéssemos a permissão de reproduzir escurecendo os rostos e números de uma forma que as mudanças não pudessem ser revertidas. Depois de muita discussão e debate, acabaram concordando em nos deixar usar algumas imagens — no máximo dez —, desde que as pessoas estivessem impossíveis de identificar. Foi uma vitória significativa, pois transformava o impacto e o valor do relatório.

Ficou claro que nós não teríamos tempo suficiente para examinar todas as fotografias nos arquivos, e o que decidimos foi escolher aleatoriamente em cada pasta, para reunir uma representação ampla da natureza das lesões que estávamos vendo. No total, nós trabalhamos com quase 5.500 fotografias e as separamos em categorias.

Como Caesar, nós não vimos evidências de tortura nos corpos acima do nível da mandíbula. Mas 16% da nossa amostra apresentava marcas transversais de garrote no pescoço. Eram marcas inconsistentes com enforcamento, no qual a marca deixada pela suspensão costuma virar para cima na parte de trás. Nossa opinião foi que eram marcas de estrangulamento, compatíveis com tortura. Em uma fotografia, o garrote usado, uma correia de ventoinha de carro, ainda estava no pescoço do indivíduo. Algumas marcas estavam presentes em pulsos e tornozelos e, em um caso, um lacre de plástico ainda estava visível.

Cinco por cento continha o que é conhecido como víbices: quando uma pessoa é atingida por um objeto longo e cilíndrico, uma barra de ferro ou mesmo um bastão de plástico, que rompe a superfície da pele e causa uma equimose linear aberta. Esse par bem distinto de marcas paralelas foi visto não só nos troncos de alguns indivíduos, mas em outros casos também em membros. Um corpo em particular mostrava tantas equimoses assim — mais de cinquenta — em todo o tronco que a vítima devia estar amarrada na ocasião, senão teria tentado se encolher para se proteger.

Havia um alto nível de emagrecimento em mais de 60% da nossa amostra. Muitos dos corpos estavam tão magros que parecia que estávamos olhando fotografias de campos de concentração da Segunda Guerra Mundial. Ossos se destacavam na pele, cada costela estava visível e os rostos estavam magros e afundados.

A última categoria de trauma específico que analisamos tinha a ver com os membros inferiores, especificamente as canelas e os pés. Mais de 55% exibiam ulceração extensa nessa área do corpo. A causa precisa não ficou clara, e Caesar não conseguiu esclarecer, pois ele só tinha visto as consequências das torturas. As explicações potenciais incluíam efeitos de pressão (escaras), insuficiência vascular, lesão infligida, como aplicação de objetos quentes ou frios, e rompimento de tecido como resultado de má nutrição. Mas com a maioria das lesões desse tipo ocorrendo em homens jovens, uma causa natural de morte para todos era altamente improvável.

A explicação mais plausível era insuficiência venosa como resultado de tortura dolorosa incapacitante envolvendo um garrote bem amarrado nos joelhos que restringe severamente o movimento do sangue nos membros inferiores. O aumento da pressão gera ruptura de vasos e ulceração da pele. Mais de metade dos homens da nossa amostra tinha isso nas duas pernas e pés, e era evidência de um regime e padrão de tortura.

As fotografias nem sempre foram tiradas dos melhores ângulos, da perspectiva de uma cientista forense tentando diagnosticar com precisão algumas dessas lesões de tortura, e a punição chamada falanga não podia ser excluída. A falanga, que já foi relatada na Síria, tende a se concentrar na região macia do meio do arco do pé e não no calcanhar e nem na base da frente, e exige cooperação entre torturadores ou que a vítima esteja imobilizada — formas de imobilização que algumas imagens sugeriam que estavam sendo utilizadas para infligir outros ferimentos.

Nós achamos que Caesar era uma testemunha crível e convincente e que as imagens eram genuínas. Nosso relatório, o relatório Da Silva, foi terminado no Catar. Na semana seguinte, sua publicação seria coberta por jornais e pela mídia do mundo todo, muitos deles, inclusive o *Guardian*, no Reino Unido, reproduzindo-o integralmente. Foi calculado para coincidir com a Conferência Internacional sobre a Síria (Genebra II), uma conferência de paz internacional apoiada pela ONU com o objetivo de acabar com a guerra civil da Síria. A publicação do relatório, na véspera da conversa sobre a paz, colocou o regime de Assad em situação ruim e deflagrou ira internacional e condenação da escala industrial de massacre. Mas até agora isso não levou a nenhuma resolução óbvia.

Parece adequado deixar a última palavra a Caesar. Ele contou ao presidente dos Estados Unidos, Obama: "Eu arrisquei a minha vida e a vida da minha família e até expus meus parentes a perigo extremo para impedir a tortura sistemática praticada pelo regime contra prisioneiros".

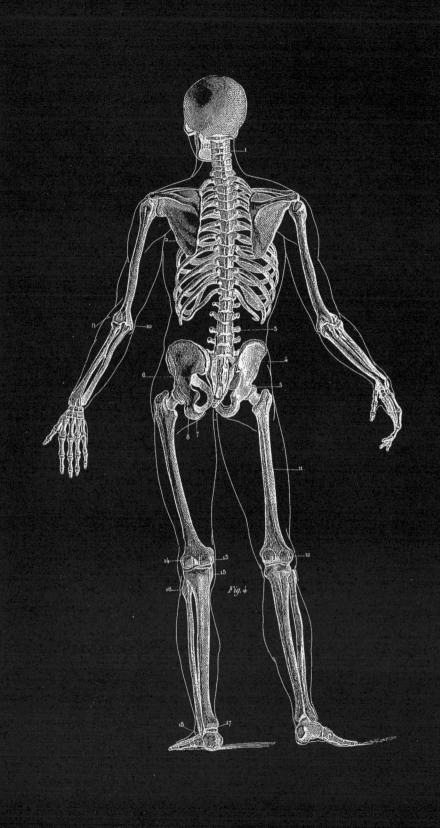

Fig. 4

SUE BLACK
OSSOS DO OFÍCIO

JUNTANDO OSSOS

CONCLUSÃO

> "Você não sabe se um dia vai precisar falar do esqueleto no seu armário."
> — MARK MCGWIRE, *Jogador de beisebol* —

A epidemiologista americana Nancy Krieger resumiu melhor do que eu poderia o relacionamento entre nossos corpos, nós mesmos e o mundo quando escreveu que as histórias que nossos corpos narram não podem ser separadas das condições da nossa existência. Elas costumam bater com os nossos relatos e os de outras pessoas — mas nem sempre. Nossos corpos contam as histórias que os outros não podem ou não querem contar porque não conseguem, estão proibidos ou decidiram não contar.

Desde que *All That Remains* foi publicado em 2018, um número impressionante de pessoas me escreveu para contar sobre seus corpos: o que deu errado com elas ao longo dos anos, as variações anatômicas estranhas e maravilhosas que elas relatam e como os restos delas podem ficar depois que elas derem o último suspiro. Juntas, essas histórias formam uma tapeçaria incrivelmente rica da variação de anatomia humana que existe na nossa espécie e são testemunho do quanto podemos ser irrestritos ao contar sobre elas.

Este livro se concentra no corpo seção por seção porque é assim que um antropólogo forense trabalha. Nós não temos como saber qual parte, ou partes, de um corpo pode ser apresentada para nós para identificação e nem em que estado de preservação ou fragmentação está. Como todos os casos que este livro ilustra, nosso trabalho é espremer cada detalhe de informação de qualquer parte que tivermos em nossa busca pelas respostas a perguntas sobre identidade, vida e morte.

O caso que de forma mais significativa deu à luz o campo no qual eu me aventuro é o que para mim exemplifica o papel do antropólogo forense e como ele encaixa no processo judicial. Deveria ser um texto essencial para todos os patologistas forenses, anatomistas, policiais, advogados e juízes, além de todos os antropólogos forenses. Esse é um caso que liga Lancaster, onde eu moro e trabalho agora, com minha terra natal, a Escócia. Mostra a polícia trabalhando junto dos anatomistas e contém habilidades inovadoras detetivescas e forenses que pavimentaram o caminho para a minha geração de cientistas e investigadores. Também salienta a necessidade de estarmos com a mente aberta e receptivos a todas as possibilidades, e de estarmos refinando constantemente nossas técnicas e procurando novas formas de chegar à verdade.

É uma história que também dá uma compreensão de até onde precisamos ir às vezes para estabelecer o que aconteceu com um dos nossos companheiros seres humanos e nos lembra que, no fim de cada investigação de homicídio, há a necessidade de verdade e justiça. Demonstra por que temos que saber exatamente o que esperar que qualquer parte de corpo encontrada isoladamente seja capaz de revelar. Talvez seja um exercício interessante para todos nós. O que pode haver no seu corpo que me ajudaria a identificar quem você foi e o que a vida ofereceu a você? Comece na cabeça e desça até os dedos dos pés, assim como fizemos neste livro, e você vai se impressionar com quantas coisinhas podem ser notadas e que, em combinação, podem criar uma identidade sua e da sua vida que sua família e seus amigos reconheceriam.

No centro desse caso estava Bukhtyar Rustomji Ratanji Hakim, que nasceu em uma família franco-indiana rica de classe média em 1899. Depois de se formar em medicina e cirurgia, ele trabalhou no hospital de Bombaim e depois no Indian Medical Service. Por querer ampliar seus horizontes, em 1926 ele se mudou para Londres. Ele tinha muitas ambições, mas em uma cidade cheia de aspirantes a médicos, ele percebeu que era um peixinho nada inspirador num lago muito grande. Ele se realocou para Edimburgo, outra cidade de medicina e cirurgia altamente respeitadas, e estudou para se tornar membro da Faculdade Real de Cirurgiões, mas não passou nos exames em três ocasiões.

Por achar que seu nome indiano estava atrapalhando, ele o mudou legalmente para outro que achava que parecia bem mais britânico. E foi como o afável dr. Buck Ruxton que ele conheceu Isabella Kerr, a gerente de um restaurante em Edimburgo. Bella, que estava separada do marido depois de um casamento curto e desastroso, viu aquele médico cortês e exótico como caminho para uma vida melhor.

Bella engravidou e, para evitar o escândalo, eles fugiram para Londres, onde se apresentaram como casados e ela deu à luz uma filha. Ruxton novamente achou a capital um lugar difícil para ter sucesso. Ele acabou decidindo que ser cirurgião talvez não fosse para ele, e que ele talvez tivesse uma chance melhor de ganhar a vida razoavelmente se fosse trabalhar como médico de família em uma área onde tivesse menos concorrência.

Por isso, em 1930, a pequena família de três pessoas se mudou para Lancaster. Essa pobre cidade do norte, onde não havia médicos suficientes para atender a população, era o lugar perfeito para uma nova clínica geral florescer. As propriedades eram baratas, e Ruxton pegou um empréstimo para comprar uma casa georgiana no número 2 na Dalton Square, onde ele e Bella foram morar e ele abriu o consultório.

Em pouco tempo, o consultório começou a prosperar. Ruxton era um médico popular e muito admirado pelos pacientes. Em particular, ele tinha excelente reputação pelo atendimento ginecológico em uma época que a mortalidade entre mulheres grávidas e bebês era alta. Nessa era pré-NHS, quando toda medicina e consultas tinham que ser pagas, ele era conhecido por abrir mão de pagamento dos pacientes mais pobres que não podiam pagar.

Com a aparência elegante de Buck, seu conhecimento médico e seu jeito gentil, e com o encanto e as habilidades sociais de Bella, o casal foi rapidamente aceito pela sociedade local. Em cinco anos, eles tinham acrescentado dois filhos à família. Na superfície, a vida parecia boa. A casa era confortavelmente mobiliada e eles tinham cada um seu carro próprio, um símbolo de status nos anos 1930. Eles tinham várias empregadas que cozinhavam e limpavam para a família e uma empregada que morava com eles, Mary Rogerson, vinda de Morecambe, uma cidade costeira próxima.

Mas por baixo do conto de fadas cintilante, nem tudo estava bem entre o casal. Bella era ambiciosa e obstinada. Insatisfeita em bancar a esposa do médico, ela estava determinada a ter o próprio negócio e o próprio dinheiro. Buck queria controle, ela queria liberdade, e o resultado de suas discussões acaloradas ficava evidente para quem quisesse ver. Bella exibia hematomas no pescoço e contou para a polícia, que foi chamada em várias ocasiões, que o marido era violento. Ela o deixou mais de uma vez por causa do comportamento dele e levou os filhos junto, mas sempre acabava voltando. A opinião, na época, em relação à violência doméstica era a de que o homem era quem mandava na família e era só da conta dele, e de mais ninguém, a forma como ele escolheria cuidar da casa e da esposa.

Tudo na personalidade de Bella que tinha seduzido Ruxton agora era fonte de medo e amargura. Ele se ressentia da independência dela e do dinheiro que ela gastava com si mesma. Embora não tivesse uma beleza estonteante, Bella tinha um carisma que atraía outros homens, mais jovens, e Buxton sentia um ciúme insano. Ele ficou convencido de que ela possuía um amante e de que o deixaria de vez.

Tudo chegou ao limite no fim de semana de 14 de setembro de 1935. Bella tinha marcado uma viagem para Blackpool naquela noite de sábado, para visitar duas das suas irmãs que moravam lá e para ver a iluminação mundialmente famosa. Ruxton não gostou nadinha. No interesse de uma vida discreta, em vez de passar a noite lá, como tinha planejado, ela decidiu voltar dirigindo para Lancaster na mesma noite. Mas o fato de ela só ter chegado em casa depois da 1h da madrugada foi confirmação, aos olhos dele, de que ela estava se encontrando com outro homem.

Quando ela entrou na casa na madrugada de domingo, 15 de setembro, é provável que Ruxton a estivesse esperando. Ele pode tê-la estrangulado, pois ele tinha histórico desse tipo de agressão, ou talvez batido com o atiçador. Nós nunca vamos saber, pois não houve testemunhas. Seja qual tenha sido a sequência de eventos, Bella morreu. Talvez Mary Rogerson, a empregada, ao ouvir a confusão, tenha ido até o patamar e tido o mesmo destino. Independentemente de como tenha acontecido, ela também perdeu a vida naquela madrugada. A quantidade de sangue encontrada na escada depois sugeria que uma das mulheres pode ter sido esfaqueada, talvez ambas.

Ruxton decidiu matar sua companheira e a empregada? Provavelmente não, mas elas estavam mortas mesmo assim, e agora ele tinha que decidir como resolver o problema. Devia ele enfrentar a punição e botar a carreira e a reputação em risco assumindo o que fez? Devia fazer as malas e fugir? Ou devia tentar esconder o crime? Ele decidiu pela última opção. Ele era um homem inteligente, sem dúvida, mas, por ser inclinado à arrogância, tinha uma visão exagerada e pode muito bem ter tido um certo desprezo pela capacidade da polícia. Ele teria que elaborar uma história plausível, mas, mais urgentemente, teria que encontrar uma forma de se livrar de dois corpos que estavam sujando todo o tapete com sangue e fluidos.

O desmembramento deve ter parecido a solução lógica para ele. Ele tinha o conhecimento anatômico necessário, tinha estudado medicina forense e tinha os meios cirúrgicos. Mas não basta ter conhecimento para cortar os corpos. Também é preciso ser organizado, ter ideia de onde vai jogar as partes e como vai limpar a sujeira. Ruxton precisaria se livrar dos restos, limpar a casa e elaborar uma história, isso enquanto atendia no consultório e cuidava, sem a ajuda da empregada, de três crianças que estavam dormindo na casa.

Ele arrastou os corpos pelo patamar até o banheiro, o local preferido para a maioria dos desmembramentos, pois vem equipado de um receptáculo de tamanho apropriado em formato de corpo e de um sistema de encanamento para lavar os fluidos e levá-los embora. Ele devia saber que teria que exsanguinar os corpos, pois não podia deixar uma trilha de sangue pela casa, e que teria que fazer isso rápido, antes que o sangue começasse a coagular e a tarefa ficasse mais difícil. Ele teria que desfigurá-las para esconder suas identidades, ciente de que, com o tempo, a decomposição faria o restante do serviço por ele.

Com os equipamentos certos e as habilidades certas, o desmembramento nem demora tanto assim. Ele começou com Bella, sua companheira. Depois de colocá-la na banheira, ele tirou as roupas dela, esfolou o tronco e removeu os seios. Ele extirpou a laringe porque sabia que a proeminência do pomo de Adão era indicativa da diferença entre um homem e uma mulher. Ele também removeu a genitália interna e externa. Cortou os lábios, orelhas, olhos, couro cabeludo e cabelo. Em seguida, removeu a cabeça. Ele cortou as bochechas dela, arrancou os dentes da frente e todos os outros que tinham obturações ou trabalhos odontológicos que pudessem identificá-la. Desmembrou toda pelve e a carne dos membros inferiores porque ela possuía tornozelos grossos bem característicos. Ele retirou as pontas dos dedos, para impedir a comparação de impressões digitais. Cortou as articulações principais com habilidade e precisão. Ele só encontrou um contratempo significativo: quando estava se livrando da prova de um joanete no pé direito dela, a faca escorregou e ele cortou a mão feio. Isso o deixaria mais lento e o impediria de fazer um trabalho tão detalhado em Mary.

Àquelas alturas, ele já devia estar exausto. Sua onda de adrenalina inicial já devia ter passado do ponto alto do ciclo, ele estava ferido e seus instrumentos já deviam estar cegos e escorregadios. Apesar de ele ter removido muitas das feições faciais que poderiam identificar Mary, junto da pele das coxas, para esconder uma marca de nascença, acabou deixando as mãos e pés no lugar. A que ponto ele desfigurou o tronco nós não sabemos, pois nunca foi encontrado.

Ele fez um trabalho excelente de obscurecer a identidade das vítimas. Talvez boa demais, porque, no processo, ele acabou deixando pistas da identidade dele. O corte limpo no ombro e no quadril de Mary foi uma indicação clara de que a pessoa que fez aquilo tinha uma compreensão de anatomia e de que tinha as habilidades cirúrgicas necessárias. E as partes específicas do corpo que ele removeu apontavam para um nível alto de conhecimento do que era importante para a identificação forense da época.

Depois de desmembrar os corpos, Ruxton trancou a porta do banheiro, limpou o tapete do patamar e talvez as paredes da melhor forma que pôde e trocou de roupa, que deviam estar encharcadas de sangue. De manhã, ele tomou café da manhã com os filhos, visitou a faxineira para avisar que só precisaria dela no dia seguinte e deixou as crianças com amigos, para poder continuar, sem ninguém ver, a tarefa que o aguardava em casa.

Ele enrolou as partes grandes dos corpos com uma mistura de roupas velhas e jornais. Agora, ele tinha uma pilha grande de embrulhos com partes de corpo, além de algumas roupas, partes identificáveis de corpos e restos de tecido dos quais ele queria se livrar separadamente. Ele comprou gasolina e, ao longo de várias noites, queimou esses últimos itens em um barril velho no quintal.

Ele inventou uma série de histórias para explicar a ausência de Bella e Mary, inclusive a que contou inicialmente para os pais de Mary — que ela estava grávida e Bella a levou para providenciar um aborto. Como os abortos eram ilegais, ele esperava que isso os impedisse de fazer contato com a polícia. Ele conseguiu manter quase todo mundo longe por tempo suficiente para pensar no que ia fazer com todos os pacotes. Houve comentários dos funcionários e pacientes sobre a condição da casa — o cheiro estranho e o desaparecimento de tapetes — e sobre a aparência desgrenhada e exausta dele. Ele contou para algumas pessoas que estava preparando a casa para redecoração. Para outros, disse que Bella o tinha deixado de novo, e atribuiu seu estado a estresse e preocupação. Ele disse que a mão com curativo tinha ficado presa numa porta. Mas, para mentir bem, é preciso mentir de forma consistente.

Ruxton se deu conta de que não podia usar seu próprio veículo para se livrar dos corpos. Ele era muito conhecido na região. Portanto, ele contratou um carro ostentoso, com porta-malas grande, de uma empresa local e decidiu dirigir para o norte e deixar os restos na Escócia, sem dúvida pensando que a polícia depois da fronteira dificilmente se comunicaria com os colegas ingleses. Por ter morado em Edimburgo, ele conhecia bem a estrada.

Bem cedo na terça-feira, 17 de setembro, levando o filho mais novo junto no carro alugado, ele dirigiu na direção da cidade de Moffat na fronteira, uma viagem de mais de 160 quilômetros. Com as estradas de hoje e com os carros mais rápidos, é uma viagem que pode ser feita em menos de duas horas, mas é claro que, em 1935, era um percurso bem mais longo. Três quilômetros ao norte de Moffat, em Dumfriesshire, ele parou em uma ponte velha de pedra, por cima do riacho Gardenholme Linn. Tinha chovido muito e a correnteza estava forte. Ele jogou o conteúdo do porta-malas pela amurada na água veloz.

Às 12h25, um ciclista relatou à polícia que tinha sido derrubado da bicicleta em Kendal por um motorista em alta velocidade indo para o sul. Ele anotou a placa do carro, que foi comunicada por telefone para a delegacia de polícia seguinte na estrada, em Milnthorpe. Um policial de lá estava esperando Ruxton quando ele passou e fez o carro parar. O problema foi registrado como um incidente menor, pois ninguém se machucou, e Ruxton pôde continuar a viagem, depois de explicar, como médico sempre atencioso, que o motivo de estar dirigindo tão rápido era por ter pacientes o esperando em Lancaster. Mas esse foi um erro enorme da parte de Ruxton e ele devia saber. A presença dele e do carro alugado em Cumbria, no caminho de volta da fronteira, agora tinha sido oficialmente registrado, o horário e a data marcados.

Dois dias depois, ele fez a viagem de ida e volta de novo com o restante da carga. Desta vez, ele foi mais cauteloso e supostamente se livrou dos restos das partes de corpos, sem ser visto, em vário pontos no rio Annan e seus afluentes.

Em 25 de setembro, a família de Mary Rogerson já estava tão preocupada com a ausência dela que informou à polícia. Ruxton, o empregador dela, foi interrogado e contou ao policial uma de suas histórias preparadas.

No domingo, dia 29 de setembro, catorze dias depois que Bella e Mary foram assassinadas, uma jovem que saiu para dar uma caminhada perto de Moffat olhou da ponte para o riacho Gardenholme Linn, como qualquer um poderia fazer, e achou que viu um braço e uma mão para fora da água. Os homens da região foram chamados para dar uma olhada e encontraram um pacote preso numa rocha contendo uma cabeça humana e um membro superior. Os policiais da Delegacia de Dumfriesshire foram chamados e chegaram rapidamente de bicicleta.

Uma busca pelo riacho, pelos outros riachos e pelas ravinas das redondezas e pelo rio Annan revelou dezenas de partes de corpos, inclusive uma segunda cabeça. Algumas estavam embrulhadas em tecido ou roupas e algumas em jornal molhado. Foi na época anterior a investigadores de cena do crime, anterior ao DNA, anterior à fotografia forense e geradores para iluminar um local durante a noite. Os policiais foram rápidos, minuciosos e eficientes. Eles recuperaram tudo que conseguiram encontrar e tomaram muitas notas, prestando uma atenção admirável aos detalhes. As partes de corpos foram levadas ao necrotério na esquina do cemitério de Moffat e ficaram esperando o exame dos médicos.

No dia seguinte, o inventário foi feito, da mesma forma que fazemos agora. Até o momento eles tinham dois braços, dois ossos do braço, dois ossos da coxa, dois ossos da perna, um tronco superior, a parte inferior de duas pernas, incluindo pés, uma pelve, duas cabeças desfiguradas e, no total, quase setenta pedaços variados de restos humanos. O tecido e o jornal nos quais eles tinham sido embrulhados foram removidos, limpos e cuidadosamente secos.

Ficou claro que não foram mortes naturais e que as partes de corpos pertenciam a um mínimo de duas pessoas. Também ficou bem aparente que o desmembramento tinha sido executado com conhecimento. A polícia se perguntou se podia ter sido feito por um médico ou se a coisa toda era uma mentira, talvez executada por estudantes de medicina que jogaram fora pedaços de corpos de uma sala de dissecação. O que não ficou claro era se as vítimas eram da região ou se os restos tinham sido levados para Moffat de outro lugar. Naquele estágio, tanto naquela época quanto agora, estabelecer a possível identidade de dois corpos era essencial para que o assassino fosse encontrado e a história revelada.

Ficou óbvio pelo inventário que algumas partes dos corpos ainda estavam faltando, e embora uma busca mais ampla usando cachorros tenha feito aparecerem algumas outras partes, o que eles tinham não chegava a dois corpos. Uma avaliação preliminar sugeriu que as vítimas podiam ser um homem idoso e uma mulher mais jovem. Esse equívoco significou que ninguém estava procurando duas mulheres desaparecidas. Não havia pessoas desaparecidas comparáveis na região, e a investigação teve que ser ampliada. Era mais fácil ir para o norte e não para o sul, principalmente porque os restos foram encontrados na Escócia, não na Inglaterra, e, assim, a polícia de Glasgow se envolveu, assim como os anatomistas e médicos forenses das antigas universidades de Glasgow e Edimburgo.

O principal anatomista era James Brash, um professor da universidade de Edimburgo, e os dois outros acadêmicos eram Sydney Smith, professor de medicina forense na universidade de Edimburgo, e John Glaister, professor de medicina forense da universidade de Glasgow. Os três eram acadêmicos estimados com reputação global e, ironicamente, seriam reverenciados pelo dr. Ruxton. Os professores Brash e Smith devem ter dado aula para ele quando ele estava estudando para o exame de cirurgião.

Eles começaram a combinar as partes dos corpos, designando-os aos indivíduos que chamaram simplesmente de Corpo 1 e Corpo 2. Eles desconfiaram que a pessoa que executou o desmembramento tinha experiência cirúrgica ou anatômica e que sabia que o motivo para a remoção de algumas partes era destruir algo de interesse que poderia ter identificado os corpos. E embora estivessem cientes de que o objetivo da mutilação era esconder o sexo e a identidade, eles continuaram trabalhando com a premissa de que tinham um homem idoso e uma mulher jovem. Dois tanques de fluido embalsamador foram construídos, um para cada corpo, e as partes designadas foram colocadas no fluido para impedir a decomposição.

No dia 30 de setembro, os jornais publicaram relatos da descoberta sombria em Moffat, mas a história ainda descrevia as vítimas como um homem e uma mulher. Ruxton deve ter sentido um alívio enorme. Mas os mesmos jornais dariam à polícia a revelação de que eles precisavam.

Um dos jornais usados para embrulhar um dos restos era um exemplar do *Sunday Graphic* com data de 15 de setembro de 1935, com o número de série 1067. Isso ofereceu a data mais antiga possível para o descarte dos corpos. Ademais, além de o jornal ser local da região de Lancaster, sua circulação podia ser ainda mais restringida: era uma "edição econômica" limitada distribuída em pequenas quantidades só em Lancaster e Morecambe.

A pesquisa sobre o jornal levou a polícia de Glasgow a Lancaster e Morecambe. Não havia nenhum casal que encaixasse com a descrição dos corpos desaparecido lá, mas havia duas mulheres desaparecidas. Esse deve ter sido um daqueles momentos em que uma lâmpada imaginária se acende — principalmente quando a polícia soube que o marido de uma das mulheres era médico com passado em cirurgia. Eles tinham sido levados por um beco sem saída durante os doze primeiros dias de investigação: uma ilustração clássica de por que é tão importante que as informações dadas à polícia no estágio inicial de um caso sejam precisas.

Os celebrados acadêmicos admitiram prontamente que podiam estar errados. Outra lição vital: não permitir que nossos egos levem a investigação mais do que o necessário por aquele beco sem saída. No domingo, 13 de outubro, o dr. Ruxton tinha sido acusado do assassinato de Mary. Algumas das peças de roupas enroladas nas partes dos corpos tinham sido reconhecidas pela família dela.

Em seguida, veio o primeiro item da recém-nascida ciência forense. Embora as pontas dos dedos de Bella tivessem sido cortadas e nunca tenham sido recuperadas, as de Mary estavam intactas. A camada externa da epiderme das mãos do Corpo 1 estava "desenluvada" — uma condição conhecida como "mãos de lavadeira" — por terem ficado na água por muito tempo. No entanto, as digitais na derme, mais profundas, estavam visíveis. O especialista pôde recuperar essas impressões digitais do cadáver e comparar com as impressões digitais de epiderme encontradas no quarto de Mary no número 2 da Dalton Square, e também em toda a casa nas áreas que ela ajudava a limpar, inclusive em copos.

A digital na derme, embora mais leve e menos clara, tem um detalhe de cristas similar ao da epiderme, mais externa, e é válida para propósito de identificação. Essa foi a primeira vez que as impressões digitais da derme tiveram papel importante em um caso no Reino Unido e a primeira vez que esse tipo de prova seria admitido em um tribunal.

Moldes de borracha foram feitos das mãos e pés do Corpo 1, que encaixaram perfeitamente nas luvas e sapatos de Mary, mas não nos de Bella. A pele removida da perna de Mary, que tinha a marca de nascença, constituía evidência negativa e falava da tentativa de impedir a identificação em vez de provar a identidade em si. Se algo é feito para desfigurar uma parte específica do corpo, é levantada a questão de o que havia lá que alguém estava tentando esconder.

Ruxton foi acusado do assassinato de Mary primeiro porque as evidências associadas com a identidade dela — sexo, idade, altura, roupas, impressões digitais, a ausência de provas em uma área crítica e o encaixe das luvas e sapatos nas mãos e pés — eram consistentes com o Corpo 1, descrito como uma mulher entre 18 e 25 anos com múltiplas lesões de trauma de força contundente na cabeça. O Corpo 2 era uma mulher entre 35 e 45 anos com cinco perfurações no peito e um osso hioide fraturado. Como Ruxton tinha sido bem mais detalhista na remoção das características de identificação dela, provar que aquele corpo era de Bella seria bem mais difícil.

Os cientistas voltaram a atenção para as fotografias das duas mulheres. As fotos existentes de Mary não eram de boa qualidade, mas havia uma imagem excelente de Bella, usando uma tiara de diamantes. Foi decidido tentar sobrepor uma fotografia de um crânio a uma fotografia de um rosto, algo que nunca tinha sido tentado. Esse foi o nascimento da técnica que ainda estaríamos usando sessenta anos depois, quando ajudamos na identificação de duas das vítimas do Monstro de Terrazzo, como contado no Capítulo 2.

Foi uma ideia inspirada e um feito incrível de paciência e perseverança de parte do fotógrafo. Embora seja verdade que a sobreposição da fotografia de Mary não tenha sido convincente, no caso de Bella foi um triunfo, e o resultado continua sendo uma imagem forense icônica até hoje.

No dia 5 de novembro, Ruxton foi acusado do homicídio da companheira. A Coroa precisava garantir provas suficientes para chegar à posição de "sem dúvida razoável", e parece que acharam que tinham o suficiente, apesar do fato de não haver testemunha da agressão, de nenhuma arma do crime ter sido encontrada e de não haver nenhuma confissão. O caso foi quase todo circunstancial, e portanto contava muito com técnicas forenses muito novas, nunca usadas e nunca testadas, que os promotores, a polícia e os cientistas só podiam esperar que fossem consideradas admissíveis em tribunal.

No julgamento, a Coroa abandonou a acusação do homicídio de Mary e o caso prosseguiu com base apenas nas provas relacionadas a Bella. Isso acontece em tribunais quando uma decisão precisa ser tomada com base na melhor estratégia a ser adotada para garantir uma condenação. A família de Mary ficou compreensivelmente consternada por Ruxton não enfrentar a justiça por ter tirado a vida da filha deles.

Ele alegou inocência, e a Coroa preparou onze testemunhas e 209 provas para o julgamento, que começou na segunda-feira, dia 2 de março de 1936, no Tribunal de Manchester. Embora a força policial da investigação inicial e os especialistas fossem escoceses e os restos tenham sido encontrados na Escócia, o julgamento aconteceu na Inglaterra porque foi lá que os crimes foram cometidos. O caso devia ter sido julgado em Lancaster Castle, mas foi deslocado para Manchester por causa de preocupações de não haver julgamento justo em uma comunidade pequena em que o acusado era uma figura tão proeminente.

Durou onze dias, um dos julgamentos de homicídio mais longos registrado nos tribunais ingleses. As provas forenses foram aceitas e, junto de testemunhos da época dos assassinatos e de épocas posteriores, constituíram a maior parte do testemunho dado. O último dia, sexta-feira, dia 13 de março, foi um dia de azar para o dr. Ruxton. Depois de se recolher às 16h, o júri voltou uma hora depois com um veredito unânime de culpado, e o juiz Sir John Singleton decretou sentença de morte. Buck Ruxton seria levado do tribunal para a prisão Strangeways, onde seria enforcado pelo pescoço até morrer.

Claro que Ruxton apelou, e seu caso foi presidido pelo lorde presidente do tribunal, mais tarde Barão Hewart de Bury, em 27 de abril, mas não foi aceito. O povo de Lancaster pediu clemência com uma petição com mais de 10 mil assinaturas, mas isso também foi negado, e no dia 12 de maio de 1936 a sentença foi executada. Ruxton tinha apenas 36 anos e deixou três filhos órfãos de 6, 4 e 2 anos.

Todos os tipos de coisas horríveis ocorrem como consequência de casos tão notórios quanto esse. Embora os corpos de Bella e Mary tenham sido enterrados um tempo depois, seus crânios foram guardados pela universidade de Edimburgo. Charlatães ofereciam mensagens do além-túmulo. Canções obscenas eram cantadas ou recitadas em bares e parquinhos. A área em que os corpos foram encontrados ficou conhecida regionalmente como Lixão de Ruxton. Quanto à casa na Dalton Square, boa parte tinha sido removida para ser examinada pelos cientistas, inclusive a banheira onde as duas mulheres foram exanguinadas e desmembradas. Ela acabou sendo usada por muitos anos como bebedouro de cavalos pela divisão de Hutton da Polícia Montada de Lancashire.

Nós faríamos os mesmos esforços hoje em dia quanto a polícia e os cientistas dos anos 1930 fizeram? Eu espero que sim. Nossos predecessores não deixaram pedra sobre pedra. Além da preservação cuidadosa de provas e aplicação de inovações impressionantes de sobreposição e impressões digitais da derme, o caso teve a participação de um entomologista de Glasgow, o dr. Alexander Mearns, que foi chamado para analisar as pupas encontradas nos restos para restringir ainda mais a provável data da morte — outra técnica que estava em seus primórdios. Essa investigação teve tudo, e eu sugeriria que qualquer pessoa interessada na história completa leia o excelente livro de Tom Wood chamado *Ruxton: The First Modern Murder*.

Hoje em dia, claro, nós tiraríamos amostra de DNA das partes do corpo para designá-las ao indivíduo correto e tiraríamos amostras dos pais de Mary e dos filhos e irmãs de Bella para comparação. Mas perdemos nossas habilidades essenciais por nossa conta e risco: não temos ideia de quando podemos precisar recorrer a elas. As técnicas mais modernas nem sempre podem nos dar respostas.

Nós acabamos dependendo demais de DNA e nossos métodos de teste são tão sensíveis que estamos começando a ver alguns desafios no tribunal sobre a questão de possível contaminação. Ainda há coisas que nós não sabemos forensicamente sobre como o DNA se comporta. Como se transfere para diferentes materiais, por exemplo, e quanto tempo fica lá. Nós não sabemos se é fácil ou difícil se transferir de uma superfície para outra e temos dificuldade em deconvoluir uma amostra misturada.

As evidências de DNA podem ser suficientes para provar identidade, mas podem não ser suficientes sozinhas para provar culpa ou inocência num tribunal. Portanto, é importante garantir que sejam apoiadas pelo máximo de provas corroborativas possível. E quando aparece um caso em que o DNA não pode ajudar, nós temos que contar com habilidade científica e conhecimento de nossas várias disciplinas e com o reconhecimento mútuo de que, quando investigadores e cientistas trabalham junto em equipe, podemos chegar a grandes resultados.

Se conseguirmos chegar a uma solução rápida, claro que chegaremos, e às vezes a resposta óbvia será a certa. Mas os casos que ficam na nossa cabeça não são os fáceis, mas o que foram mais difíceis e exigiram mais pensamento.

O que sempre lembramos é que todas as partes de corpo que vemos pertencem a uma pessoa que viveu. Alguém que tinha mãe, pai, talvez irmãos ou filhos, e amigos e colegas que gostavam dele.

Como essa jornada pelo corpo humano demonstrou, o trabalho do antropólogo forense não é criar uma história de vida, mas tentar encontrar e compreender a história que já foi escrita nos ossos, músculos, pele, tendões e na própria fibra da existência. Nós temos que ser a ponte entre qualquer incidente horrível, trágico ou apenas triste que tenha levado ao fim de uma vida e a devolução do corpo no qual ela foi vivida para as pessoas que vão botar para descansar a pessoa amada e a história dela.

Mas não é uma ciência exata, e embora possa às vezes ser retratado como glamourosa, não é. É um trabalho difícil que nos desafia física, intelectual e emocionalmente, mas é uma honra e um privilégio ter o que às vezes é um papel bem pequeno no processo de investigação e saber que seus esforços fizeram diferença para alguém em algum lugar.

Em pouco tempo, será minha vez de passar o bastão para as mãos muito capazes das gerações que vêm atrás de mim, que têm condicionamento físico mais adequado para os aspectos difíceis do trabalho. Eu nunca me imaginei no papel de avó profissional, mas acabou acontecendo quando eu menos esperava. Quando eu me vi na televisão recentemente, em uma entrevista que gravei com o criminologista David Wilson, eu reconheci, claro, muitas coisas que já sabia sobre mim. Mas ao afastar a mulher na tela de "mim" e a ver como uma pessoa diferente, acho que consigo detectar bem mais sobre ela.

Eu vejo minha mãe e meu pai em mim facialmente, mas não na forma como eu falo. Eu não tenho os maneirismos e nem os sotaques de nenhum dos dois. Como meu pai, eu sou capaz de contar uma história sem necessariamente responder à pergunta que me fizeram. Meu cérebro ainda é mais veloz do que a minha boca, e consigo me ver pensando dois passos à frente do que estou falando. Consigo perceber quando estou incomodada, tanto pela minha linguagem corporal quanto pelo tom da voz, e quando estou relaxada e me sinto em terra firme. Eu tenho dois sorrisos, e um deles não chega aos meus olhos. Essas são características que consigo reconhecer como parte de quem eu sou, mas que nenhum antropólogo forense olhando meus ossos ou meu corpo quando eu estiver morta conseguiria discernir.

Portanto, temos que ser realistas sobre o que um estranho consegue ver no nosso corpo e o quanto essas informações podem ser valiosas ou não na identificação dos nossos restos mortais. Eu esperaria que, com o que restasse de mim, um bom antropólogo forense conseguisse determinar que eu era mulher, da minha idade quando morrer, da minha altura (1,67 metro) e com cabelo ruivo, isso se ainda estiver ruivo até lá. Se não estiver, sempre dá para encontrar a cor na minha formação genética, o que também revelaria sobre meu tom de pele e se eu tenho sardas ou não (eu tenho). Eu esperaria que pudessem estabelecer que minha ancestralidade é caucasiana. Uma celta clássica.

Eles vão ver que eu não tenho tatuagens, nenhuma anormalidade congênita (que eu saiba), nenhuma deformidade (embora ainda possa acontecer), nenhuma modificação e, até agora, que Deus me ajude, nenhuma amputação e nenhuma grande lesão. Eu tenho várias cicatrizes de acidentes, como uma debaixo do anel no meu dedo direito quando o cortei com a tampa de uma lata de carne em conserva na adolescência. Só há uma cicatriz cirúrgica até hoje, de uma cirurgia para reverter a esterilização ginecológica que eu tinha optado por fazer. Minha pelve pode ter sinais dos três lindos bebês que eu trouxe ao mundo. Meus dentes gritariam que sou escocesa, com mais obturações do que dentes, e alguns foram extraídos. Eu não tenho amídalas. Tenho artrite em estágio inicial no pescoço, nas costas, nos quadris e nos dedões dos pés. Eu quebrei a clavícula direita quando caí de uma motocicleta no gelo.

Não tenho nenhum tipo de dispositivo cirúrgico implantado em mim. Eu nunca levei nenhum tiro e nem fui esfaqueada. Eu nunca fiz uso de nenhuma substância ilegal (ao menos que eu saiba) e a toxicologia confirmaria que eu não uso nenhum medicamento regularmente. Considerando tudo, é um corpo bem entediante e basiquinho, então só posso pedir desculpas para a pessoa que teria que mexer nesses ossos procurando alguma coisa, qualquer coisa, que pudesse ser de interesse.

Eu já falei antes que, quando morrer, eu gostaria que meu corpo fosse dissecado no departamento de anatomia da Universidade de Dundee. Eu quero ser embalsamada usando o método de Thiel, no qual meu departamento de lá foi pioneiro no Reino Unido. A pura mediocridade dos meus restos vai me tornar uma excelente professora silenciosa. Eu preferiria que meus alunos fossem cientistas, por favor, em vez de médicos ou dentistas. Os alunos de ciências aprendem sobre anatomia com mais detalhes, porque o currículo dedica muito mais tempo ao assunto. Quando eles tiverem terminado comigo, eu gostaria que meus ossos fossem reunidos e fervidos para que toda a gordura dentro fosse retirada e depois rearticulado como esqueleto para instrução, para eu poder ficar pendurada na sala de dissecção que ajudei a criar e continuar a ensinar pelo restante da minha morte.

Em vida, faço o meu trabalho com a dedicação de qualquer outro trabalho, o resto são os ossos do ofício. Mas, após a morte, eu acho um desperdício enorme virar fumaça ou ser enterrada inutilmente na terra. E o que poderia ser mais adequado para uma anatomista e antropóloga forense do que querer ser um esqueleto articulado quando crescer?

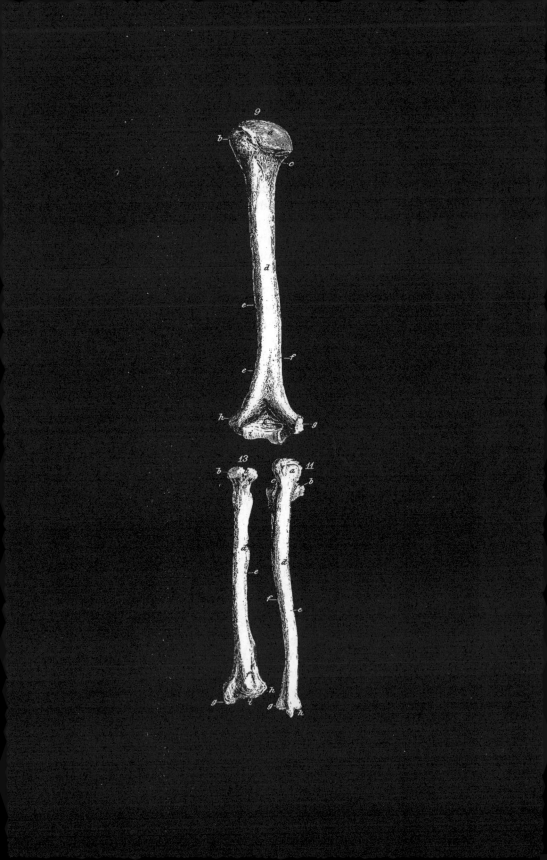

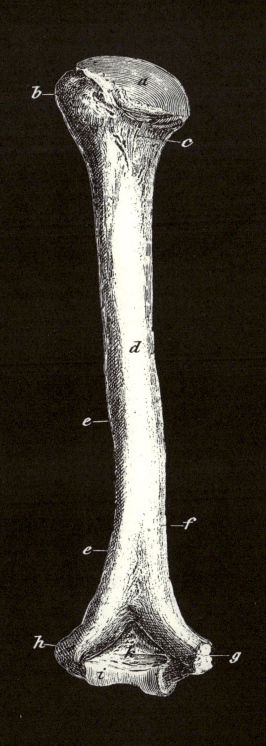

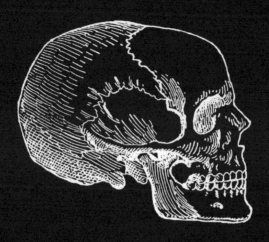

ÍNDICE REMISSIVO

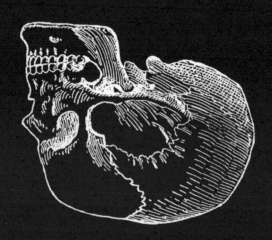

A

abortos 145, 148, 248
abortos espontâneos 145, 148
abuso doméstico 137
abuso infantil 18, 174
   fraturas de costela 120
   Harry 186
   Haut de la Garenne 30
   Majid 213
   Peter Ryal 193
abuso sexual 193
acetábulo 162
acidentes de carro 165, 188
adipocere 232
adolescentes, manúbrios 114
al-Assad, presidente Bashar 238
Almond, David 143
altura
   determinação pelos pés 232
   ossos longos e 162, 172, 173
   tamanho do sapato e 230
   vértebras e 109
ambidestria 189, 190
Amge, Iyoti 231
amídalas cerebelosas 73
amputação
   membros 208
   Pobble 229
   tatuagens de amputação 209
   transplante de pé
   para a mão 229
amputação Pobble 229
amputações 198, 201
análise do isótopo estável 49, 216
análise dos isótopos estáveis 235
anaplastologia 58
Anatomy Act (1832) 99
anéis traqueais 138
anencefalia 33
aneurismas da aorta 94
animais
   carniceiros 19, 27, 86,
   123, 147, 149, 191
   clavículas 144
   costelas 123, 125
   dentes 78
   identificar ossos 14, 15, 201

órbitas 72
   pelos de animais 109
Anjo da Campina 106
anomalias
   anatômicas 59
   de desenvolvimento 115
antebraço 172, 173, 186
antibióticos 77
aparência, mudanças
naturais na 57
apófise acromial 158
aracnídeos (plastrão) 116, 117
arcada supraciliar 71
arte forense 63, 64
articulação interfalangeana
proximal (ifo) 216
articulação
temporomandibular 32
articulações 184
articulações sacro-ilíacas 162
articulações sinoviais 184
artrite 89
artrose 86, 157
asfixia 96, 156
Ash, Claudius 80
"assassinato do quebra-
cabeça" 102
assoalho pélvico 95
Associação Britânica dos Pintores
com a Boca e os Pés (mfpa) 228
atlas 95
australopitecíneos 223
Australopithecus afarensis 222
áxis 95

B

Bain, Dorothy qc 100
Balmerino, Lorde 87
bandas amnióticas 27
barbatanas de foca 201, 202
Barry 179
bebês
   bebês das ilhas escocesas 146
   cintura pélvica 162
   clavícula 145, 151
   coluna 93

costelas 119
dentes 33
dentição 76
desenvolvimento cerebral 33
determinação de idade
33, 146, 147, 152
fontanelas 31, 46
indesejados 145, 146
locomoção arrastando
o traseiro 92
nascimento/parto 76, 151, 163
natimortos 145, 149, 150
número de ossos em um
recém-nascido 147
queixo 81
sexo 147
tamanho do pé 230
tamanho e aparência
da cabeça 32
vértebras 86
viscerocrânio 32
bebês natimortos 145, 149, 150
Beggs, William 180
besouros de excarnação 108
besouros dermestes 108
bexiga 127
bigorna 49
Bishop, Maurice 127, 162
bocas 58, 59, 60, 63, 74
bochechas 72
   como dica de ancestralidade 74
   e-fits 58
   fraturas 106
   implantes de bochecha 57
   piercings 74
   posição do osso zigomático 66
   reconstrução facial 60
bombardeios de Bali (2002) 59
braços 144, 173, 179, 186
Brady, Ian 16
braquidactilia 208
Brash, James 66, 250
broca manual 34
Brown, Christy 228
Brumfitt, Paul 153
Burke, William 99
Bury, Ellen 98, 101
Bury, William 97, 98, 101

C

cabeça
assentir 95
bebês 31, 32, 46, 163
decapitaçã 98
decapitação 102
caçadores de destroços 233
cadáveres, dissecções 99
Caesar 238
caixa de voz 135, 138
calcâneo 222
cálcio 12, 13, 191
cálculos biliares 127
cálculos renais 169
canal de nascimento 163
canal vertebral 95
cangurus 172
Cannings, Angela 120
Capitão 183
cápsula ótica 49
Carlos Eduardo Stuart 87
carnívoros 78
cartilagem cricoide 138
cartilagem hialina 117
cartilagem tireoide 138
cartilagens 94
cartilagens costais 116, 126
formação de calo ósseo 121
fratura do enforcado
95, 100, 102
vértebras cervicais 86, 94, 95
cartilagens 122
cartilagens costais 116, 126
cartonagem 230
caso da mão do macaco 202
caso do "serrote japonês" 109
casos arquivados 41, 217
catapora 174
Catar 236
cegueira para feições 57
cérebro 31, 33, 73, 112
cheiro 56, 72, 73
Chester, Greville 230
cicatrizes de parturição 164
Cícero 53
cintura escapular 143, 146
cintura pélvica 143, 189
desenvolvimento 162
determinar o sexo a
partir da 162
determinar sexo a
partir de 163

fraturas 165
linha inominada/
estreito superior 162
mulher 91, 162
número de ossos 162
cinturas 143
cintura pélvica 143
circundução 184
cirurgia 114, 185, 189
cirurgia cardiotorácica 114
cirurgia cosmética 57,
77, 126, 138
cirurgia ortopédica
articulações 184, 189
Clark, dr. John 100, 101
Clark, Sally 120
clavícula 14, 115, 143, 214
desenvolvimento
fetal 145, 146, 147
determinação de idade
a partir da 147
fraturas 144, 147
clavícula 155
cocaína 73
cóccix 86, 93, 95, 162
colágeno 12
Colin 41, 42
Colles, Abraham 186
coloração da pele 60
coluna
caso do "Anjo da Campina" 106
desenvolvimento 93
evolução 92
ficar de pé 92
idade e 86, 93
osteófitos 86
postura e ficar de pé 93
coluna vertebral 47, 135, 189
caso do "Anjo da Campina" 106
desenvolvimento da 95
evolução da 92
fratura do enforcado
95, 100, 102
idade e 93
identificar vértebras 86
mortes violentas 109
número e tipos de vértebras 86
osteófitos 86
postura e ficar de pé 93
Como objets d'art,
crânios como 25
concha nasal 72
condições congênitas 71
Conferência Internacional
sobre a Síria (Genebra ii) 241

Conflitos na Irlanda do Norte 189
contagem foveolar 48
Convenção da ONU sobre os
Direitos da Criança 213
coração
crescimento de fora
do esterno 114
papel do tórax 111, 112, 113
corcunda de viúva 94
cordas vocais 138
cor de cabelo 60
corpo de Loch Lomond 179
corpo de Southsea 107
corpos não identificados 107, 234
correr 229
Corstorphine Hill, Edimburgo 64
córtex olfatório 73
costelas 89, 90, 126
adicionais 123, 126
animais 123
costelas cervicais 123
crianças 119, 122, 127, 130
de animais 125
de bebês 119
determinar a idade a partir 119
determinar a idade de 120
fraturas 119, 122
identificar 126
número de 123, 126
pectus carinatum 115
seriar 125, 126, 130
uso de drogas e 119
costelas 111, 122, 123, 126
costelas cervicais 123
costelas "flutuantes" 126
costelas vertebrocondrais 126
costelas vertebro-esternais 126
cotovelos 184, 185
COVID-19 73
coxins bucais 60
crânio
adulto 46
anencefalia 33
buracos 34
capacidade de mover a cabeça
para cima e para baixo 95
crânios de bebês 31
crânios de crianças 46
ética de comprar e vender 26
falso 25
formação 31
For The Love of God (Hirst) 26
fraude do Homem
de Piltdown 26
iconografia 25, 26, 31

identificar isolado 49
identificar lesões 41
identificar o sexo a
partir do 47
lesões durante a morte 182
objets d'art 25, 30
simbolismo 25
simbolismo do 26, 31
sobreposição 66,
68, 69, 251, 253
crânio 111
crânios da era pré-colombiana 25
crânios de origem
indígena asiática 48
Creft, Jacqueline 128,
129, 130, 131
Cremations Act (2008) 211
crianças
caso de morte por fogo 205
coluna 93
costelas 119, 120
crescimento do queixo 81
deficiência de vitamina d 13
dentes 33, 74, 75
desenvolvimento do
osso frontal 71
desenvolvimento facial 74
desenvolvimento ósseo 13
esterno 116
idade 33, 76, 119, 212
mãos 201, 212
postura 92
vértebras 86
Crimewatch 45
cuboide 222
cultura asteca 25
cultura inca 48
cultura maia 25

D

dactilia 207
datação por radiocarbono
17, 50, 147
datação por radiocarbono c14 147
datação por radiocarbono
C14 17, 50
David (amputado) 210, 211, 212
Davidson, Ruth 178
decapitação 102
decomposição
alteração facil deviado à 63, 64
animais carniceiros e 191

besouros dermestes 108
fluidos 79
na água 232
ossos 105
ritmo de 16
Dedo do Cairo 229
dedo Greville Chester 230
dedos 190
amputados 208, 209, 210
bandas amnióticas 27
como joias 209, 211
decoberta de isolados 209
descoberta de isolados 201
desenvolvimento fetal dos 199
movimento dos 228
polidactilia 207
sindactilia 199, 207
transpostos 208
dedos dos pés 27, 221
dedos palmados 199
dedos transpostos 208
Deformação Toulousiana 47
deformidade de Sprengel 158
demência, olfato danificado e 73
densidade mineral óssea 13
dentaduras 74, 75, 79, 80, 81
dentes 32, 74, 75, 105
caixão de Simon Fraser 89
cor 77
dentaduras 74, 77, 79
dentes de leite 33, 74, 76
dentes permanentes 74, 75
dentes siso 75
dentição 75
identificação de vítimas
de desastre (dvi) 59
intervenções cosméticas 57, 81
linhas neonatais 76
reconhecer 77
dentes caninos 78, 105, 192, 201
"dentes de Waterloo" 80
dentes siso 75
dentição 74, 75
desenhos animados 32
desfiguração facial 58
desmembramento 104, 179, 181
corpo em Southsea 107
dr. Buck Ruxton 246
William Beggs 180
desnutrição 174
diabetes 198
diafragma 119
dicas de ancestralidade 74
dieta 14, 49, 235
dieta rica em gorduras 14

difiodontes 74
díploe 35, 37, 43, 182
Disney 32
dispositivos intrauterinos
contraceptivos 169
dissecção 99
dissolver corpos 124
dna 18, 19, 253
felinos 109
fenotipagem 60
identificação de cor de cabelo
e olhos a partir de 60
identificação de vítimas
de desastres (dvi) 59
doença degenerativa, olfato e 73
drogas 73
sinais de uso de
drogas 119, 236
tráfico de drogas 169
Dunsworth, Holly 161
Dürer, Albrecht 199

E

ectrodactilia 207
e-fits 58
egípcios 46, 230
enforcamento 96, 98, 99, 240
enterros em conjunto 89
entesopatias 157
envenenamentos de Salisbury 57
epitélio
olfatório 72
respiratório 71
epitélio olfatório 72
epitélio respiratório 71
equilíbrio 231
escada escrotal 169
escápula 143, 156
esclera 72
escoliose congênita 158
esfaqueamento 86, 112, 113, 157
espinha bífida 95
espondilólise 94
espondilolistese 94
esporões occipitais 47
esqueleto
composição do 12
ética de comprar e vender 25
étrica de comprar e vender 209
identificar como reais 30

investigar restos
esqueletizados 117
número de ossos 11
regeneração do 12, 13
esqueletos da Idade do Bronze 47
esqueletos transgênero 117, 138
esterno 89, 108, 111, 113, 114
cartilagens costais 116
clavícula e 152
costelas 126
crianças 116
desenvolvimento 115
determinação de idade 116
determinação de sexo 116
fraturas 114
esterno 135
estrangulamento 96, 97,
98, 101, 102, 135, 238
estrangulamento por
garrote 96, 97
estranho, identificar 56
Estreito de Georgia, Canadá 232
estribo 49
estrogênio 13, 117, 118, 163
estrôncio-90 17
ética de comprar e vender
ossos 25, 26, 209
exumação 166

F

fabela 188
Factory Act (1933) 76
Faculdade Real de Cirurgiões 244
faixa de três ossos 115
falanga 236, 241
falange 211
falanges 201, 207, 210, 212
falsa pelve 162
Faulds, Henry 215
fêmur 15, 89, 143, 165,
172, 184, 188, 189
fenda interglútea 95
fenotipagem 60
fetos
abortos espontâneos
145, 148, 150
amputações no útero 208
coluna vertebral 93
desenvolvimento da
cintura pélvica 162

desenvolvimento da
clavícula 145, 146, 152
desenvolvimento das
mãos 199, 207, 212
desenvolvimento do
crânio 31, 33
desenvolvimento dos pés 222
escápula 158
idade 222
litopedia 164, 165
mortalidade materna
e fetal 164
fíbula 155, 172, 189
ficar de pé 92, 93, 231
fígado 114
fimose 113
First Modern Murder, The
(Wood Ruxton) 253
fluoreto 12
fluorose 77
focomelia 173
fontanelas 31, 46
forames 32
Força Voluntária do Ulster 45
formação de calo ósseo 121
For the Love of God (Hirst) 26
fósforo 12, 13, 49
fovéolas granulares, idade e 48
Fraser, Bill 92
Fraser, Martin 92
Fraser, Sarah 91
Fraser, Simon 86
Fraser, Sir John 27
fratura de Colles 186
fratura do enforcado 96, 100, 102
fraturas 12
antes da morte 186, 188
após a morte 186, 188
clavícula 144, 152
costelas 119, 122
crânios 42
de defesa 186
do metacarpo 216
durante a morte 18
escápula 144, 157
esterno 114
estilhaçadas 106, 169
formação de calo ósseo 121
fratura de Colles 186
fratura do enforcado
95, 100, 102
idosos 186, 188
mortes violentas e 106
osso hioide 135

ossos longos 185
osteoporose e 13
pélvicas 165
processo xifoide 114
relacionadas a álcool
ou drogas 137
fraturas de "batidinha" 189
fraturas e lesões de
defesa 186, 215
fraude do Homem de Piltdown 26

G

Gairy, Sir Eric 127
Galton, Francis 215
garganta 135, 137
gatos 109, 144
gestações
litopedia 165
mortalidade materna e fetal
164. Ver também fetos
giros 37
gladíolo 114
Glaister, John 66, 250
glândulas parótidas 60
glândulas salivares 60
Goldsmith, dr. William M. 34
Goodricke, Harriet 79
gordura periorbital 71
Gould, Stephen J. 197
Governo Revolucionário
Popular (Granada) 127
Granada 127
granulações aracnoides 48
gravidez ectópica 164
Gray's Anatomy 39
grupo Brigate Rosse 189
Guede, Rudy 225

H

Hackman, dra. Lucina
caso Jamal 103
caso Lorde Lovat
(Simon Fraser) 88
caso Majid 214
corpo em Southsea 109
corpo transgênero 118

exumações 166
Hakim, Bukhtyar Rustomji
Ratanji. *Ver* Ruxton, dr. Buck
(Bukhtyar Rustomji Hakim)
hálux 228, 229
Hamas 189
Hare, William 99
Harry 121, 186
Haut de la Garenne 30, 31
hematoma 121
Henrique viii, rei 158
herbívoros 78
Hernandez, Jeison 230
heroína, viciados em 119, 236
Hewart de Bury, barão 252
hierarquia de gênero 54
Hill, dr. Ian 128
Hindley, Myra 16
hiperostose esquelética
idiopática difusa (dish) 95
hipocampo 73
hipótese de restrição 172
Hirst, Damien 26
History Hit 88
Hogarth, William 87, 89
Holden, Luther 228
homens
    arcada supraciliar 71
    cartilagem tireoide 138
    clavículas 152
    crânio 47, 50
    escápulas 157
    esterno 116
    formato e crescimento
    do queixo 81
    órbitas 71
    processos mastoides 47, 50
    protuberância occipital
    externa 47
    sacro 90
    sincondrose esfeno-
    occipital 50
    tuberosidades isquiáticas 163
homicídio da "cabeça
no galpão" 27, 30
Huckle, Richard 112, 113
Human Tissue Authority 210
Hunter, professor John 154

I

iconografia de crânios 25
idade, identificação 120
    coluna e 86, 93
    costelas e 119
    de bebês 33, 146, 147, 152
    de crianças 76, 212
    dentes e 75
    escápula e 158
    esterno e 116
    fetal 222
    fovéolas granulares e 48
    manúbrio e 115
    mãos e 212, 214
    neurocrânio e 48
    osso do quadril e 162
    ossos longos e 173
    vértebras e 109
identificação 17, 18
    análise dos isótopos
    estáveis 235
    cirurgia ortopédica 184, 189
    de dentes 77
    de mãos 53
    de membros 192
    depois da morte 59, 65
    de rosto 53
    digitais na derme 251
    marcas de mão e de
    impressão digital 59, 214
    reconhecimento
    facial 53, 58, 59
Identikit 58
igreja de St. Barnabas 78
ilegitimidade 145, 148, 149
ílio 161, 162, 164
implantes
    articulação 184
    facial 71
    identificação 218
    números de referência 185
impressões digitais 59,
214, 247, 251
impressões digitais na derme 251
incisivos 78
incisura ciática maior 163
infanticídio 146
Inquérito das Digitais (2008) 215
insuficiência venosa 241
Interpol 59, 62, 63
intervalo pós-morte (ipm) 16
ísquio 161

J

Jack, o Estripador 97, 98
Jafar (Aladim) 32
Jamal 103
Jefferson, Jon 11
Jenny 136
Jin Hyo Jung 63, 64, 116
joelhos 184, 185
joias
    dedos humanos como 209
joias 218
jóqueis 144

K

Kazantzakis, Nikos 25
Kercher, Meredith 225
Kerr, Isabella (Bella).
Ver Ruxton, Isabella
Kilmarnock, conde de 87
Kim Kyu Soo 63
Kinnear, dr. William 98, 100
Knox, Amanda 225
Krieger, Nancy 243

L

Lamduan (Dama da Colina) 217
laringe 138
laringe, crescimento da 138
lateralidade 189
lavagens nasais 73
Leakey, Mary 223
Lear, Edward 221
lembranças traumáticas,
ossos longos e 175
Lennox, dr. David 98, 100
Lenten, Hannah 80
Leonardo da Vinci 198
lesões
    determinar o que as
    causou e quando 137
    determinar o que os
    causou e quando 182
    ferimentos de defesa 215

lesões antes da morte
137, 186, 188, 208
lesões após da morte
137, 186, 188, 208
lesões durante a morte 18, 182
lesões durante da morte 137
Leveson, Muito Honorável
Sir Brian 226
ligamento da nuca 47
linha neonatal 76, 77
linhas de Harris 174,
175, 177, 178
líquido cefalorraquidiano 19, 93
litopedia 165
Longfellow, Henry
Wadsworth 135
Lovat, Lorde (Simon
Fraser) 86, 87, 88
Lundberg, Eric 91

M

Macpherson, Euan 99
macrodactilia 208
Majid 213
Malpighi, Marcello 214
mancar 189
manchas hepáticas 193
mandíbula 32, 71, 102
manúbrio 114, 115
mãos
  adorno 218
  amputações 208
  animais carniceiros e 192, 201
  bandas amnióticas 27
  descobrir isoladas 201
  desenvolvimento
  fetal 199, 207, 212
  determinar idade a
  partir das 212, 214
  ferimentos de defesa 215
  fraturas 216
  identificar pessoas pelas 53
  marcas de mão e de
  impressão digital 59
  marcas de mão e
  impressão digital 214
  mortes em incêndios
  187, 202, 207
  movimento das 200, 228
  número de ossos
  nas 201, 207, 228

oligodactilia 207
piercings 218
polidactilia 207
predomínio da mão
esquerda 192
tamanho das 230
transplante de pé
para a mão 229
marca Catlin 34
marca de nascença 193
marcas de mão 215
Marcella 152
marcha 226, 230
mar, corpos e crânios
encontrados no 15, 49, 50, 232
margem costal 126
margens orbitais 66
martelo 49
Marwood, William 96
Mary 35, 39
Mary Rose (navio) 158
Matthews, Lorde Hugh 100
mausoléu de Wardlaw,
Kirkhill 86, 87, 88
Maxfield, capitão William 78
Maxfield, Sarah Frances 78, 79, 80
maxilar superior 71
Maximiliano ii 228
Mayer, Johann Christoph
Andreas 214
McGwire, Mark 243
McKie, dc Shirley 215
Mearns, dr. Alexander 253
medula espinhal 92, 93
medula óssea 12, 114
meias 231
Meier-Augenstein,
professor Wolfram 235
melanina 193
meleca 71
membrana do tímpano 49
membros
  amputados 198, 208
  bandas amnióticas 27
  lateralidade 189
  movimento de 184
  perda de 27
meninas
  desenvolvimento das mãos
  212. *Ver também* puberdade
  tamanho do pé 230
meninos
  desenvolvimento da mão 212.
  Ver também puberdade
  tamanho do pé 230

mesoesterno 114, 115
metacarpos 169, 216, 228
metatarsos 222, 228, 229, 234
método de Thiel 255
método Manchester 60
Michael 183
Michelangelo 171
microchips 218
modelagem computacional
tridimensional. 60
molares 75, 76, 78, 79
Monstro de Terrazzo.
Ver Stevanin, Gianfranco
(Monstro de Terrazzo)
Moore, Henry 199
morte, iconografia da 25
mortes em incêndios 186, 202
mulheres
  arcada supraciliar 71
  cartilagem tireoide 138
  clavículas 152
  crânio 47
  escápulas 157
  esterno 116
  formato do queixo 81
  fusão da placa de
  crescimento 155
  órbitas 71
  pelve 163
  pélvis 91, 163
  processos mastoides 47
  protuberância occipital
  externa 47
  sacro 91
  tuberosidades isquiáticas 163
mulheres após a menopausa 13
músculo deltoide 156, 158, 200
músculo
esternocleidomastoideo 47
músculo gastrocnêmio 188
músculo peitoral maior 116
músculo quadríceps femoral 189
músculos intercostais 123

nariz
  como dica de ancestralidade 74
  crescimento do 56
  efeitos da cocaína no 73
  fraturas 72, 106
  lavagens nasais 73

piercings 74
predisposição genética 60
próteses 58
nariz 72
nascimento 76, 151, 163
necrose 73
nervo ciático 163
nervo intercostal 126
nervos 190
nervos olfatórios 72, 73
nervo vago 96
neurocrânio 106
nevo 193
New Jewel Movement (njm) 127
nicabes 54, 55
nitrogênio 49
nmi (número mínimo
de indivíduos) 149
noz de areca 77
nutrição, unhas dos pés e 235

O

Obama, presidente Barack 241
odontologistas 76, 77, 155
olhos
artificiais 58
cavidades oculares 55, 70
e-fits 58
identificar cor pelo dna 60
identificar pessoas
a partir dos 55
implantes 71
predisposição genética 60
"olhos na parte de trás da
cabeça". Ver marca Catlin
oligodactilia 207
ombros 184
onívoros 78
Operação Urgent Fury 128
órbitas 70, 72
orelhas 47, 56, 58
órgãos reprodutores 162
origem étnica
identificação 62, 74
ossos suplementares e 48
os acromiale 158, 159
ossículos 49
ossificação 116, 117, 138, 152
ossificação de garras de
caranguejo 117, 118
ossificação "fio de pérolas" 118

osso alveolar 155
osso da coxa 15, 143, 165,
172, 184, 188, 189
osso do calcanhar 222
osso esfenoide 33, 37,
38, 39, 50, 71
osso esponjoso 12, 13, 174
osso etmoide 72, 73
osso frontal 37, 71
osso hioide 135, 251
osso "inca" 48
osso omovertebral 158
osso palatino 71
osso pisiforme 212
ossos
composição 12
decomposição 105
identificar pedaços de ossos 36
osso sagrado 90
ossos carpais 201, 207, 228
ossos do quadril 143, 162
ossos do tarso 222
osso sesamoide 188, 201
ossos frágeis 120
ossos occipitais 47
ossos parietais 34, 35
ossos pélvicos 161, 167
ossos púbicos 161, 162
ossos suplementares 48
ossos wormianos 48
ossos zigomáticos 74
osso temporal 37, 48, 49
osso trabecular 12
osso zigomático 66
osteófitos 86
osteoporose 13, 94, 186, 209
Otway, Elroy 227
Outlander 87, 88, 90
ouvido interno 49
ouvido médio 49, 56
oxigênio 49

P

padrões de cicatrizes
cirúrgicas 185
palato 73
paramilitares lealistas 189
paramilitares republicanos 189
parestesia 156
patela 188
Patel, Trupti 120

Paterson, professor
Andrew Melville 99
pavilhão 48
Pavlovic, Biljana 67
pectus carinatum 115
pectus excavatum 115
Peel, Sir Robert 144
pegadas 223, 225, 227
pegadas de Happisburgh 224
pegadas de Laetoli 223
peito de pombo 115
peito de sapateiro 115
peito escavado 115
peitoral 116
penicilina 77
pernas 173, 198
personalidade facial 65
pés
arcos 223
bandas amnióticas 27
de crianças 230
descoberta de isolados 233
desenvolvimento fetal 222
determinar sexo e idade
a partir dos 232
e altura 232
falanga (açoite dos
pés) 236, 241
marcha 226, 230
movimento dos 227
número de ossos 228
número de ossos nos 222
pegadas 223, 225, 227
pés amarrados 231
transplante de pé
para a mão 229
uso de drogas
intravenosas e 236
pescadores recuperando
restos humanos 49
"pés de lótus" 231
pessoas idosas, fraturas 186, 188
Photofits 58
piercing labial 81
piercings 71, 74, 81, 169, 218
piercings de língua 81
piercings genitais 169
piercings na úvula 81
pigmentação pontilhada 113
Pilates, Joseph 85
placa cribriforme 72, 73
placa orbital 37
plastrão 116, 118

plexo braquial 200
polegar 199, 200, 201, 202, 228, 229
polegar do pé 229
pólen, identificação 73
pólex 199, 229
Polícia da Irlanda do Norte 168
polícia de North Yorkshire 61
polícia em Bangladesh 189
Polícia Metropolitana 64
polidactilia 207
pomo de Adão 138
post-mortem
  lavagens nasais 73
  primeiro exame 61, 62
  segundo exame 62
postura 93
predomínio da mão direita 189
predomínio do lado esquerdo 190
Prentice, Alex qc 100
Primavera Árabe (2011) 238
prisões militares sírias 238
processo odontoide 95, 96
processos mastoides 47, 50
processo xifoide 114, 115
prosopagnosia 57
próteses 58, 183, 184, 229, 230
protuberância occipital
externa 47
provas
  interepretação de 104
  testemunhar em tribunal
  19, 37, 38, 39, 40
Pseudomonas aeruginosa 119
puberdade
  arcada acima dos olhos e 71
  cartilagem tireoide 138
  cintura pélvica 162, 163
  coluna 95
  crescimento durante 172, 173
  desenvolvimento do
  esterno 116
  desenvolvimento
  dos dentes e 75
  ossificação da clavícula 152
pulmões 72, 108, 111
pulsos 184
punção lombar 93
punição \"pacote de seis\" 189
Purity Ring 111

Q

quadril 184, 185
quadris 188
queixo 57, 58, 66, 74, 81

R

rádio 172, 174
  fraturas do 186, 187
rádio distal 174
radiografias 62
raposas 15, 191, 192, 201, 206
raquitismo 13, 48, 115
Reagan, Ronald 128
reconstrução
  crânios 182
  do esqueleto 167
  facial 60, 63
recuperação de
destroços 233, 234
refugiados, determinar
a idade de 212
relatório Da Silva 241
relaxina 163
requerentes de asilo,
determinar a idade de 212
ressuscitação cardiopulmonar
(rcp) 114
rfid (identificação por
radiofrequência) 81
Ribeyro, Julio Ramón 197
Rogerson, Mary 245, 246, 249
rosto 32
  desenvolvimento de
  crianças a adultos 75
  desfiguração 58
  e-fits e 58
  modificação no corpo
  e piercings 81
  modificações no corpo
  e piercings 71, 74
  reconhecimento
  facial 53, 58, 59
  reconstrução facial 60, 63, 64
  sobreposição 66, 68,
  69, 251, 252, 253
  transplantes faciais 57
Ruxton, dr. Buck (Bukhtyar
Rustomji Hakim) 66, 244, 247

Ruxton, Isabella 66, 245, 246, 247
Ryal, Gayle 194
Ryal, Peter 193, 194

S

saco lacrimal 71
sacro 89, 90, 92, 143, 161, 163
  fendas e sulcos 164
  fusão durante a puberdade 93
  mulher 91
  número de ossos 162
Saddleworth Moor 16
sapatos 230, 231
  altura e tamanho
  dos sapatos 230
  marcas de sapatos 224
sarampo 174
sardas 193
Scheuer, Louise 85
Schweicker, Thomas 228
Scottish Criminal
Records Office 215
Segunda Guerra
Mundial, piloto 233
seio sagital superior 48
seios frontais 71
sentidos 55, 73
septo 72, 74
serrátil anterior 200
sexo
  crânio e 50
  determinar o sexo a partir de
  restos esqueletizados 117
  escápula e 157
  esterno e 116
  órbitas 71
  osso do quadril e 162
  pelve e 163, 164
  processos mastoides 50
  sexo dos bebês 147
  sincondrose esfeno-
  occipital 50
  vértebras e 109
Shepherd, dr. Richard 100
shfm (síndrome de malformação
de mão/pé fendidos) 207
Silêncio dos inocentes,
O (Harris) 208
sinais 193, 194
sincondrose esfeno-occipital 50

sindactilia 199, 207
síndrome de Down 48, 71
síndrome do bebê sacudido 120
sínfise púbica 162
Singleton, Sir John 252
sistema nervoso 33
sistema turbinado 72
sistema venoso 48
Skripal, Sergei 57
Skripal, Yulia 57
Smith, Sydney 250
Smoljo, Blazenka 67
smsi (síndrome da morte
súbita infantil) 120
Snow, Dan 88, 100, 102
sobrancelhas 58, 71, 118
sobreposição 66, 68, 251, 252, 253
Sociedade de Ciência Forense
da Arábia Saudita 54
Sociedade Real de
Edimburgo 88, 90
soda cáustica 124
Sollecito, Raffaele 225
Spitfire 233
Stalker, dr. Alexander 98, 100
Stevanin, Gianfranco (Monstro
de Terrazzo) 66, 251
Stirland, Ann 158
strappado 156
suicídio entre crianças 174
sulcos 35
sulco subcostal 126
super-reconhecedores 56
surdez, previsão a partir
do crânio 48
suspensão palestina.
Ver strappado
Suthar, Devendra 207
suturas 48

T

Tabaketenmut 229
talidomida 173
tálus 222
Tamina 148, 149
tatuagens 72, 192,
193, 209, 218, 236
tecnologia de reconhecimento
facial 57
tecnólogos em anatomia
patológica (apts) 61
Templeman, dr. Charles 98, 100

testosterona 117, 118, 212
Thatcher, Margaret 128
tíbia 172, 174, 175, 184, 189
tíbia distal 174
tímpano 48, 49
tiro 112, 157, 165
tiros 189
tomografias computadorizadas
64, 65, 121
tornozelos 184, 185
tortura 156
    estrangulamento 240
    falanga 236, 241
    insuficiência venosa 241
    kneecapping 189
    prisões militares sírias 238
torus 71
transplantes
    rosto 57
    transplantes de pé
    para a mão 229
transtorno de identidade de
integridade corporal 208
traqueia 138
trato gastrintestinal 32
trato respiratório 32, 72
trauma de força contundente
157, 182, 251
trauma penetrante 112
traumatismo balístico
112, 157, 165, 189
trepanação 34, 35
tribos, deformação craniana 47
Tribunal Europeu de
Direitos Humanos 236
tribunal, testemunhar sobre
provas 19, 20, 38, 39, 40
tronco cerebral 93
tsunami asiático (2004) 224, 271
tuberosidades isquiáticas
92, 161, 162, 163
túmulos de guerra 233
turismo médico 185

U

ulna 172, 186, 187
úmero 143, 156, 172, 190
ungulados 202
unhas dos dedos dos
pés 221, 231, 234
Universidade de Aberdeen 100
Universidade de Glasgow 66

Univesidade de Dundee 41,
65, 86, 99, 100, 108
Uxbridge, Lorde 211

V

vasos meníngeos médios 37
vasos sanguíneos subclávios 144
verdadeira pelve 162
vértebras em borboleta 95
vértebras lombares 86,
93, 94, 108, 109
vértebras sacrais 86
vértebras torácicas 86, 94, 111
vesícula biliar 127
víbices 240
Violet (bebês das ilhas
escocesas) 148, 150
vísceras 62, 123, 162
viscerocrânio 32
vitamina d 13

W

Warner Bros 32
Wilkinson, professora
    Caroline 65
Wilson, David 254
Wiltshire. Patricia 73
Wood Jones, Frederic 222, 223

Y

Yendell, Tom 228
Young, Lorde 98, 99, 100
Yvonne 119

Z

Zaina 124, 125
Zeus 95

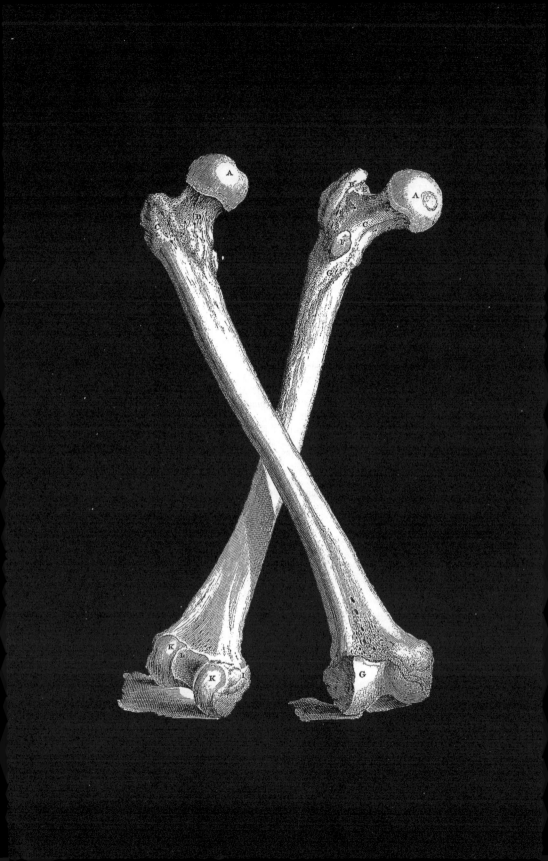

AGRADECIMENTOS

Agradecimentos são complicados de escrever quando há tanta gente a agradecer. A produção de um livro é um verdadeiro trabalho de equipe, e a escritora é só uma integrante do elenco. Espero que nem seja preciso dizer que meu marido e minhas lindas filhas estão no topo da lista. Eles toleraram minha reclusão no sótão por horas, dias e semanas seguidas. Jogaram comida e litros de chá pela porta e aguentaram surtos frequentes de frustração e dúvida dirigidos ao mundo. Sem eles, eu não tenho objetivo.

Tem também a minha segunda família, que cuidou tão bem de mim por tantos anos e por quem eu luto para encontrar palavras que expressem o quanto os adoro. À adorável e maravilhosamente maluca Susanna Wadeson e ao inabalável Michael Alcock da fala mansa — o chá e bolo com vocês dois no café Welcome é responsável por tanta coisa. Como vocês me persuadiram a fazer isso, eu nunca vou saber, mas obrigada.

A Caroline North McIlvanney, que rotulou maravilhosamente a si mesma como minha "eminência parda". Você nunca fica nas sombras, adorável moça, mas ocupa um espaço enorme em cada página, e por isso eu continuo admirando seus talentos e sou eternamente grata.

Steph Duncan entrou na história por um tempo, e embora tenha sido uma aparição relâmpago, foi divertida. Obrigada por manter a mão experiente no leme e nos guiar na direção certa.

E tem também uma terceira família. São pessoas criativas e de sucesso que posso só ter visto uma ou duas vezes, mas que trabalham nos bastidores, fazendo o que fazem de forma tão magnífica para que tudo isso possa acontecer: Kate Samano, Sharika Teelwah, Katrina Whone, Cat Hillerton, Tabitha Pelly, Emma Burton e toda a equipe da Transworld. Também tenho uma dívida com a lenda indômita que é Patsy Irwin, pela orientação contínua e sólida, e ao incrivelmente talentoso Richard Shailer pelo talento artístico. Eu agradeço a todos vocês do fundo do meu coração.

Quero fazer um tributo sincero a um outro grupo bem pequeno: os anatomistas e os antropólogos forenses que me ensinaram tanto e com quem compartilhei tantas aventuras ao longo dos anos.

Meus primeiros professores de anatomia já se foram, mas eles instilaram uma paixão que me proporcionou uma carreira de realizações. Meu agradecimento atrasado vai para o professor John Clegg e para o professor Michael Day, pela fé que tiveram em mim.

À professora Louise Scheuer e ao professor Roger Soames: nós tivemos momentos incríveis juntos e aprendi tanto com vocês, mesmo que eu nem sempre tenha ouvido. Foi mal!

Finalmente, ao meu braço direito. A antropóloga forense que tem um lugar especial no meu coração e com quem compartilhei tantas experiências ridículas e impublicáveis. Todo mundo devia ter a sorte de ter uma Lucina Hackman na vida, e sou grata por ter sido abençoada de conhecer e trabalhar com a original. Amiga, colega e parceira no crime.

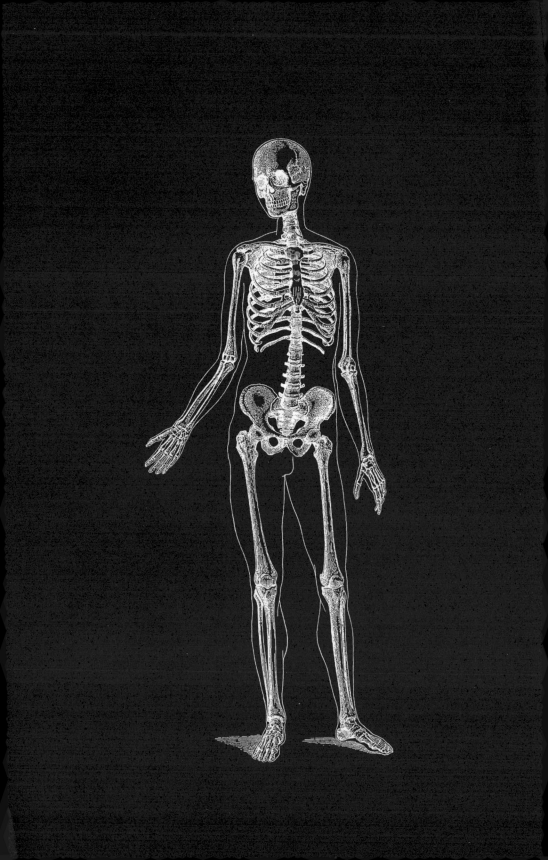

DAME SUE BLACK é uma das principais anatomistas e antropólogas forenses do mundo. Sue Black é a ProVice Chancellor for Engagement da Universidade de Lancaster e foi a antropóloga-chefe da Equipe Forense Britânica nas investigações de crimes de guerra no Kosovo. Foi uma das primeiras cientistas forenses a viajar para a Tailândia depois do tsunami do Oceano Índico para oferecer assistência na identificação dos mortos. Sue Black é um rosto familiar na imprensa, por onde já saíram documentários sobre o trabalho dela, e apresentou a bem-sucedida série da BBC 2 *History Cold Case*. Foi condecorada Dame Commander da Ordem do Império Britânico nas Honras do Aniversário da Rainha de 2016 pelo serviços prestados em antropologia forense. Ela também é autora de *All That Remains*, aclamado livro campeão de vendas do *Sunday Times*.

*Um dia... Pronto! Me acabo.
Pois seja o que tem de ser.
Morrer: que me importa?
O diabo é deixar de viver.*

— MARIO QUINTANA —

DARKSIDEBOOKS.COM

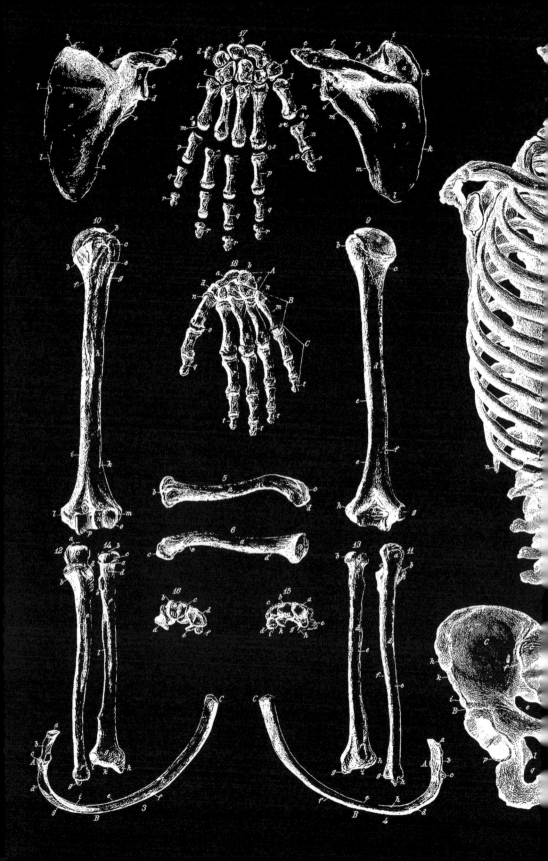